铁路货物运输与国民经济发展

——中国铁路运输70年

姜 旭◎著

经济管理出版社
ECONOMY & MANAGEMENT PUBLISHING HOUSE

图书在版编目（CIP）数据

铁路货物运输与国民经济发展——中国铁路运输 70 年 / 姜旭著 . — 北京：经济管理出版社，2019. 12

ISBN 978-7-5096-6956-3

Ⅰ . ①铁… Ⅱ . ①姜… Ⅲ . ①铁路运输—货物运输—运输经济—经济建设—成就—中国 Ⅳ . ① F532

中国版本图书馆 CIP 数据核字（2020）第 008024 号

组稿编辑：张莉琼
责任编辑：梁植睿　李红贤　张莉琼
责任印制：黄章平
责任校对：陈晓霞

出版发行：经济管理出版社
（北京市海淀区北蜂窝 8 号中雅大厦 A 座 11 层　100038）
网　　址：www.E-mp.com.cn
电　　话：（010）51915602
印　　刷：三河市延风印装有限公司
经　　销：新华书店
开　　本：710mm × 1000mm/16
印　　张：21
字　　数：332 千字
版　　次：2020 年 1 月第 1 版　2020 年 1 月第 1 次印刷
书　　号：ISBN 978-7-5096-6956-3
定　　价：98.00 元

凡购本社图书，如有印装错误，由本社读者服务部负责调换。
联系地址：北京阜外月坛北小街 2 号
电话：（010）68022974　邮编：100836

序

PREFACE

百年中国铁路，恰如我国近代社会从积弱到强大的一个缩影。中华人民共和国成立 70 年，中国铁路的建设与发展秉持“艰苦奋斗、自力更生”的理念，取得了令人瞩目的成就。尤其进入新时代以来，中国铁路如同飞驰的“复兴号”，在推动我国经济社会发展中发挥着日益重要的作用。在这样的历史大背景下，北京物资学院姜旭教授撰写的《铁路货物运输与国民经济发展——中国铁路运输 70 年》一书恰逢其时，恰乘其势，恰促其用。

细细品读姜旭教授所著的《铁路货物运输与国民经济发展——中国铁路运输 70 年》一书的样稿，内心充满欣喜和欣慰。喜的是，该专著基于大量的资料数据，对我国铁路货物运输空间结构进行了系统分析，资料丰富、内容翔实、思路清晰、逻辑严密，填补了以往铁路运输领域特别是货运系统的空白，是对铁路运输业资料和史实搜集工作进一步的完善和补充，具有很高的研究价值。也正因为有姜旭教授这样“衣带渐宽终不悔”的一批学者，中国物流的研究与发展一定会前景广阔，必将会助推中国物流特别是铁路物流更好地服务于经济、社会的发展。

在铁路运输行业里，交通运输与区域发展的关系，历来是专家学者研究关注的焦点。姜旭教授借鉴了诺贝尔经济学奖获得者罗伯特·福格尔的研究方法，在书中详细阐述了增长极核心系统、点—轴核心系统、分异—协同系统等理论，并用大量数据进行佐证。同时，非常难得的是，姜旭教授并没有单纯模仿福格尔理论方法，而是认识到福格尔理论存在的局限性。

基于对该理论的思考，他重新审视和阐述了中国铁路与经济增长的关系，立论客观公允，论述丝丝入扣，新意迭出，具有十分重要的现实意义。

“十年磨一剑，砺得梅花香”，姜旭教授历时十年深耕细耘推出的专著，兼具史料性、知识性和可读性，堪称上佳之作。在我看来，书中的观点和见解都颇具现实性、可行性、前瞻性，在我国传统铁路物流向现代铁路物流发展的进程中，会起到积极的建设性作用。

胡亚东

中国交通运输协会会长

2019 年 12 月 31 日

前言

PREFACE

祖国，是我穷毕生之力，甘愿为之奉献一切的“母亲”。

“母亲”70华诞，我把细细“雕磨”了十个年头的新书——《铁路货物运输与国民经济发展——中国铁路运输70年》，诚惶诚恐地敬献给“母亲”。正如古之大贤司马迁完成《史记》后所言“述往事，思来者”也。望大贤之“项背”，我仅以自己对中华人民共和国成立70年来铁路物流发展的记述与思考，感“七十载曲折辉煌”，赞“新时代国强民富”，期“‘中国梦’指日可‘圆’”。

有些历史节点，总让人感慨万千！70，正是这样一个重要节点。70年筚路蓝缕，70年风雨兼程。多少家国情怀应该抒写，多少艰难险阻应该记录。我没有绚烂彩笔，只有对中国物流研究的一腔热血，倾情奉献……回顾中国道路发展史，不啻是一个值得大书特书的“世界史”：公元前212年，秦始皇修建当时世界上里程最长的“高速公路”——秦直道。公元前114年，汉武帝派张骞出使西域，开辟以长安为起点，连接中国腹地与欧洲诸地的陆上商业贸易通道，即“丝绸之路”，直至16世纪仍保留使用。发起于秦汉、发展于隋朝、繁荣于唐宋、转变于明清的“陆上、海上丝绸之路”，成为一条东方与西方间经济、政治、文化交流的主要道路，是中国物流助推亚欧文明广泛交融发展的巅峰之作。回顾中国铁路发展史，更是一部从“落后”走向“领跑”的“奋斗史”：从清末的“马车铁路”，到旧中国铁路满目疮痍；从中华人民共和国成立后铁路建设百废待兴、自力更生，到改革开放后迎来铁路建设发展新机遇，再到新时代铁路新作为…… 可以说，新中国铁路 70 年的发展，不仅见证而且亲身参与了新中国从“站起来”“富起来”到“强起来”的恢宏巨变。

祖国大地，蒸汽机车、内燃机车、电力机车、和谐号动车组（CRH）、“复兴号”中国标准动车组（CR）、京张智能高铁，迭代更新；重载线路、重载大列、货运专列、中欧班列，日新月异。

铁路大网，旅客列车 2018 年日均开行 8000 多列，当年完成旅客发送量 33.7 亿人次；货物列车日均开行 2 万列，完成当年货物发送量 40.3 亿吨，电气化率、客运周转量、货运发送量等多项指标位居世界第一。

正如习近平总书记所说：“我们都在努力奔跑，我们都是追梦人。”“与国同梦”，是坚守，是信仰，是深藏心底的亘古不变的情怀。我的中国“物流梦”，恰遇中国铁路大发展的历史契机，这机遇，搭建了我深入研究物流的最好平台。无论是 30 岁前在铁路短暂工作，还是之后留学日本，“中国铁路物流”始终如影随形，萦绕在我的“梦”中。留学归国走上北京物资学院大学教师的岗位后，我有更多的时间，也有更多的精力把研究的视角投放到关于中国铁路物流的前世、今生和未来发展中，不断思考着铁路运输对中国经济社会的支撑和影响。

基于这样的情怀，十年前，我开始着手关于“新中国铁路货物运输空间经济分析”的编撰工作，力求将自己 20 多年的物流研究成果，全部倾注其中。

在编撰本书的日子里，我带领课题组不遗余力地翻阅搜集近百部国内外有关铁路运输方面的书籍资料，十多次邀请铁路方面的专家学者展开专题研讨论证，并借鉴美国诺贝尔经济学奖获得者罗伯特·福格尔的经验，深研 1949 ~ 2018 年我国 31 个省份经济、产业及交通运输等方面的 10 万余组数据，同时借力面板数据（Panel Data）的蓬勃发展，分析中国目前的铁路货物交流、煤炭交流两个面板数据等。此外，充分运用我 20 多年的物流研究理论成果，重新“比较”“筛选”“整理”“优化”“灌浆”“淬火”“提炼”。在物流理论思想的“熔铸”下，浩如烟海的庞杂数据，逐渐“骨、筋”分明、“魂、魄”清晰，中国铁路 70 年发展与经济社会之间的关系遂意成形。

十年静心研究、撰写，此书终于可以面世了。它就像自己的孩子一样，我无比珍视。我努力想把它铸就成为“中国交通之母”——铁路未来发展中的一缕“彩虹”，希冀它搭成“思想之桥”“开路之桥”“动力之桥”，创造出更高的经济和社会价值。若能如此，也是我曾经作为一名“铁路人”的持久心愿吧。

虽经细雕慢磨，但限于本人力有不逮，可能仍有疏漏，希望各位专家、读者不吝赐教。本书的出版，离不开物流界各位同仁的鼎力支持，离不开铁路方面各位专家的大力帮助，离不开我的研究生们的倾力付出，谨在此一并致谢。同时，也感谢北京物资学院党委书记王文举教授对本书的倾情指导。相信在物流同仁的合力奋斗下，中国铁路运输业必将书写出更加灿烂的新篇章！

姜 旭

2019 年 12 月 31 日于北京

目 录

CONTENTS

第一章　绪论

第一节　研究背景

70 年的发展，我国经济取得巨大成就。尤其是 1978 年改革开放的 40 年以来，我国经济取得了持续高速增长，创造了世界奇迹。随着 2001 年我国加入世界贸易组织（WTO），2008 年成功举办北京奥运会，2010 年举办上海世博会，2013 年提出“一带一路”倡议，我国在世界舞台上所扮演的角色，必将对 21 世纪的世界产生深远的影响。

2018 年，我国完成经济社会发展主要目标任务，国内生产总值从 1949 年的 358 亿元增长到了 2018 年的 90.03 万亿元。从产业结构来看，第一、第二、第三产业在国内生产总值中所占的比重由 1949 年的 68%、13%、19% 调整为 2018 年的 7%、41%、52%。从人均 GDP 来看，由 1949 年的 23 美元急速增加到 2018 年的 9630 美元，经济总量稳居世界第二位。2018 年，全国货物运输总量 515 亿吨，比 2017 年增长 7.1%；其中，全国铁路完成货运量 40.3 亿吨，同比增长 9.1%。从以上数据可以看出，我国已成为世界上经济增长最快的国家之一。

从 20 世纪 90 年代后期开始，我国成为世界上新的经济投资点，在自由竞争的市场环境中得到了世界的认可。国内消费市场持续活跃，很多国外企业把我国作为生产、商贸节点，进而将工厂、总部移至我国。从 20 世纪 90 年代后期开始，我国经济增长主要推动力从过去依靠工业制造业的扩张，转变为依靠服务业的发展。消费和服务业已经成为我国经济增长的主要来源，我国正从过去的世界工厂向世界市场转变。在经济急速增长的背景下，我国承受住了世界上各种需求的挑战，成为具有强大生产能力、服务能力的供给国家。

随着市场经济不断深化，我国生产、销售、贸易规模不断扩大，对货物运输需求也不断增加。1992年前，由于计划经济体制，我国的生产物资由国家物资管理部门统一安排。随着市场经济制度的实施，这一流通“瓶颈”被打破，从传统的物资管理体制向市场流通体制转化。货物运输随之活跃起来，为适应市场经济的高速增长，货物运输的发送量和到达量逐年上升。一方面，随着东南沿海地区外资企业的发展，货物运输量增加的态势更加明显。另一方面，我国面临着缩小沿海地区和内陆地区经济差异的问题，货物运输成为关注点之一。

从运输的货物品种上看，我国的生产地和消费地在空间上相隔距离较远，很多资源主要集中分布在东北地区和西部地区，经济增长主要集中在交通环境比较便利的东部沿海地区。因此，以原材料加工为中心的基础产业分布与以最终消费商品生产加工为中心的高附加值产业分布在空间布局上存在着很大的偏差，导致最终消费商品与原材料运输方向完全相反。从东部沿海地区到西部内陆地区，从北部东北地区到南部沿海地区都需要长途运输。铁路发挥其特点及优势，主要运输煤炭、钢铁、矿石、石油、建筑材料、化学肥料、水泥等重工业原材料及产品，承担起我国运输重任。近年来，我国基础设施建设逐渐向内陆地区转移，加强了内陆地区与沿海地区的联系。基础设施的不断完善，提高了货物运输能力及货物运输的供给能力，促进了社会经济的发展。

从各类运输货运量比率来看，从1970年开始，铁路货物运输比重逐渐下降。到1985年，在我国货物运输量当中，铁路运输占最大比例。1986年，水路运输占比超过铁路运输，而后水路运输增长比例最大。另外，公路运输从20世纪70年代后期开始逐渐上升，与铁路运输形成鲜明对比。改革开放以后，随着对外开放政策不断完善，国际贸易得到了长足发展，远洋运输也发展迅猛。同时，随着运输市场开放，公路运输私有化，运输企业不断增加，公路运输市场竞争非常激烈。特别是以东南沿海城市为中心的公路建设以及卡车拥有量的上升，增强了东南沿海城市与周围城市短距离运输能力，运输量大幅增加。此外，铁路运输能力逐渐下降，在国内货物运输量增加的趋势下，铁路运输从 90 年代后期增速放缓。

长期以来，铁路在我国经济社会发展中发挥了重要作用，被誉为国民经济的“大动脉”和“先行官”。尤其是高铁不仅支撑和带动了国家经济社会的发展，而且成为中国参与国际事务、在国际上发挥影响力的重要行业领域。近年来，随着其他运输方式的发展以及我国经济发展的转型，铁路运输结构发生了变化。与铁路货运市场份额下滑趋势相反，近年来公路运输所占市场份额持续攀升。我国的货物运输市场结构已发生了本质变化，公路运输成为货运市场中所占份额最大的运输方式。

货运市场结构的变化，在一定程度上是市场选择的结果，体现了以市场为决定性手段的资源配置。同时，也是市场失效带来的后果。由于交通基础设施规划协调性不足、货运运价制定中没有考虑外部性等，货运市场结构失衡，尤其是铁路货运供给的波动，给铁路自身以及相关的生产企业、物流企业及区域经济带来了不可忽视的影响。因此，应该重新审视铁路货运与国民经济和社会发展的关系以及铁路在“一带一路”倡议中的地位和作用，并制定与之相适应的铁路货运发展战略。如果不及时调整铁路货运的市场定位，将会对我国货运市场结构带来长期的负面效应，影响我国经济社会发展的总体效率。

从社会经济背景来看，正确把握我国货物运输问题非常重要。以我国货物运输结构为中心，对我国货物运输整体进行研究，通过运用大量面板数据进行实证研究至关重要。

第二节　研究目的

近年来，随着我国经济的高速增长，生产、消费、运输发生了急剧的变化，货物运输也更加活跃，铁路、公路、水路等各种运输工具之间的竞争也越来越激烈。我国铁路货物运输比率大幅度减小，是否可以说明在我国货物运输市场中，铁路运输作用开始下降。为了解释这一问题，需要探明我国各省份货物运输发送量及到达量的变化、区域经济以及基础设施建设等因素对铁路货物运输的影响。通过现状分析，运用面板数据，结合固定效应模型，明确了影响我国铁路货物运输的主要因素。另外，随着各省份之间货物交流量的增加，各省份之间经济联系强度不断上升，推进了市场经济一体化发展，使经济增长、各地区基础设施建设对各省份之间铁路货物运输都有不同程度的影响。在此背景下，各省份之间货物运输发生变化的规律也需要深入分析。

本书以我国铁路货物运输经济分析为研究焦点，对我国铁路货物运输现状、作用等内容进行阐述，特别是分析了铁路货物运输的构造变化，论述了铁路货物运输与区域经济及产业结构之间的关系。在此基础上，以各省份为单位，通过经济规模、产业分布、区域经济、基础设施等大量数据进行定量分析，构建铁路货物运输影响因素的数学模型。

同时，由于各省份经济规模、产业结构的差异，影响其铁路货物运输的决定因素也各不相同。为此，通过对各省份铁路货物到达量、发送量分类，对省内、省外以及全省铁路货物运输量进行分析，总结不同省份货物运输特点，并提出影响不同省份货物运输到达量与发送量的影响因素。

本书运用1985~2018年28个省份的10万组面板数据，分析人口规模、经济状况、基础设施、各运输方式、工农业生产量等各因素对铁路货物运输的影响，推测出各省份之间影响货物发送量、到达量的数学模型。运用《中国交通年鉴》国家铁路货物地区间交流表（以下简称OD表），分析各省份间货物交流的相互作用关系。本书整理的OD表数据在我国航空、水路、公路、铁路运输相关分析中目前是唯一的。本书根据我国货物运输现状，运用面板数据，发挥了其横纵向连续性的特点，可以真正解释影响我国货物运输的主要原因。根据这些面板数据，通过固定效应模型及重力模型进一步证明研究结论的可靠性。

通过借鉴其他国家的经验，结合我国资源人口和生产力布局的不平衡等国情、经济发展战略、各种铁路基础设施的布局以及各种货物运输方式的发展情况，提出铁路在货运市场中的定位建议，并给出相应的配套政策建议方案。通过将我国货运市场结构进行科学合理的调整，使之更好地支撑和引领国家和区域经济社会发展，实现“交通强国”战略，发挥铁路在长途运输中的技术经济优势和骨干作用，推进和落实一大批创新性技术在铁路运输行业的落地和推广，发挥铁路在实现国家绿色发展、建设美丽中国方面的积极作用。通过研究铁路和经济社会的互动发展，发现今后一段时期我国铁路物流的基本规律，确定铁路在现代物流市场中的合理分工，确定符合铁路在货运市场，尤其是大宗物资运输市场的定位，制定相应的战略措施，以及相关的保障政策。

第二章　铁路货物运输与国民经济发展理论与方法

第一节　铁路与经济增长理论

1991 年，加拿大经济史学者理查德·索斯塔克在《工业革命中交通的作用》一书中指出，从比较经济史的角度看，交通从微观上改变了需求和供给曲线，影响了生产者、销售者和消费者的行为，进而影响到整个社会资源配置方式的转变。他认为不断改进的交通是工业革命的决定性因素，工业革命的四大显著特征（地区专业化、不断扩大的生产规模、新工业的出现以及不断加速的技术革新速度）都可以根据 18 世纪英国的交通进步得到解释。

铁路运输对空间经济布局及产业结构的影响，由各种自然条件、经济状况、社会要素决定。区域经济与经济、区位及发展政策以及运输条件相关。其中，运输网络布局，运输通道与节点设置，客货运输枢纽场站选址分布，货运的流量、流速和流向等因素均影响区域经济。在运输方式中，铁路运输是形成并促进各区域经济相互联系的重要条件。铁路运输可以促进区域经济的发展，并在很大程度上决定了区域经济联系的强度与数量关系。

铁路运输与经济增长的关系，历来是学者研究的焦点。20 世纪 60 年代，美国新经济史学的代表人物、诺贝尔经济学奖获得者罗伯特·福格尔，采用“反事实假设方法”，对铁路与美国经济增长之间的联系建立了一个计算社会节约量的数学模型，并引用及修正了大量历史数据证明自己的观点。福格尔认为交通运输不仅影响社会生产发展，同时也会受到生产力的反作用制约，并惊人地指出，铁路对于美国经济在19世纪的增长并非绝对必要。其中，运输量与生产力、生产布局有关，而某区域的交通条件与联系强度也受到该区域的生产力与经济水平的约束。因此，需要树立区域发展与交通运输相互联系、共同发展的系统观点。

一、福格尔理论

（一）福格尔的分析方法与结论

福格尔通过反事实论证的方法，比较有无铁路情况下的美国经济增长情况。在一定历史条件下，分析铁路对经济增长的影响程度，并得出铁路对美国经济增长不是绝对必要的这一观点。同时，福格尔也提及这一观点不具备普遍意义。福格尔将铁路对经济增长的影响，分为基本影响与衍生影响两种情况进行考量。铁路的基本影响包括运输成本的影响，福格尔认为，倘若铁路的运输成本超过了其他形式的成本，铁路便不会存在；铁路的衍生影响包括铁路对经济的空间分布及最终产品的影响。

1979年3月，福格尔曾在美国《经济史学报》上发表《关于社会节约量争论的笔记》，提出美国19世纪后期，铁路对经济增长的作用并非不可缺少，通过修建运河或其他运输方式可以替代铁路。但是，铁路在整个交通运输系统中仍处于重要地位。1860~1870年，美国铁路网络布局愈加密集，呈现出密度经济优势，边际运输成本低于航运，对美国运输业的贡献增大。福格尔认为，谷物、木材、煤炭和矿石等运输长距离且低值产品通过航运更为经济。而在当时特定情况下，美国的货运产品中此类低值品占较大比重。同时，美国国内天然河流、湖泊等分布广泛，水运条件较为完善。因此，提出用水运替代铁路运输的可能性。但是，这一结论无法适用于所有国家。其中，墨西哥几乎没有运河可以替代铁路，铁路产生的社会节约量相当于国民生产总值（GNP）的30%。因此，美国铁路的可替代性在世界其他各国并不适合，需要根据各国具体情况进行研究探讨。但是，福格尔的反事实论证法、社会节约量等思想值得借鉴研究。

1964年，福格尔在《铁路和美国经济增长：计量经济史学论文集》中使用反事实假设方法，比较实际存在铁路与假设没有铁路条件下国民生产总值之间的差异，并把其称为铁路运输产生的社会节约量。假设 1890 年，美国用比实际更多的运河替代铁路运输，铁路创造的社会节约量用以下公式计算：

$$W = Q \times (MC_c - MC_r) + Q \times IN$$

其中，Q 为铁路实际承运的货物吨公里数；MC_c，MC_r 分别为运河和铁路运输每吨公里的边际成本；IN 为运河运输每吨公里的额外费用（包括货物损失、换装费用、水运的陆路集散费用、速度慢造成的资本时间价值损失、北方运河一年中有 5 个月不能航行而引起的损失以及没有反映到水运价上的资本成本等）。

福格尔继续假设运河和铁路的边际成本不变，而且等于各自运价，公式：

$$W = Q \times (P_c - P_r) + Q \times IN$$

其中，P_c，P_r 分别为运河和铁路收取的运价。

福格尔通过计算得出，1890 年美国铁路运输农产品产生的社会节约量为 2.14 亿美元，相当于当年 GNP 的 1.8%，并进一步推导出铁路全部货运的社会节约量约为 5.6 亿美元，不到当年 GNP 的 5%，以说明铁路对美国经济增长产生的直接影响。

至于铁路对美国经济增长的间接或派生影响，福格尔认为把扩大铁路网作为向美国西部地区移民和开发西部的必要条件有失偏颇。尽管铁路的运费更低，但是，这种差距对西部开发并非具有决定性的影响，只要把美国的水路运输网扩大，就能以同样的费用进入西部 95% 的农用土地。

福格尔用同样的方法论证即使没有铁路，美国的工业增长也不会受到很大影响。福格尔认为工业的高速发展并非归因于铁路，而主要是得益于降低生产成本的技术革新。福格尔认为，在美国经济的“起飞时期”，铁路对钢铁消费额对工业增长贡献较小。1840 ~ 1860 年，美国铁路平均耗用 17% 的铁产量，其中，1849 年仅为 10%。另外，1859 年铁路采购的所有设备和材料只占当年美国全部制造业产值的 3.9%。因此，从上述数据中，不足以得出铁路对当时迅速发展的制造业做出很大贡献的结论。

福格尔在分析历史数据时，仅对某一变量做出假定，推导结论时控制其他条件保持不变，建立某简化模型进行理论推导。然而历史进程中，多种因素持续变动且相互作用。因此，结论不具备严格意义的适用性，前提条件的局限性过大。这一问题在《关于社会节约量争论的笔记》中也被提及，用一个至多个模型无法真实表示铁路对经济增长的影响，还没有更为合适的模型化数理方法。

福格尔理论是针对美国的特定历史时期提出的，与当时的运输条件及需求等存在相关关系，对于其他国家，应针对各个国家的具体国情从数据的角度去具体分析。因此，基于对福格尔理论的思考，应与时俱进，重新审视和理解我国铁路与经济增长的关系。

（二）福格尔理论的意义

诺贝尔经济学奖授予福格尔，主要是因为其“运用现代统计方法来重新考察以往的经济是如何发展的”。运用经济学理论，福格尔发现在历史发展过程中诸多经济变量之间的关系，并将原始数据重新组合成符合经济学定义的数据，建立起表达各种经济变量间相互关系的数学函数式，将新数据代入检验，促使经济史研究和经济理论从分离走向结合。

二、增长极理论

1955 年，增长极理论由法国经济学家弗朗索瓦·佩鲁首次提出。增长极理论认为，一个国家或地区经济增长通常是从一个或数个“经济中心”开始（即增长极）。这些增长极通过不同的渠道向外扩散，逐渐向其他部门或地区传导，通过乘数效应推动其他地区或部门的增长，对整个经济产生不同的最终影响。因此，应通过选择特定的空间作为增长极，以带动经济发展。其中，区域之间的交通区位以及运输条件是导致增长极产生的主要条件。区域之间的交通联系使空间聚集活动存在可能性，并且使周边地区的资源条件得到充分利用，与外部环境以及市场形成了密切的联系。

交通运输联系是增长极与周边地区构成外部联系的必要条件，因此增长极在交通网络较为落后的地区成为有效的空间经济组织形式。其中，新疆北疆建设铁路，为奎屯—独山子地区增加交通设施，为经济发展创造了条件；

兖州—石臼所建设铁路和日照港增强了日照市的城市竞争力，使其成为鲁南地区新的经济增长极。

三、点—轴核心系统理论

1984年，我国著名经济地理学家陆大道首次提出点—轴核心系统理论。点—轴核心系统理论认为，社会经济客体产生并集聚于一点，在一个区域中形成若干个大小不等的居民点，相邻城市间的相互作用力沿交通线、动力供应线、水源供应线等基础设施呈线状展开。通常较大城市间由于货物交换频繁，相关产业空间交流密集，线状基础设施的规模和能力较大，产生与发展新的城镇，从而形成产业带和发展轴线，构成点—轴发展模式。

点—轴系统是区域经济发展的一种类型，其核心就是点的聚集，由于运输联系为经济活动提供了空间环境，使其形成空间形态并发生演变。实施点—轴模式，充分利用区域的资源和交通设施等条件，产生经济效益。随着我国区域经济的发展，通过胶济铁路沿线、哈大铁路沿线等线路建设，已经形成诸多较强的点—轴经济体系。

四、分异—协同系统理论

1993年，我国著名经济地理学与区域经济学家金凤君首次提出分异—协同系统理论。分异—协同系统理论认为，经济发展到一定阶段，交通运输联系提供了更充分的关联环境，多极相互作用的网络条件已具备。因此，仅追求点—轴的关联已不再符合空间经济的要求。在交通运输和其他因子的作用下，空间上形成以地域为单元的分异—协同趋势已成为客观要求。所以，经济活动与交通运输在地域上相互作用，产生的空间协同网络是空间经济形态的必然结果，这种协同网络，使区域生产专业化、经济区产生以及协作网络优化。这一形态中，运输联系起引导作用。

运输联系仅是以货物交流产生的联系，其内容局限在以运输方式实现的物质交流上，即实物的定向移动。而经济联系是区域间在经济活动中产生的相互依存、相互制约的共存发展关系，其联系的内容可以是物质交流产生，即实物移动；也可以是信息、技术、金融交流产生，即非实物移动。生产的专业化、区域化、协同化是经济发展的必然趋势，而这种空间分离或分隔的趋势又必须伴随货物在空间的大量交流。因此，以实物交流为目的的经济联系，其产生的直接原因包括生产的专业化、区域化以及协同化，即生产的区域分工和合作。这种经济联系为运输联系的发展提供了客观动因，并成为区域经济联系的有机内容。由于生产的专业化、区域化以及协同化的不同，产生了各具特色的经济联系，决定着空间运输联系的基本特征。运输联系对经济联系的促进主要表现在运输技术、运输能力和运输网络的改善，从而引起运输联系条件改善，并对经济联系产生影响。运输技术的发展，降低了单位产品的运输成本，为产品远距离运输提供了条件，扩大了相互间经济联系的空间范围。运输能力的提高和运输网络的改善，为运输联系范围的扩展、强度的加强、错综复杂网络的形成创造了有利条件，这种有利条件必然成为经济联系扩散和加强的促进因素。运输联系成为不同空间经济形态发展的重要条件。

第二节　运输发展理论

社会发展与人和货物空间位移之间的关系，一向是社会经济最重要的基本关系之一，然而有关这方面认识的理性化程度很不充分。进入 20 世纪 90 年代以来，国内外学者针对这方面的问题展开深入研究，推动了运输发展理论的进步。

一、运输进化模型

1990 年，奥地利学者阿尔努尔夫·格鲁贝勒在其著作《基础设施的涨落——运输的进化动力学与技术变迁》中提出运输业进化与技术变迁动力学。格鲁贝勒提出，运输业的发展主要依靠水路、铁路、公路以及航空等几种方式，分别通过与畜力、煤炭、石油等主要能源基础相结合，依次经过产生、发展、饱和、衰落这一完整的生命周期，相继占据后又失去运输体系的主导地位。格鲁贝勒认为，任何一种新运输技术的成功都与一种新的运输基础结构相伴而生，然后逐渐地壮大，直至最后取代过去的旧基础设施，这一过程表现为不同的运输基础设施在长期的技术演变过程中相继涨落更替。

在格鲁贝勒的运输进化模型中，每一条成长曲线饱和阶段的最高点决定了该种运输方式发展极限所需的水运条件、相应的能源供应、修路和停车的地面空间等自然环境和资源条件。而决定每一种运输方式曲线下降速度的则是下一种新兴运输技术所形成的竞争压力。格鲁贝勒分析，旅客运输是一个持续不断的增长过程，货物运输却由于当前经济结构的高技术和服务化趋势，从数量增长转向更注重提高运输质量。

交通运输与经济发展的关系有其自身的阶段性，各种运输方式在这一过程中各自扮演了难以取代的角色。从不同运输方式之间的竞争关系看，各种运输工具各有自己的优势和适用范围，因此各运输方式之间不能完全替代。历史上的运河高潮无可避免地被之后的铁路高潮所取代就是这个原因。在欧美国家工业革命初期，都经历过一次运河建设的高潮。在当时，运河使得社会经济中人和货物位移规模达到了当时的最高水平。然而工业革命使得交通运输与经济发展的传统关系发生了根本性的改变，所有这些国家都转向大规模建设铁路，其中复杂的因果关系是一个简单的运输费用节约公式无法解释的。在运输方式方面，铁路在初步运输化阶段起到了真正的主导作用，全国性铁路网的建成标志着初步运输化基本实现。

二、运输化理论

1993年，我国运输经济学专家荣朝和在《论运输化》一书中详细论证了运输化理论。该理论从长期变化的角度刻画交通运输与社会经济发展之间的关系，并描绘出运输业的成长曲线。该运输化理论与格鲁贝勒的运输进化模型相比，跳出了仅局限于个别运输方式的分析方法，把包括各种运输方式的整个运输体系作为分析对象。因此，更有利于得出具有总体意义的运输发展理论。

具体来说，国民经济的运输化表现在以下几方面：

第一，机械动力的运输工具取代早期运输工具，人类开始大规模地克服自然地理条件对人与货物空间移动的限制。社会运输能力迅速扩大，位移的速度明显提高，而单位运输成本则显著下降。

第二，货运对象从过去以农产品和手工业产品为主，转向以大工业所需要的矿物能源、原材料以及半成品和产成品为主。在运输业的推动下，资本和劳动力迅速集中，原料产地、加工区和销售市场日益分离，传统的经济地理概念也在不断改变。

第三，社会经济生活中人与货物空间位移的总量急剧增加，越来越多的人和货物更多次地被运输工具推入空间的运动。经济资源的流动性和移动规模都越来越大。

第四，运输占用社会经济资源的数量大为增加，交通运输成为社会经济最基本的组成部分之一。运输设施建设、维护和运营所占用的劳动力、能源和其他各种资源的数量十分巨大，运输业投资超过了绝大多数其他经济部门，交通费用在居民消费支出中的比重也明显上升。

第五，交通运输成为经济进入现代增长所依赖的十分重要的环境条件和基础结构，运输业及其相关的能源、钢铁、建筑和机械制造等行业，在国民经济中也发展为极其庞大和极其重要的基础产业群。

运输化理论与运输进化模型的主要区别之一，在于该理论认为运输化只是社会经济长期发展过程中的一个阶段，交通运输与社会经济之间在运输化阶段所表现出来的相互关系，与前运输化阶段以及后运输化阶段所表现出来的相互关系有着本质性区别。在运输业高度发达后，运输化理论认为运输业将会进入一个后运输化阶段。在发达的工业化国家，伴随着经济结构的服务化、高技术化和工业的高附加价值化，已经相继出现后运输化的趋势。这表明，作为一种基础结构，运输业在信息社会中的相对重要地位由于社会对其他基础设施的需要增加而有所下降。

运输化在发展中国家的发生和发展有这样的共同特点：运输化一般是在外来军事和经济的侵略下被迫开始的。由于发展中国家真正的工业化开始较晚，因此初步运输化阶段时间较长，运输的空间布局不平衡。而发达国家运输化的示范效应和信息革命的冲击，必然使发展中国家的工业化和运输化过程出现新特点，对现代通信设施等的需要也会提前。我国的运输化仍旧处于需要迅速扩大运输能力的初级阶段，运输化不仅是经济发展所不能逾越的阶段，也是一项非常艰巨，然而却必须完成的任务。因此，运输化理论为制定正确的运输发展政策提供了必要依据。事实证明，从 20 世纪 90 年代中期开始，我国加快了各种运输基础设施的建设，明显加速了运输化的进程。

三、脉冲式发展理论

1993年，韩彪教授在《交通运输发展理论》中提出“脉冲式发展”，认为近现代运输业成长过程可分为“渐变期”和“剧变期”，其交替占据主导地位，形成了脉冲式的发展方式。一种新的代表性运输方式出现会引起一次“剧变期”的出现，每两次“剧变期”之间的时期则属于“渐变期”。在运输业成长的渐变期，运输技术没有重大突破，各种运输方式的力量对比基本不变，主要靠扩大原有运输方式的规模和服务来适应经济发展的需要，交通运输对经济增长的作用是推动，即支持经济的增长。而在“剧变期”，交通运输对经济增长的作用变为拉动，即运输业跑在整个经济发展的前面。在这一时期，由重大技术进步所支持的新型运输方式得到迅猛发展，社会运输需求主要依靠新型运输方式的超常规发展来满足，运输结构也发生了剧烈的变动。在“剧变期”，新兴运输方式的迅速崛起给经济带来巨大的社会节约量，降低直接性生产活动的成本。支持新运输方式发展的新兴工业，同时也成为国民经济的带头或支柱产业，突出地带动着整个经济的进步。

按照韩彪对发达国家几次运输业发展“剧变期”的划分，第一次“剧变期”是运河高潮时期（18世纪后期至19世纪初期），第二次“剧变期”是铁路高潮时期（19世纪30年代至19世纪末），第三次“剧变期”是汽车和管道普及时期（第一次世界大战后至第二次世界大战后），第四次“剧变期”是航空运输大发展时期（自20世纪60年代开始），并预计高速铁路包括高速悬浮列车的使用，将会在各发达国家普遍引发又一轮新“剧变期”的到来。对比发现，脉冲式发展理论与格鲁贝勒运输进化模型所得到的结论有近似之处。“脉冲式发展”理论为各种运输方式演进和运输与经济发展的关系提供了进一步的解释和说明。

四、铁路货运需求的四阶段增长模型

1995年，王际祥博士在《铁路货运需求增长与经济发展的关系——数量与结构分析》中，把影响运输需求的经济因素归纳为国民经济总量因素、经济结构因素两类进行讨论。其中，前后两者导致的铁路货运需求增长分别称为“数量性需求增长”和“结构性需求增长”。假定国民经济增长对铁路货运需求的影响是同比例同方向的，并提出了如下铁路货运需求增长模型：

$$FDR_t = QDR_t + SDR_t$$

或：

$$FDR_t = GR_t + SDR_t$$

其中，FDR 为铁路货运需求增长率；QDR_t 为数量性需求增长率；SDR_t 为结构性需求增长率；GR_t 为国民生产总值增长率；t 为年份。

该模型有这样一些特点：

第一，数量性影响始终是铁路货运需求增长的正向动力。

第二，结构性影响对在铁路货运需求增长的不同时期所起的作用不同，在前半部，它是铁路货运需求增长的正向动力，推动着铁路货运需求增加；而在后半部，它是铁路货运需求增长的负向动力，促使铁路货运需求减小。

第三，数量性和结构性两种影响力量在不同阶段相对地位不同，居主导地位的因素决定了相应阶段铁路货运需求增长的方向。

根据不同时期数量性影响和结构性影响的大小和方向的不同，我们将欧美国家铁路发展的历程划分为以下四个阶段：

第一阶段：结构性因素为主导因素，铁路货运需求的增长主要源于结构性变化，影响较大的正向结构性需求增长和影响较小的数量性需求增长导致了该阶段需求的快速增长。

第二、第三阶段：数量性影响为主导因素，铁路货运需求的增长主要源于数量性需求增长，结构性需求在第二阶段的正向增长和在第三阶段的负向增长分别加快和减弱了相应阶段的需求增长速度。

第四阶段：结构性影响为主导因素，其负向增长已超过数量性需求正向增长，导致了该阶段的铁路货运需求进入负增长阶段。

各欧美国家分别经历了第一、第二、第三阶段，相继进入铁路运输需求逐渐下降的第四阶段。该模型能够较好地解释各欧美国家铁路由初始阶段到目前铁路运输状况（货运需求增长弹性、在运输市场上所占份额、需求强度增减及路网规模变化等）一系列过程之间的关系。

王际祥认为，各国铁路货运需求的实际增长曲线形状并不完全一样，经历有关阶段的时间长度也有不同。出现差异的原因，除了在经济总量和结构方面的差别，还有环境条件的不同。其中，硬环境因素主要是通过运输结构产生影响作用。国土面积对不同国家铁路发展阶段时间跨度起着决定性作用，英国经历第三阶段的时间为20年，而美国则经历了60年，反映出国土面积不同的国家对铁路货物运输的依赖程度不同。

铁路货运需求增长变化的四阶段模型通过准确刻画铁路的历史发展轨迹，从另一个角度验证了运输化各个阶段的演化。在欧美国家，初步运输化阶段是从近代运河建设高潮时期开始，包括了运河时期和铁路发展过程中的三个阶段。在铁路发展第四个阶段的前半期，铁路货运需求已经开始缓慢下降，但总的货运需求仍在继续上升，这主要是因为，对公路等新兴运输方式运输需求的增多超过对铁路运输需求的减少。在运输化理论中，这一时期被称作“完善运输化阶段”。当经济发展到一定程度后，不仅铁路货物运输需求在继续下降，而且各种运输方式的货物运输总需求也会逐渐趋稳。这时候，经济增长就应该开始进入“后运输化阶段”。

根据王际祥的分析，从20世纪50年代初到80年代末，我国铁路货运需求增长的状况相当于主要发达国家第二阶段的水平；随着经济发展特别是伴随着产业结构的显著转变，开始逐步由第二阶段向第三阶段过渡，并于90年代初进入第三阶段。在现阶段，铁路货运需求将继续增长，但低于国民经济的增长速度。这一结论，有助于更准确地判断我国在运输化各阶段中的具体位置。

第三节　铁路运输与空间经济分析模型

一、重力模型

目前，在国际上分析地区间货运量与城市间相互影响关系的方法主要采用经济地理学当中的各类模型，即以空间的需求和空间的供给关系所反映出来的空间相符作用模型为主流。其中，在空间相互作用模型中，重力模型占有重要的地位。1858年，美国经济学家亨利·凯里在其著作《社会科学原理》中首次提出重力模型。重力模型主要是根据牛顿的万有引力模型，对地区间的物流情况进行分析，推测地区间的相互作用关系。牛顿的万有引力模型可以用下式来表示：

$$F_{12}=GM_1M_2d_{12}^{-2}$$

其中，F_{12}为物体1和物体2之间的引力；M_1为物体1的质量；M_2为物体2的质量；d_{12}为物体1和物体2之间的距离；G为重力系数。

重力模型对现实的物流问题解释说明程度较高，可以很简单也很方便地对空间货物的交流情况进行说明，而且具有计算简单的特点。因此，重力模型是分析地区之间货物交流最主要的模型之一，可用以下公式表示：

$$T_{ij}=k(P_i,\ P_j,\ D_{ij})$$

根据上式，可以通过以下的线性回归方程式进行分析：

$$T_{ij}=kP_i^{\alpha}P_j^{\beta}D_{ij}^{-\gamma}$$

为了计算方便，对上式进行了具体化分析，通过对等式两边取对数得出所用的重力模型为：

$$\log T_{ij}=\log k+\alpha\log P_i+\beta\log P_j-\gamma\log D_{ij}$$

其中，i为发送地；j为到达地；T_{ij}为发送地与到达地的空间相互作用（也就是从i到j之间的货物发送量及到达量）；P_i为发送地i的发射性（也称为该地的辐射性，发送地i的工农业产品生产量、GDP、人口等从属变量）；P_j为到达地j的吸引性（也称为该地的魅力，到达地j的工农业产品生产量、GDP、人口等从属变量）；D_{ij}为发送地i与到达地j之间的分离性（发送地i与到达地j之间的运输距离）；α、β、γ均为参数；k为常数。

在这个模型中，可以从P_i、P_j、D_{ij}三个变量对区域间的相互作用进行说明。

二、货物流动关联性分析

村山祐司（1984）运用各种货物的OD数据[①]，对日本各地区的货物流动

---

① 详见日本《全国货物纯流动调查报告书》。

关联性进行了分析，对各地的发送量、到达量，流入、流出省份的地域属性及相互关联性进行了推测。具体的数据以货物流动所分析出的30个种类为对象，以社会经济等40个相关数据作为地域属性，对各地区之间的连接性①进行了实证分析。

此外，村山祐司根据货物流动的类型进行了主因子分析，在连接性的基础之上增加了区域属性，最后运用正相关分析法对两者进行了分析，根据其分析结果可以推导出五个正相关变量，确定出二者的对应关系。②具体的分析及推测结果如下：

第一，首先提出46（发送地）×46（到达地）×80（货物品种）的三维OD矩阵数据。此外，在OD表中，除去45度线的数据即省内货物到达量的数据，由三维OD矩阵变为二维OD矩阵，从而得出46个地区的2070行（46×45），35个品种的货物数据作为列，形成新的矩阵，并且，对于这一矩阵进行主因子分析，提取出比较相似的六组货物流动类型。同时，推导得到主因子得分矩阵（2070×P）。其次，对六个种类的货物流动进行分析，把每一个主因子的得分在地图上进行标注，得到以下几个结论：

（1）工业产品流动型：以东京、大阪、名古屋为中心的三大城市圈之间的太平洋工业地带的内侧流动。

（2）第一产业的产品以及轻工业产品流动型：以北海道、东京、爱知、大阪、福冈为中心在全日本分散流动。

（3）农业产品流动型：主要依赖进口贸易的地区在神奈川、兵库等港口贸易城市内流动。

（4）化学工业产品流动型：在以东京为中心的日本地区进行长距离的移动。

---

① 连接性指标包括地区间的直线距离、道路距离、铁路距离、时间距离。村山祐司（1984）运用的是货物运输的时间距离。从一个地区向另一个地区进行货物移动时，比起直线距离及公路距离，时间距离更可以反映出地区间货物流动的实际情况。连接性是物流时间的相反数据，也就是说连接性越大，物流时间越短。

② 正相关分析与从属变量独立变量的分析不同，其从很多的变量当中提取出两组变量群，得出线性合成变量，对两个线性合成变量的相关程度进行分析，正相关分析解释了各相关变量群之间的关系，国际上很多的经济地理学研究都采用此方法。

（5）特殊货物流动型：以短距离运输为主，以各地区中心城市为核心形成闭环回路型的运输体系。

（6）焦炭及煤炭运输型：在以广岛为中心的地区，以枥木、埼玉、东京、神奈川为中心的关东地区流动。

第二，以46个都道府县为行，40个变量为列，对形成的区域属性矩阵进行因子分析，总结出区域的社会经济特性六个共同因子：①城市的经济活动；②农村的经济活动；③港口的经济活动；④矿业的经济活动；⑤第一产业的经济活动；⑥人口增加率。

第三，根据上述所推导出来的六个货物流动类型以及六个地区属性的共同因子，再加上地区间距离的连接性，根据正相关分析法得出两者的相互关系，推导出五个正相关变量：

（1）工业产品的流动与地区的属性，特别是城市的经济活动以及城市间距离存在相互影响关系。

（2）化学工业产品的流动，第一产业产品、轻工业产品的流动与农村经济活动、矿业经济活动、距离因素存在对应的关系。

（3）化学工业产品的流动与第一产业的经济活动、人口增加率存在对应关系。

（4）农产品以及相关产品的流动、特殊货物的流动与港口的经济活动、农村的经济活动存在对应关系。

（5）焦炭以及煤炭的流动与矿业的经济活动存在对应关系。

根据以上的结果，可以说明日本各地区区域连接体系存在复杂的空间差异，由于不同的货物类型差异的形成，各自的影响因素也各不相同。

三、地域之间货物流动分析

小林良邦（1997a）运用《全国货物纯流动调查报告书》中的数据，对地域之间货物流动的情况进行了分析。同时，对于地域之间货物的流动列举出省内移动、向省外流出、从省外流入等指标。

首先，对省内移动进行的分析提出自给率的指标，① 对外省流入的货物求得加权平均距离。其计算结果如下：

一方面，省内流动量最高的是冲绳（94%）、北海道（87%）、鹿儿岛（83%），这些地区都集中于北海道、九州东北地区。相反，自给率最低的地区为：埼玉（41%）、德岛（48%）、东京（48%），这些地区主要集中在东京、大阪等中心城市所形成的大经济圈之中，由于之间物流需求的增加，造成省内货物流动量下降。另外，日本全国的自给率加权平均数为62%。另一方面，从省外的流入货物平均距离来看，距离最长的是冲绳（1250公里）、北海道（884公里）、青森（531公里），距离最短的是奈良（127公里）、京都（162公里）。从以上的数字中可以看出，运输距离越长省内运输率也就越高。但是，两者不一定全部对应，每一个地区的产业特征、经济状况不同，还有其他影响因素存在。

其次，从外省流入及向外省流出的数据分析，按照流入量和流出量大小顺序进行排列，得到以下结果：千叶、神奈川、茨城、埼玉、东京、枥木等集中在关东地区。另外，大阪、兵库的关西地区，爱知、三重等中部地区，还有山口、福冈、冈山地区省外流出量都处于前列。此外，从省外流入量来看，东京、大阪、爱知、神奈川、埼玉、兵库、千叶所占的比例较高。由此可以得出，流入流出比率较高的地区都存在流入流出不平衡的特征。

最后，从流入流出量的流向来看，运用OD表进行了分析。其结果为：茨城、枥木、群马、埼玉、千叶、东京、神奈川之间的相互流动密度较高，相互之间连接性也较强。另外，以大阪为中心，兵库、京都、岐阜、静冈、爱知、三重周围也存在一定数量物流的集聚。冈山、广岛、山口、福冈、佐贺附近的货物集聚量较小，在北海道、宫城、广岛等地，物流集聚点不存在。总之，这些地区与其他地区的交流都较少。

小林良邦（1997b）对各地区货物流动存在要素进行了说明。对于各地区之间的货物流动量，提出了地区间的距离作为说明变量进行实证分析。首先，对于省内流动量，推算了省内货物纯流动模型。在这个模型中，目的变

① 自给率是省内的移动（省内流入 = 省内流出），在各省的总货物流动量当中，省内的流动量所占的比率。这个指标表示为了应对货物流动的各种需求，有多少货物是由省内进行供给。

量为省内货物流动量，说明变量为省内 GDP、第一产业和第二产业占 GDP 的比重、批发零售业占省内 GDP 的比率以及省内货物和省外货物流入流出比率。由此可以得到以下公式：

$$\ln(T_i) = -13.4615 + 0.9272 \times \ln(GRP_i) + 0.1753 \times \ln(FIR_i / GRP_i) + 0.7614 \times$$

（16.15）（2.94）（4.31）

$$\ln(SEC_i / GRP_i) + 0.4258 \times \ln(SAL_i / GRP_i) + 1.2714 \times \ln(\alpha_i) + 0.1532 \times \ln(\beta_i)$$

（2.16）（5.09）（5.73）

$R^2 = 0.929$　　SAMPLE = 47

其中，GRP_i 为省内 GDP；FIR_i 为第一产业 GDP；SEC_i 为第二产业 GDP；SAL_i 为批发零售业生产总值；α_i 为省内货物流出率 = 省内货物量 / 货物流出量；β_i 为省外货物流入流出率 = 货物流入流出量 / 货物流入流出总量。

一方面，从以上的横截面数据推算出计量模型，第一产业以及批发零售业所占比率的弹性系数分别为 0.18、0.43，t 值相对较低，影响力度也相对较小。另一方面，第二产业比率的 t 值为 4.3，说明具有较强的作用力。

其次，各省之间货物的流动，以上述重力模型为基础，推算出距离抵抗系数。①

$$\frac{T(E)_{ij}}{\sum_j T(E)_{ij}} = \frac{A \times (\sum_k T(M)_{kj})^{\alpha}}{(D_{ij})^{\beta}}$$

其中，$T(E)_{ij}$ 为从 i 地区向 j 地区流出的货物量；$T(M)_{kj}$ 为从 k 地区向 j 地区流出的货物量；D_{ij} 为 i 地区与 j 地区的距离；A 为常数；α 为规模弹性系数；β 为距离抵抗系数。

通过对以上的模型取对数，形成线性方程式，对每一个省进行推算，得出其结果：47 个都道府县的平均决定系数为 0.73，α、β 的 t 值分别为 8.1、6.74。其中，以下为北海道线性模型：

① 距离抵抗系数随着货物移动距离的增加，出现递减趋势，也就是说距离抵抗系数的绝对值越大，其主要的流入流出市场周围的近距离省份较多，而远距离的省份较少。

$$\ln\left(\frac{T(E)_{ij}}{\sum_{j} T(E)_{ij}}\right) = -3.61 + 1.40 \times \ln\left(\sum_{k} T(M)_{kj}\right) - 2.17 \times \ln\left(D_{ij}\right)$$

$R^2 = 0.59$

$t-Value = \alpha \rightarrow 7.25$、$\beta \rightarrow 4.37$

从模型推算出的 β 值（距离抵抗系数）来看，处于日本北部及南部的城市距离抵抗系数较强，中部地区向南北方向拓展市场存在有利的条件。另外，西部的日本海沿港地区的数值也较高。然而，北海道、青森等地区的数值较低，说明了其海域影响的因素较强。

最后，小林良邦（1997b）提出，既不能单纯地对交通运输基础设施进行整备，也不能缩减距离抵抗系数，距离抵抗系数必然随着市场的扩大而发生变化。也就是说，在基础设施整备以后，存在滞后时间。地域之间货物流动情况伴随着该地区的经济状况、产业结构、市场规模等因素而发生变化。

四、省间货物交流量分析

孟建军（1995）运用 OD 表对我国 1985 ~ 1992 年的铁路货物运输数据进行了分析，得出省间货物交流量：

$$V = M_{ij} \times (M_i \times M_j) \times M_t \times k$$

其中，V 为省间货物交流量；M_{ij} 为从 i 省到 j 省的货物流出量；M_i 为发送地的物流量；M_j 为到达地的物流量；M_t 为到达所有地区的物流量；k 为常数。

首先，根据省间货物交流量的推算分析出地区之间物流构造的变化情况，再根据 1985 ~ 1992 年的铁路货物运输 OD 表推算出货物交流率以及地域分布的情况。

第一，华北、东北区域：北京、天津、河北、山西、内蒙古、辽宁、吉林、黑龙江。

第二，黄河、长江下游的东南沿海区域：上海、江苏、浙江、安徽、福建、江西、山东。

第三，长江中游及南部沿海区域：河南、湖北、湖南、广东、广西、四川、贵州、云南。

第四，西北内陆区域：陕西、甘肃、青海、宁夏、新疆。

分别对以上四个区域的特征进行分析。在上述四个区域中，各区域省内的货物交流量要高于省外的货物交流量。另外，四个区域之间货物交流相对贫乏。从 1992 年的货物交流率来看，各级行政单位间的交流率的变化各不相同。[①] 同时，各级行政单位之间的流入和流出的起伏变化较大。根据以上几点可以看出，随着市场经济的推进，原有的行政区域构造发生了变化，各区域之间相互的物流竞争更加激烈。

其次，利用 1995 年和 1992 年的货物运输矩阵进行分析，推算出省间货物运输的增加倍率，其结果如下[②]：

第一，高于全国平均流入倍率的省份包括：河北、江苏、浙江、福建、江西、山东、广东、广西、四川、贵州、云南、宁夏、新疆。

第二，低于全国平均流入倍率的省份包括：北京、河南、陕西、青海。

第三，高于全国平均流出倍率的省份包括：山西、内蒙古、福建、山东、广东、广西、四川、贵州、云南、青海、新疆。

第四，低于全国平均流出倍率的省份包括：北京、天津。

从以上结果中可以看出，流入量增加倍率高于全国平均值的省份主要集中在东南沿海经济发达地区，流出量增加倍率高于全国平均值的省份主要集中在西部内陆资源密集地区。此外，北京、天津、上海等大城市的流入及流出量与 1985 年相比都有明显下降。

再次，对流入流出量都较大的广东省进行了分析，得出流入广东省较多的省份以及从广东省流出较多的省份，按照增加倍率的大小排序，流入及流出量较高的省份如下：

---

① 中国行政区域原则上按省县乡三级行政单位进行划分。省级行政单位与县级行政单位之间的地方行政特点非常明显，与省同一级别的行政单位为一级行政单位，我国的一级行政单位包括 23 个省、5 个自治区、4 个直辖市、2 个特别行政区。

② 1992 年的货物运输的矩阵除以 1985 年货物运输的矩阵，就是货物运输流入流出量的增加倍率，其值若大于 1，说明省间相互作用增强；相反，其值小于 1，说明省间相互作用减弱。

第一，流入地区：新疆（4.88 倍）、吉林（4.53 倍）、甘肃（4.21 倍）、宁夏（3.67 倍）、河北（3.51 倍）。

第二，流出地区：辽宁（5.68 倍）、吉林（5.36 倍）、山东（5.33 倍）、黑龙江（5.12 倍）、宁夏（5 倍）。

以上结果可以说明，广东省的货物运输与运输距离及经济圈没有太大关系，其流入流出省份遍及全国各地。

最后，对我国的煤炭基地山西省进行了分析，同样计算出流入流出量的增加倍率。其流出量的顺序为：上海（2.62 倍）、广东（2.22 倍）、山东（2.07 倍）、河北（2.03 倍）、广西（1.89 倍）。可以看出，改革开放以来东南沿海地区及内陆地区对山西省的煤炭需求量不断增强。

五、比值比分解法

樋口洋一郎（1999a）运用重力模型，推测出有关货物运输数据参数乖离率的最小值，并开发出比值比分解法。运用我国铁路货物运输 1985 ~ 1994 年的 OD 数据进行了实证分析，对铁路货物运输的构造变化进行了说明：

$$T_{ij} = F_i F_j R_{ij} \varepsilon_{ij}$$

其中，T_{ij} 为 i 与 j 之间的货物运输相互作用的数据；F_i 为发送地的辐射性属性因素；F_j 为到达地的吸引性属性因素；R_{ij} 为出发地和到达地相互作用的关系性因素；ε_{ij} 为扰乱系数。

另外，有：

$$R_{ij} = \frac{1}{(1 + D_{ij}^2)}$$

其中，D_{ij} 为 i 与 j 之间的距离。

由此，樋口洋一郎把比值比分解法按以下公式进行了定义：

$$S_{ij} \equiv \frac{T_{ij} T_{ji}}{T_{ii} T_{jj}}$$

其中，S_{ij} 为比值比。

把此公式代入上述空间相互模型的公式，可以得到以下公式：

$$S_{ij}=\frac{R_{ij}R_{ji}}{R_{ii}R_{jj}}\cdot\frac{\varepsilon_{ij}\varepsilon_{ji}}{\varepsilon_{ii}\varepsilon_{jj}}$$

比值比分解法只表现出关系性因素及误差项，当假定各地区存在对称性时，即以下等式成立：

$$R_{ij}=R_{ji}，\ R_{ii}=R_{jj}=1$$

再把误差项用新的符号 u_{ij} 进行定义，可以得到以下公式：

$$S_{ij}=R_{ij}^{2}u_{ij}$$

在上式中 S_{ij} 作为本身的关系因素可以简单计算出来，运用比值比及关系性要素进行回归分析，推算出关系性要素 $\overline{R}_{ij}$，得到以下公式：

$$T_{ij}=F_iF_j\overline{R}_{ij}\varepsilon_{ij}$$

对上述的回归分析进行修正，把包含属性因素及关系性因素的面板数据，根据比值比进行分离，推算出第一阶段的关系性要素。在此基础上，又推算出第二阶段的属性要素。

基于以上方法，樋口洋一郎得出以下结论：

首先，推算出属性要素，把人口、人均 GDP、人口密度选定为说明变量，根据比值比分解法得到以下结论：

第一，人口：到达地及发送地的人口对到达量、发送量的影响强度逐渐增加。

第二，人均 GDP：到达地及发送地的人均 GDP 的 T 值有下降趋势，发送地人均 GDP 对发送量不产生影响。

第三，人口密度：发送地的人口密度与发送地的物流量存在较强的关系，但到达地的人口密度与到达量不存在关系。

其次，根据关系性要素的推算，对空间相互作用的潜在距离的平均数进行了计算。1985 ~ 1994 年这些数据以年均 1.91% 的速度减小，从关系性要素可以说明地区间物流量的变化关系，实际上以年均 6.52% 的速度增加。由此可以推算，以空间距离为代表的关系要素以及各省间的空间相互作用如以下公式所示：

$$\ln R_{ij}=\alpha_0^R+\alpha_1^R\ln GD_{ij}+\alpha_2^R ADJ_{ij}+\varepsilon_{ij}^R$$

其中，R_{ij} 为空间相关性；GD_{ij} 为运输空间距离；ADJ_{ij} 为空间相邻性的虚拟变量。

运用上式进行对数重回归分析，从分析的结果中可以看出，空间距离递减效果非常明显，空间距离的弹性值从 –1.24 增加到 –1.04，空间相互作用效果从 0.43 下降为 0.3。

最后，樋口洋一郎对我国铁路货物运输各省间的关系进行了总结：

第一，与铁路货物运输的到达地及发送地的原有属性的关系较大。

第二，比值比分解法运用了分离型属性要素的方法，得出发送地、到达地的属性效果比运用直接法所推算出的属性效果数值要小，进一步解释了我国各地区经济情况的变化，使得各省货物运输到达量、发送量发生了很大变化。

六、各区域货物运输发生原因分析

高桥洋二·章翔（1999）对我国 28 个省份的货物运输发送量进行了回归分析。以人均 GDP 作为说明变量，运用宏观数据进行了实证研究，得出的结论是运用同样的说明变量不能说明不同地区的货物到达量及发送量的变化。因此，运用人均 GDP、单位 GDP 货物运输量作为指标，进行了聚类分析并进行分组，得出了四个区域的货物运输发生的原因。[①] 但是，所使用的数据只包括 1990 年、1993 年、1995 年的横截面数据，没有利用面板数据对每一个省份进行详细分析。

高桥洋二·章翔根据实证分析，得出以下两个回归方程式：

$$Y_j = \alpha_0 + \sum_{i=1}^{n} \alpha_i X_i$$

$$\log Y_j = \log \beta_0 + \sum_{i=1}^{n} \beta_i \log X_i$$

其中，Y_j 为被说明变量；X_i 为说明变量。

货物运输量以吨及吨公里作为从属变量进行推算。在说明变量中，不同

① 其分析的四个集团：第一，生产率低、运输量高的集团省份包括：河北、山西、内蒙古、甘肃、宁夏。第二，生产率及运输量都较低的集团省份包括：吉林、河南、陕西、安徽、湖北、湖南、贵州、广西、四川、青海、云南、江西。第三，生产率高、运输量低的集团省份包括：北京、天津、辽宁、黑龙江、上海、江苏、浙江、福建、山东、广东、新疆。第四，生产率及运输量都比较高的省份不存在。

的运输手段所使用的变量各不相同，基于以上两个回归方程式可以推算出以下几个结果：

第一，以吨为单位的模型中，公路运输及其基础设施的整备情况影响力度较大。另外，线性回归模型比对数回归模型的精度要高。

第二，在以吨公里为单位的模型中，GDP 和第二、第三产业 GDP 的比率及各地区贸易总额的影响力度都很大。对数回归模型的精度要比线性回归模型的精度高。

第三，从以吨和吨公里为单位的模型的差异比较来看，经济规模、产业分布、能源状况以及交通基础设施都很好地说明了两个模型的效果。但是，以吨为单位的模型中，交通设施中公路的整备情况是其影响因素之一。以吨公里为单位的模型中，铁路、港口、航空基础设施影响力度较大。这是因为公路运输承担着末端运输任务，比起水路、铁路等长途运输方式，其效果不明显。另外，从模型的精度来看，以吨为单位的模型的说明力度较大，以吨公里为单位的模型的说明力度相对较小。

七、各地区之间空间相互作用分析

黄磷（2000）对我国各地区之间的物流量进行计算，推算出各地区之间空间相互依存情况。另外，根据经济增长、生产及消费的扩大、货物运输基础设施的投资等内容，对各地区之间空间相互依存关系进行实证分析。黄磷主要以货物运输到达量和发送量的地区变化为对象进行了考察，运用 OD 表解释了各地区之间空间相互作用的长期变化。从各地区之间物流产业到市场需求的实际情况，得出了区域间物流量的变化规律及影响因素。以 OD 表为研究对象得到以下公式：

$$\text{OD表}=\begin{pmatrix} x_{11} & \cdots & x_{1j} \\ \vdots & x_{22} & \vdots \\ x_{i1} & \cdots & x_{nn} \end{pmatrix}$$

其中，i 为发送地区，$i\in(1,n)$；j 为到达地区，$j\in(1,n)$；x_{11}，x_{22}，$\cdots$，x_{nn} 为对角线数据。

根据上式可以看出，在 OD 表中，对角线的数据表示了地区内部货物的移动情况。另外，黄磷以各地区的省外依存率作为衡量本省与外部联系的标准，省内依存率表示了OD表中对角线的要素，由此可得出以下公式：

$$i\text{地区对其他地区依存率}\ t = 100 - \frac{i\text{地区}\ t\ \text{年OD表的对角线数据}}{i\text{地区}\ t\ \text{年到达量或发送量}} \times 100$$

另外，根据各地区省外依存率的计算结果，得出各省之间的物流量不断上升，各省之间的相互作用逐年增强。由产业集聚形成的市场需求不断扩大，由此可以推断出，由于各地区间物流量的增加，市场化的推进，我国各省之间空间联系强度不断增强。

此外，运用1993年、1994年、1995年的数据对各省的对外依存率的决定因素进行了线性回归分析。被说明变量为铁路货物的到达量及发送量的地域依存率，说明变量为以下几项：

（1）经济增长：区域GDP增长率。

（2）工业生产：区域工业生产总额。

（3）基础设施投资：国家对运输交通业的固定投资额。

（4）地域消费市场规模：各地区总支出中总消费所占比率。

（5）虚拟变量：东部虚拟变量（1＝辽宁省等东部11省，0＝其他省）；中部虚拟变量（1＝河南省等中部9省，0＝其他省）；1994年虚拟变量（1＝1994年，0＝1993年和1995年），1995年虚拟变量（1＝1995年，0＝1993年和1994年）。

根据以上的计算方法，首先结合上述的说明变量对基本模型进行分析，其次去除产生偏差的虚拟变量，确定最终的模型，最后去除煤炭的地域对外依存率，对最终的模型进行修正。通过模型的建立，可得到以下结论：

第一，影响货物发送量省外依存率的因素。①工业生产规模、基础设施投资对货物发送量都呈现正的影响；②地域消费市场规模的扩大造成货物发送量下降，使得其产生负的影响；③地区GDP、地区虚拟变量、时间虚拟变量对货物运输的发送量不产生影响。

第二，到达量的省外依存率的影响因素。①区域消费对到达量产生负的影响；②区域GDP、东部地区虚拟变量、1995年时间虚拟变量对货物运输到达量产生正的影响；③工业生产总值、中部地区虚拟变量、1994年时间虚拟变量对货物到达量不产生影响。

第三，根据以上分析，可以得出以下结论：①影响区域间相互依存率增加的原因主要包括基础设施投资及工业生产。②内陆地区的原材料、资源、初级产品向沿海地区流入的趋势不断增加，推进了沿海地区经济的发展。③地区消费额的增加使得地区间的相互依存率出现下降的趋势。

第三章　中国铁路 70 年发展与改革

第一节　铁路 70 年发展

中国铁路的发展可追溯到 1840 年，但真正发展是在 1949 年中华人民共和国成立以后。现在，铁路作为国民经济必不可少的支柱产业，开启了新一轮的发展。中国铁路从 10 公里的“马车铁路”发展到“八纵八横”的高铁运输网络，从“龙号”机车到时速 350 公里的高速列车，反映了中国时代的变迁。

一、铁路 70 年发展回顾

19 世纪，蒸汽机的使用为铁路运输的发展奠定了基础。工业发达的欧美国家受铁路运输的高速度、大运量的影响，开始兴建铁路。1825 年，英国建成世界上第一条公用铁路——斯托克顿至达林顿铁路。中国铁路发展历程可以分为以下六个阶段。

第一阶段：开创时期（1876~1893 年）。1840 年，铁路相关信息传入中国，有识之士开始传播有关铁路的知识。1876 年，英国为了大量倾销其工业用品，从上海闸北到吴淞口修建了长为 14.5 公里的窄轨铁路——吴淞铁路（1876~1877 年），成为中国第一条营运铁路。1881 年，为了将唐山开平煤矿的煤炭运往天津，英国在唐山到胥各庄之间修建了 9.3 公里的标准轨铁路——唐胥铁路，该铁路成为中国参与修建的第一条铁路，由此开启了中国铁路发展史。这一时期的铁路发展特征为：中国人已经开始接触铁路信息，为了经济的发展修建了运煤铁路。但是，由于当时思想落后，到 1894 年仅修建铁路 400 公里，铁路发展速度缓慢。

第二阶段：缓慢发展期（1894~1948 年）。1876~1911 年，修建铁路 9400 公里。1909 年 10 月 2 日，从北京丰台至张家口长 201 公里的京张铁路通车运行。京张铁路是中国自行设计和建造的第一条干线铁路，由有“中国铁路之父”“中国近代工程之父”之称的杰出工程师詹天佑负责设计和修建。1881~1911 年，我国开始确定兴建铁路的方针，建立铁路公司，在这期间共修建铁路 9137 公里。1911 年，我国先后成立交通部、中华全国铁路协会和中国铁路公司，但是，在此期间实际上并没有修建铁路。1912 年，所有的铁路收归国有。1912~1927 年，在关内共修建铁路 2100 公里。1928~1948 年，我国共修建铁路 13000 公里。这一时期的铁路发展特征为：中国政府已经开始重视铁路的权益，意识到了铁路发展对国家的重要性。这一时期虽然中国自建的铁路不多，但已经开始建立铁路公司，慢慢开始修建铁路。

第三阶段：铁路修整期（1949~1952 年）。1949 年，中华人民共和国成立。这一年，中国共抢修铁路 8278 公里，铁路营业里程达到 2.18 公里，但可以通车的铁路线路仅为 1.1 万公里，客货周转量 314 亿吨公里。1950 年，中国开始建设成都到重庆的成渝铁路等西部铁路。1952 年 6 月，成渝铁路开始通车，成为中华人民共和国成立后修建的第一条铁路。1952 年，中国铁路营业里程增加到 22876 公里，客货换算周转量达 802.24 亿吨公里，铁路运行平均时速为 40 公里。这一时期的铁路发展特征为：铁路发展真正开始，铁路线路单一、站点分散、路网稀疏，铁路发展主要以西部地区为主。

第四阶段：铁路网络骨架形成期（1953~1980 年）。1953 年，中国开始实行计划经济。1975 年，宝成铁路完成全面电气化改造，这是中国第一条电气化铁路。宝成电气化铁路的建成，推进了西南、西北两大地区间的货物交流，形成了中国铁路网的基本骨架，对沿线工农业经济的发展起了很大作用，拉开了中国铁路现代化建设的序幕。改革开放前，陇海铁路、京广铁路“一纵一横”贯通全国，构成中国铁路运输的两条大动脉。为了进一步发展铁路运输，国家决定建设完整的铁路运输网络，实现客货分离，建设客运专线。改革开放后，中国铁路运输开始专注速度与运量的提升。1980 年，铁路经过计划时期建设取得了辉煌的成就，其中，铁路营业里程49940公里，客货换算周转量7087亿吨公里，全国铁路网络骨架基本形成。这一时期的铁路发展特征为：中国为加快西南与西北地区之间的货物交流，建成了第一条电气化铁路，形成了铁路运输网络最初的两条大动脉，为以后建设完整的铁路运输网络奠定了基础。

第五阶段：铁路发展新时期（1981~2006年）。1982年，铁道部提出“铁路运输已成为制约国民经济发展的一个重要原因”，并提出“北战大秦、南攻衡广、中取华东”的发展战略。1992年，全线通车的大秦铁路，成为中国第一条双线电气化重载运煤专线、中国“西煤东运”的主要通道之一，进一步推进了我国社会经济的发展，扩大了铁路网络的规模，完善了运输结构，提高了运输质量，快速扩充了运输能力，迅速提高了铁路运输装备水平。2003年，中国第一条客运专线铁路——秦沈铁路正式投入运行。“十一五”期间，铁路营业里程达到9.1万公里，高速客运网络总规模达到2万公里。2004年1月，国务院制定了《中长期铁路网规划（2004年）》，明确指出了中国铁路网络中长期建设的目标：到2020年，全国铁路营业里程将达到10万公里，主干线实现客货分线，复线率和电气化率将达到50%。[①]这一时期的铁路发展特征为：国家意识到铁路的发展已经成为国民经济发展的支柱，所以更加注重铁路技术的发展。其中，秦沈铁路的开通是我国进入高铁时代的开端。为推动铁路对经济的促进作用，国务院还提出了铁路网的中长期建设目标，铁路运输能力满足了国民经济和社会发展的需要，主要技术装备接近国际先进水平。

第六阶段：铁路飞速发展期（2006年至今）。2006年，上海磁悬浮结束两年试运，正式投入营运。通过学习外国的先进技术，2007年，中国第六次大提速正式开始，CRH1、CRH2、CRH5动车组开始大规模运营，列车运行速度达200公里/小时，中国从此进入了高速铁路时代。通过此次提速，中国铁路客货运输能力分别增长18%和12%，中国铁路的建设开始转向高速客运专线的建设。随着京津城际铁路、石太客运专线、武广客运专线、郑西客运专线、沪宁城际铁路、沪杭城际铁路的开通，大量速度250公里/小时、300公里/小时、350公里/小时的动车组上线运行，中国高速铁路达到世界

① 2004年，《中长期铁路网规划》首次发布，并在2008年和2016年进行了修编。

先进水平。2008 年 10 月，国家发展和改革委员会批准了《中长期铁路网规划（2008 年）》（以下简称《规划》）。《规划》指出，中国规划建设“四纵四横”客运专线，客车速度目标值达到 200 公里 / 小时以上，原铁道部提出了“推动中国铁路跨越式发展”的总战略。2009 年，随着永州至玉林段的洛湛铁路的开通，中国实现了“八纵八横”铁路网主骨架。2016 年 7 月，《中长期铁路网规划（2016 年）》指出了新时期的“八纵八横”高铁发展蓝图。2017 年，东西纵横的石家庄至济南高铁正式开通，标志着中国已基本建成“四纵四横”高铁网。同时，“复兴号”正式开通运行，实现了 350 公里 / 小时的全球商业运营高铁最高速度。“复兴号”所采用的 254 项重要标准中，中国标准占 84%。整体设计和关键技术都由中国自主研发，具有完全自主知识产权。“复兴号”的出现，让中国高铁从国产化迈向了世界化。2019 年 9 月，以内蒙古鄂尔多斯乌审旗浩勒报吉站为起点，终点至江西吉安站，途经 7 个省区，线路全长 1837 公里，设计最高速度 120 公里 / 小时，规划年输送能力 2 亿吨的蒙华铁路正式开通运行。蒙华铁路是世界上一次性建成最长的重载煤运铁路，也是我国第一条轴重最重、线路最长、覆盖面最广、规模最大的煤炭运输专用线，成为“北煤南运”新的国家战略运输通道。

2019 年 12 月 30 日，世界上第一条时速 350 公里的智能高铁——京张高铁正式通车。京张高铁，实现自动驾驶、刷脸进站等智能体检的功能。通过北斗定位、地理信息系统、物联网、大数据、人工智能等技术，京张高铁线路实现了实时“体检”，全线每一座桥梁、车站，每一处钢轨都在智能系统地掌握中。在 12 公里的新八达岭隧道内，建成了埋深 102 米的“世界最深高铁站”——八达岭长城站。在京张高铁八达岭隧道上方 4 米，是京张铁路青龙桥车站。在青龙桥车站，110 年前由詹天佑负责主持、中国人自己设计修建的“人字形”京张铁路，和 110 年后代表中国铁路最新科技的智能京张高铁交会在一起。110 年前，詹天佑用钢轨在青龙桥书写了一个“人”字，时隔 110 年以后，新的京张高铁从青龙桥下穿过，把“人”字变成了“大”字，见证了中国铁路 100 多年的历史。2019 年，既是“中国铁路之父”詹天佑逝世 100 周年，也是京张铁路全线通车 110 周年。正如习近平总书记所说：“从自主设计修建零的突破到世界最先进水平，从时速 35 公里到 350 公里，京张线见证了中国铁路的发展，也见证了中国综合国力的飞跃。”

二、铁路70年技术变革

铁路的发展离不开技术的变革，铁路机车是铁路运输的牵引动力。中国铁路机车主要经历了蒸汽机时代、内燃机时代和电气化时代。70年前，中国铁路机车仍是以外国技术为主，自主研发的技术少。40年前，以燃煤机为牵引的蒸汽机车（俗称“绿皮车”），是当时中国铁路运输的主要列车。2003年，中国第一条高速铁路——秦沈客运专线投入运行。秦沈客运专线的运行是中国铁路进入高速化的起点，采用了我国自主研发的“中华之星”电车组。秦沈客运专线全长404公里，设计运行速度是250公里/小时，实际上达到了当时的“中国铁路第一速”321.5公里/小时。

2008年，中国高铁的发展使中国高铁成为中国新的“四大发明”之一。中国高铁是建成和在建里程最长、运营速度最快、运载人数最多、动车组谱系最全的高铁。中国铁路70年发展，不仅使铁路具有了现代化的特征，而且使中国成为高铁网最发达的国家。2018年，铁路营业里程13.1万公里，比1949年末增长5倍。其中，高铁2.9万公里，位居世界第一，占全球高铁运营总里程的66%，覆盖23个省、区、市和香港特别行政区。铁路货运量40.22亿吨、货物周转量28820.9亿吨公里；铁路旅客发送量33.7亿人、旅客周转量14146.5亿人公里。“八纵八横”高铁网建设全面展开，“复兴号”试验列车速度350公里/小时，实现在车站线路区间自动停靠、启动和运行。2020年，中国铁路营业里程将达到15万公里，基本覆盖20万人口以上城市。其中，3万公里的高铁将覆盖80%以上的大城市。

70年来，中国铁路从最初使用内燃机到今天的电力机车；从最初的“闷罐车”到后来的“绿皮车”再到今天的动车、高铁；从最初的和谐号到今天的复兴号；从最初速度40公里/小时到100公里/小时再到350公里/小时，中国铁路的发展不仅改变了民众的出行方式，也使民众享受到了高质量的生活体验。从一开始的“一票难求”到现在的“说走就走”，中国铁路开放网络购票，使人们足不出户就能买到自己想要的车票。随着智能化的推进，铁路也实行了刷脸进站、智能机器人指路、网络订餐、智能选座，使铁路在保障运行的同时服务也更加人性化，中国铁路70年的变化见证了中国的日益强大。

铁路技术从最初的学习外国技术，到今天的自主研发创造，成功构建了具有完全自主知识产权的重载、普速、高速三大领域铁路技术标准体系。中国铁路的发展离不开日益强大的技术研发，从“绿皮车”到“磁悬浮”“复兴号”，再到今天的“智能高铁自动驾驶”，中国高铁成功地走向了世界，并站在了世界的顶端，中国的高铁成为中国外交的新名片和新的形象代表。在“一带一路”倡议的背景下，中国铁路的发展又迈向了新台阶，中欧班列的发展使世界看到了中国铁路的强大，从蒙内铁路（蒙巴萨—内罗毕标轨铁路）到中国列车首次出口欧洲，再到雅万高铁等多个海外项目的积极推进，中国铁路无不彰显着中国的创新与发展。

三、铁路系统构建

（一）铁道部[①]

1948 年 11 月，中央军委决定任命时任华北军区副司令员的滕代远为中央军委铁道部长，组建中国人民革命军事委员会铁道部（以下简称军委铁道部）。1949 年 1 月 10 日，中央军委对滕代远的正式任命下达。当时，军委铁道部主要任务是指挥护路武装，保障军运安全。1949 年 1 月 28 日，铁道工作会议在石家庄召开，正式组建军委铁道部 。1949 年 2 月 20 日，军委铁道部由石家庄移至北京办公。1949 年 10 月 1 日，根据 1949 年 9 月 27 日中国人民政治协商会议第一届全体会议通过的《中华人民共和国中央人民政府组织法》第十八条的规定，军委铁道部改组为中央人民政府铁道部，受中央人民政府政务院领导，作为国家政府机构对全国铁路实行归口管理。

1954 年 9 月 20 日，根据国务院《关于设立、调整中央和地方国家行政机关及有关事项的通知》，中央人民政府政务院改为中华人民共和国国务院，原中央人民政府铁道部改为中华人民共和国铁道部，成为国务院组成部门，受国务院领导。1967 年 5 月 31 日，中央决定成立铁道部军事管制委员会，对铁道部实行军事管制。1967 年 6 月 1 日，军事管制委员会正式进驻铁道部，铁路由铁道部军事管制委员会领导。1970 年 7 月，铁道部与交通部、邮电部

① 由于国务院机构改革后不再保留铁道部，为方便叙述，后文中简称为铁道部。

所属邮政部分合并，成立新的交通部。1973年3月6日，国务院决定交通部所属邮政部分划出成立邮电部。1975年1月17日，四届全国人民代表大会一次会议决定将原交通部划分为铁道部和交通部（邮电部分已于1974年6月划出）。1975年1月27日，铁道部和交通部分开办公。1975年1月30日，恢复成立铁道部，并开始启用“中华人民共和国铁道部”印章。

1994年1月20日，国务院办公厅印发的《铁道部职能配置、内设机构和人员编制方案》（国办发〔1994〕16号）指出，铁道部兼负政府和企业双重职能。1998年6月24日，国务院办公厅印发的《铁道部职能配置、内设机构和人员编制规定》（国办发〔1998〕85号）提出，铁道部实行政企分开，根据行业特点和当前实际，通过改革界定政府管理职能、社会管理职能、企业管理职能并逐步分离。2008年3月21日，根据《国务院关于机构设置通知》（国发〔2008〕11号），经第十一届全国人民代表大会审议批准的国务院机构改革方案中确定保留铁道部。同时，为了进一步优化交通布局，形成更加高效、安全的交通运输体系，发挥交通运输的整体优势，决定成立新的交通运输部。2013年3月14日，第十二届全国人民代表大会审议通过《国务院关于提请审议国务院机构改革和智能转变方案》（国函〔2013〕47号）（以下简称《方案》），决定实行铁路政企分离，组建中国铁路总公司，不再保留铁道部。将铁道部制定铁路发展规划和政策的行政职责划入交通运输部，并组建国家铁路局，由交通运输部管理，承担铁道部的行政职责。同时，组建中国铁路总公司，承担铁道部的企业职责。当时铁路在国民经济发展中仍扮演着主要的角色，因此在《方案》中指出，国家会继续支持铁路发展，推进铁路投融资体制改革和运价改革。由于铁路承担着多种公益性职责，所以《方案》提出建立健全规范的公益性线路和运输补贴机制。同时，《方案》还决定继续深化铁路企业的改革，建立现代化的企业制度。2019年6月18日，中国铁路总公司改制成立中国国家铁路集团有限公司，归中央管理，承担铁路的运输、经营、建设和国家的公益性运输；负责铁路运输的调度和指挥，管理铁路行业的财务（见表3-1）。

表 3-1　铁道部发展历程

时间	铁道部的发展历程
1949 年 1 月	组建中国人民革命军事委员会铁道部
1949 年 10 月	设置中央人民政府铁道部
1954 年 9 月	成立中华人民共和国铁道部
1967 年 5 月	成立铁道部军事管制委员会
1970 年 7 月	铁道部与交通部、邮电部所属邮政部分合并，成立新的交通部
1975 年 1 月	铁道、交通两部分设，恢复铁道部
1994 年 1 月	铁道部兼负政府和企业双重职能
1998 年 6 月	铁道部实行政企分开
2008 年 3 月	保留铁道部，成立新的交通运输部
2013 年 3 月	不再保留铁道部，组建中国铁路总公司和国家铁路局
2019 年 6 月	成立中国国家铁路集团有限公司

资料来源：历年《中国铁道年鉴》。

（二）铁路局（集团公司）

中国铁路局集团有限公司，是中国铁路管理体制的“产物”，是中国国家铁路集团有限公司实行两级法人（中国国家铁路集团有限公司、中国铁路局集团有限公司）、三级管理（中国国家铁路集团有限公司—中国铁路局集团有限公司—站段）体制的重要组成部分。2017 年，中国国家铁路集团有限公司下设的 18 家铁路局集团公司已经全部完成工商登记变更，各铁路局名称全部改为“中国铁路局集团有限公司”，依然均为中国国家铁路集团有限公司的全资控股公司。

2018 年，中国国家铁路集团有限公司下设中国铁路哈尔滨局集团有限公司、中国铁路沈阳局集团有限公司、中国铁路北京局集团有限公司、中国铁路太原局集团有限公司、中国铁路呼和浩特局集团有限公司、中国铁路郑州局集团有限公司、中国铁路武汉局集团有限公司、中国铁路西安局集团有限公司、中国铁路济南局集团有限公司、中国铁路上海局集团有限公司、中国铁路南昌局集团有限公司、中国铁路广州局集团有限公司、中国铁路南宁局集团有限公司、中国铁路成都局集团有限公司、中国铁路昆明局集团有限公司、中国铁路兰州局集团有限公司、中国铁路乌鲁木齐局集团有限公司、中国铁路青藏集团有限公司18个铁路局集团公司（见图3-1、表3-2）。

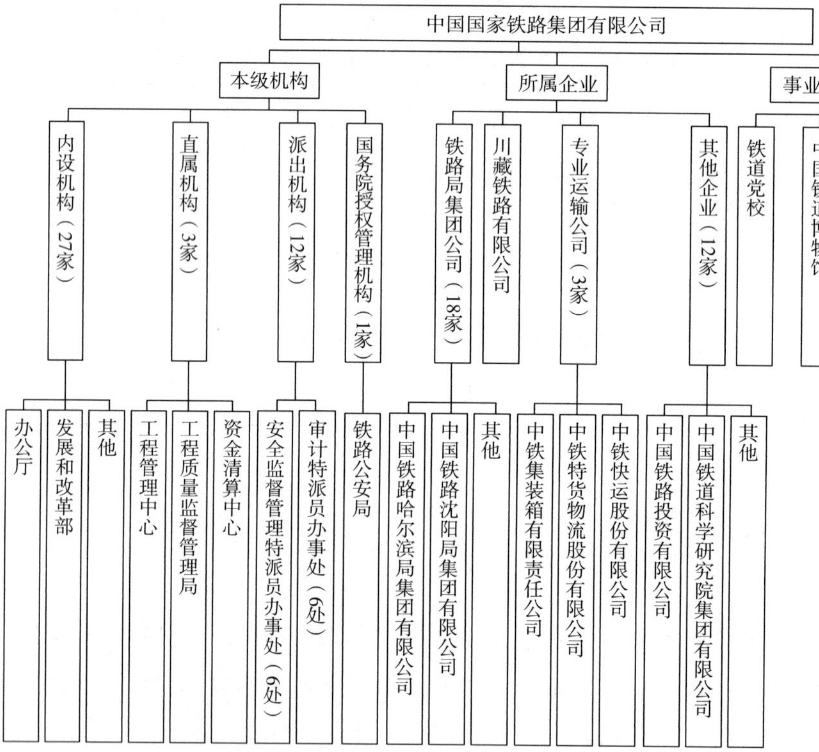

图3-1　中国国家铁路集团有限公司所属单位

资料来源：历年《中国铁道年鉴》。

（三）铁路运输站段

中国铁路各部门的功能和职责都不相同，只有各部门相互合作才能保证铁路运输系统的良好运行。中国铁路的主要运输站段包括：铁路车站、车务段等。

表 3-2　全国铁路局集团公司管辖范围

铁路集团有限公司	营业里程（公里）	管辖范围	营业收入（万元）	职工人数（人）
中国铁路武汉局集团有限公司	5076	管辖湖北全境、河南南部以及安徽部分地区铁路，是全国铁路的重要枢纽和中部地区、长江城市集群综合交通体系的重要组成部分	3150989	91467
中国铁路郑州局集团有限公司	3939	管辖河南大部分地区，同时覆盖山西部分地区，是国家运输的战略中心，素有“中国铁路心脏”之称	4015615	110000
中国铁路太原局集团有限公司	5442	管辖石太、太焦、京原、京包、石太客运专线、大西客运专线、太郑客运专线等12条干线和西山、东晋等13条支线，纵贯三晋南北，横跨晋冀京津2省2市	4724265	110409
中国铁路西安局集团有限公司	5792	管辖线路纵贯南北、横跨东西，覆盖陕西全省；辐射甘肃、宁夏、内蒙古、河南、山西、四川、湖北、重庆等部分地区	1985632	88007
中国铁路广州局集团有限公司	10980	管辖广东、湖南、海南3省境内铁路	4260459	148964
中国铁路南宁局集团有限公司	6092	管辖湘桂、黔桂、南昆、益湛、焦柳、黎湛等14条普速铁路干线和8条支线，以及衡柳、邕北、钦防线和柳南客专、南广、贵广6条高铁，跨越广西、广东、湖南、贵州4省区	2948962	67567
中国铁路成都局集团有限公司	6330	管辖范围辐射四川、贵州、重庆及云南昭通市、湖北恩施土家族苗族自治州	4126045	125388
中国铁路昆明局集团有限公司	4526	管辖云南（不含昭通市）、四川（攀枝花站（不含）以南区间）以及贵州部分地区，主要负责管内旅客乘降以及货物运输组织工作	854236	36882
中国铁路上海局集团有限公司	12196	管辖地区及线路主要分布在安徽、江苏、浙江和上海	5997743	157455
中国铁路北京局集团有限公司	5869	管辖线路分布在北京、天津、河北“2市1省”及山东、河南、山西部分地区，是全国铁路网的重要枢纽，处于路网中枢位置	5659573	183861

续表

铁路集团有限公司	营业里程（公里）	管辖范围	营业收入（万元）	职工人数（人）
中国铁路兰州局集团有限公司	5898	管辖范围横跨四川、甘肃、青海、宁夏4省（自治区），是亚欧大陆桥在我国境内的重要区段	1054698	81905
中国铁路青藏集团有限公司	3703	管辖青海、西藏2省（自治区）	268472	22440
中国铁路乌鲁木齐局集团有限公司	8072	管辖东起甘肃境内安北站、西至阿拉山口站的兰新线；以及东起吐鲁番站、西至喀什站的南疆线2条干线	1654789	52261
中国铁路呼和浩特局集团有限公司	4520	管辖京包、包兰、集二、集通、包西、唐呼、京包客专线7条干线；乌吉、海公、包白、包石、包环、郭查6条支线；坝王河、京包集二、包西包环、包兰包白等8条联络线	654269	69572
中国铁路沈阳局集团有限公司	15034	管辖辽宁（不含旅顺西站）、吉林省全部，内蒙古东南部，黑龙江南部，河北东北部分地区	5674852	230093
中国铁路哈尔滨局集团有限公司	9012	管辖黑龙江全境绝大部分，兼跨内蒙古呼伦贝尔市；干线、支线和联络线67条	3028074	183634
中国铁路济南局集团有限公司	5956	管辖京沪、京九干线中段，以及胶济线、胶新线、菏兖日线和烟大铁路轮渡等干支线，形成三纵二横的铁路网络格局	2949841	92798
中国铁路南昌局集团有限公司	9154	管辖江西、福建2省全部和湖南、湖北境内部分铁路运输及其相关产业	2012486	90093

资料来源：历年《中国铁道年鉴》。

1. 铁路车站

铁路车站，也称火车站，是铁路运输的基层生产单位。一方面，铁路车站除了办理客货运输各项业务、旅客上下车和货物装卸车，还要办理列车的接发、会让、越行；车列的解体、编组；机车的换挂、整备；车辆的检查、修理等与列车运行有关的各项作业。另一方面，铁路车站是铁路与旅客、货主之间的纽带，是观察铁路运输与国民经济的发展、市场需求与供给关系的窗口。

铁路车站按照作业性质，可以分为客运站、货运站和客货运站。按照技术作业，可以分为编组站、区段站和中间站。同时，编组站和区段站又统称为技术站。按照车站所担负的任务量，以及它在国家政治、经济方面的地位，可以分为特等站、一等站、二等站、三等站、四等站、五等站共 6 个等级①。其中，客运站主要办理售票、行李包裹运送、随身携带品寄存、旅客上下车等客运业务，以及旅客列车终到、始发、技术检查等行车工作和客车整备等作业。货运站主要办理货物承运、交付、装卸以及货物列车到发、车辆取送等作业。客货运站同时办理客、货运业务。编组站是专门办理大量货物列车编组、解体和列车、车辆技术作业的车站。区段站是设在铁路牵引区段分界处的车站，主要办理列车机车换挂、技术检查以及区段零担摘挂列车、小运转列车的改编等作业。区段站主要办理列车会让（单线铁路）和越行（双线铁路）作业、列车到发、会让和零担摘挂列车调车等作业。此外，还有专为工矿企业服务的工业站，铁路与专用铁道衔接的联轨站，为港口水陆联运服务的港湾站，我国铁路与外国铁路衔接的国境站，在不同轨距铁路联结处办理旅客换乘、货物换装或客、货车辆换轮的换装站等。2018 年，全路 18 个铁路局集团有限公司下辖 5774 个铁路车站。其中，特等站 52 个、一等站 211 个、二等站 341 个、三等站 847 个、其他车站 4323 个。

2. 车务段

车务段是铁路行车系统的主要组成部分，其主要职责包括：负责列车运营。工务段的职责为管理车站货运等业务；管理辖区内的各大小车站；监管

---

① 中国铁路车站等级均依照《铁路车站等级核定办法》（铁劳卫〔2007〕86 号）核定。

货运和客运的计划和收入，监控列车的运行。不仅如此，车务段还要保障客运、货运的正常运营，指挥列车、机车的运行，保证运营收入的正常回收。其中，特等站和一等站与车务段平级，由各铁路局集团有限公司直属；二等站及以下站由车务段管辖。

2005 年 3 月 18 日，铁道部对全国 15 个铁路局（集团公司）直管站段体制进行改革，撤销了 10 个铁路局下属的 41 个铁路分局。为了适应这一管理体制，全国 15 个铁路局实施生产力布局调整的改革，撤销各铁路局下设的车务系统中管辖车站较少的车务段，整合到管辖车站较多的车务段。现在，同一个地方既有各铁路局集团有限公司直属站（特等站和一等站），又有车务段。2018 年，全路 18 个铁路局集团有限公司下辖 143 个车务段。

3. 机务段

机务段是铁路运输系统的主要行车部门，其职责是负责铁路机车的运用、综合整备、整体检修（中修、段修）。机务段俗称“开火车”和“修火车”，是一线行车单位。

机务段分为三种类型：客运机务段（以担当旅客列车牵引为主），如中国铁路北京局集团有限公司北京机务段（京局京段）等；货运机务段（以担当货运列车牵引为主），如中国铁路哈尔滨局集团有限公司齐齐哈尔机务段（哈局齐段）等；综合机务段（以担当货运列车牵引为主，部分旅客列车牵引为辅），如中国铁路沈阳局集团有限公司通辽机务段（沈局辽段）等。机务段设置在重要的铁路枢纽城市或重要的货运编组站附近，负责旅客列车、货运列车、行包列车或专运任务的动力牵引任务。机务段包括若干个机务车间、机务折返段。同时，还有检修车间、整备车间、设备车间、各职能科室。机务车间（运转车间）配备一定数量的机车，担当一定距离的机车交路，负责机车的简单整备、检修（小修、碎修）；机务折返段（车间）是机务段的行车派出机构，不配备机车，负责机车的检修、维护与保养，是乘务员完成换乘、休息的场所。2018 年，全路 18 个铁路局集团有限公司下辖 69 个机务段。

4. 客运段

客运段是铁路系统的重要部分之一，主要负责旅客列车工作人员的管理。有的铁路局集团有限公司没有设立客运段，而是设立了列车段，客运段和列车段的工作职能本质上基本相同。

客运段担当铁路局集团有限公司管辖内旅客列车服务，主要包括旅客列车乘务工作和餐饮服务。客运段设置在铁路局集团有限公司所在地，或者一些省会城市及较重要的城市。客运段内设安全技术科、餐饮业务科、乘务管理科、职工教育科等管理机构。2018 年，全路 18 个铁路局集团有限公司下辖 35 个客运段。

5. 车辆段

车辆段是铁路行车的部门，主要职责是保证列车（不含机车）的运营，列车相关设备的整备以及检修。同时，车辆段还对城市地铁、城市轻轨等交通系统提供车辆的运营管理、检修、停放场所。车辆段主要由检修工厂和列检所组成，检修工厂进行列车的大故障检修，列检所则进行来往列车的实时监测。车辆段又分为客车车辆段、货车车辆段和动车段。其中，客车车辆段里还配有乘务员，车辆乘务人员随车一起实时监测运行车辆。

客车车辆段负责客车车辆的运用、车体的组装和检修；客车车辆段由库检、客修、站检、动车所、后勤等部门组成。货车车辆段则负责货车车辆的运用、车体的组装和检修；货车车辆段分为站检和货修两个部门。动车段是中国铁路第六次大提速的产物，CRH 系列动车投入使用，使中国铁路速度达到 200 公里 / 小时以上。随着各铁路局 CRH 系列动车组的配属数量越来越多，CRH 系列动车组的整备、检修需要更加专业化，由此成立了动车段。2018 年，全路 18 个铁路局集团有限公司下辖 67 个车辆段。

6. 工务段

工务段是山区铁路或管辖范围内铁路系统的基层单位，主要职责是看守铁路道口和铁路巡道，负责铁路线路、隧道、路基、桥梁等相关设备的定期保养和维修工作。工务段的管理制度实行的是段、车间、班组制的三级管理。车间又分为桥梁车间、线路车间、重点维修车间、综合机修车间、运输车间。其中，线路车间负责铁路线路及相关设备的日常保养与维修，以及铁路巡道、铁路道口的看守；桥梁车间负责桥梁、隧道、涵洞的保养与维修；重点维修车间负责铁路线路的大中维修施工作业；综合机修车间负责机具检修、配件修理、辅助加工。此外，每个车间下设若干作业班组。

工务段管辖分为正线延长单线、正线延长双线。其中，单线距离为 500~700 公里，双线距离为 800~1000 公里，特殊情况下正向延长线的距离由铁路局集团有限公司规定。山区铁路管辖范围内有编组站或一等及以上车站时，管辖正线长度可比规定的长度短一些。2018 年，全路 18 个铁路局集团有限公司下辖 137 个工务段。

7. 电务段

电务段主要负责管理、维护列车在运行的途中地面信号与机车信号及道岔正常工作的单位。电务段管理铁路上的交通信号灯，主要任务是维护信号设备，使信号能够正常显示；维护转辙机和道岔，使道岔搬动正常，保证列车正常运行。

电务段常见的信号主要分为两种，一种是八显示信号；另一种是十显示信号，分别代表有八种信号和十种信号。其中，十种信号包括绿灯、红灯、红黄灯、绿黄灯、双黄灯、黄 2 灯、黄灯、白灯、红黄闪和双黄闪；八种信号则包括绿灯、红灯、红黄灯、绿黄灯、双黄灯、黄 2 灯、黄灯、白灯。调度所根据线路情况、机车类型，确定某一区段的最高限速，然后通过地面信号和机车信号的相互配合来控制机车的安全运行。其中，地面信号与机车信号的显示一致。2018 年，全路 18 个铁路局集团有限公司下辖 58 个电务段。

8. 通信段

通信段常设于铁路局集团有限公司、地处主干线的铁路地区以及由中国国家铁路集团有限公司特殊指定的地点，汇集了铁路局集团有限公司各类通信设施（铁路长途通信、地区通信的电路和设备）。在通信段内设置局枢纽（局间枢纽）通信站，站内具有长途通信设备、地区通信设备、电缆和光缆设备以及通信电源设备。这些设备均需设立单独的机房，有长途机械室、自动机械室、总配线室、长途自动机械室、电源机械室、电缆引入室、各种修机室、值班室，进行日常的维护工作及故障处理。为了负责通信段所辖范围内各种通信设施的日常检修工作，通信段还下设电缆工区、铁路地区电话工区等各种工区。2018 年，全路 18 个铁路局集团有限公司下辖 18 个通信段。

9. 供电段

供电段的前身是水电段，当时的水电段主要是承担当地铁路地区自来水的供应和自来水管道的维修与保养、电力设施的检修与保养等职能。2005 年，全国 18 个铁路局进行生产力布局的调整。同时，各铁路局下属的水电段的工作职能也进行了重新分配，将原水电段管内的自来水供应等工作职能分到所在地的房产建筑段进行管辖，把原来的水电段整合为供电段。2011 年，发生了“7・23”事故，铁道部对供电段做出了调整，成立了供电部，并在各路局设立供电处，将一些大型供电段进行拆分，进行专业化管理。

供电段主要负责电气化铁路段的供电、铁路运输线信号的供电、铁路周边地区的供电以及供电设备的检修与维护。供电段的职能与地方电力系统的工作职能大体一致。供电段设置于重要的铁路交通枢纽处，并在较大车站处设置电力作业区，负责管内电气化铁路接触网的管理和维修，以及当地铁路管辖区域内各铁路单位的电力供应等工作。2018 年，全路 18 个铁路局集团有限公司下辖 55 个供电段。

第二节　铁路 70 年改革

一、铁路系统管理体制改革

（一）铁路分局撤销

1949 年 10 月 1 日，中华人民共和国成立后，原铁道部借鉴苏联铁路管理模式，建立了对全国铁路实行集中领导和分级管理相统一的分区管理体制。先后设立哈尔滨、齐齐哈尔、吉林、沈阳、锦州、平津、郑州、济南、太原、上海、衡阳11个铁路管理局。各管理局内再设分局和办事处，进而领导站段。1952年，全国铁路已基本形成铁道部—铁路局—铁路分局—站段四级管理体制。1958年、1961~1965年、1983~1986年，我国分别对铁路管理机构采取了局部的重组、数量上的增减和调整措施，但总体上保持铁道部—铁路局—铁路分局—站段四级管理体制基本不变。

这种管理体制发挥了一定的积极作用，但也出现各种问题。由于管理层次多，尤其是铁路局和铁路分局都是法人，以同一方式经营同一资产，职能交叉，管理重叠，相互掣肘，效率不高，对铁路发展形成了不利影响。特别是随着铁路技术装备水平的提高、运输生产力布局的调整，铁路局和铁路分局两级法人管理体制的弊端越来越突出。为此，通过调整撤销铁路分局，不仅可以精简机构，减少管理人员，更为重要的是可以消除因两级法人以同一方式经营同一资产而造成的管理效率不高和增加管理成本的问题。

从1986年开始，原铁道部陆续撤销了一些铁路分局，开展了机构体制改革，铁路分局总数由1986年的62个减少到2005年的41个。1996年，原铁道部先后选择南昌、呼和浩特、昆明、柳州4个铁路局进行铁路分局管理体制的试点改革。原铁道部将部分权限下放到铁路局，在允许地方自主经营的情况下，以是否能自负盈亏考核铁路局。同时，进行直管站段的试点。经过实践，直管站段的铁路局在加强运输安全管理、提高运输效率方面取得了明显成效。2004年5月9日，原隶属上海铁路局管辖的福州铁路分局并入南昌铁路局后，提供了干线跨省区的铁路局直接管理站段的经验。2004年6月，西宁铁路分局并入青藏铁路公司，实行站段管理制。

2005年3月18日，根据原铁道部出台的实行三级（铁道部—铁路局—站段）管理模式的改革方案，全国15个铁路局（含青藏铁路公司）中设分局的哈尔滨、沈阳、北京、郑州、济南、上海、广铁、成都、兰州、乌鲁木齐10个铁路局的41个铁路分局全部撤销，并新设太原、西安、武汉铁路局，全路共计18个铁路局集团有限公司（含青藏铁路公司）。

所有铁路分局撤销后，由铁路局直接管理站段，原铁路局分局的相应技术管理职能由铁路局、站段分别承担。为了直接管理站段，各铁路局成立了调度指挥机构，对管辖境内的运输工作进行集中指挥、统一调度。同时，机车交路、车辆担当、乘务制度、列车安全技术检查区段按现状维持不变。实行铁路局直接管理站段的管理体制，减少了运力配置的中间层次，有利于提高组织管理效能，优化运输组织，提高运输效率；有利于发挥铁路新技术装备的作用；有利于减少运营管理成本；有利于推进铁路运输企业建立现代企业制度，构建铁路新的管理体制；有利于铁路局更好地履行安全责任主体的职责，提高安全管理效率（见表 3–3）。

随着铁路系统改革实施，结束了 50 多年的铁路分局时代，实行铁路局直接管理站段的管理体制，标志着我国铁路“铁道部—铁路局—铁路分局—站段”四级管理体制宣告终结，开始实施目前的“铁道部—铁路局—站段”三级管理体制。消除了我国铁路长期存在管理重叠的弊端，提高了管理效率，极大地释放了运输生产力。

（二）铁路系统管理机制改革

1.“大包干”改革

1986 年，铁道部提出铁路系统内部“大包干”改革方案，将原本收归于铁道部的盈利指标、运输任务、劳资人事等权力直接下放到铁路局，试行铁路行业的经济责任大包干。各路局完成计划内的指标后，计划外指标可以自行分配。并实行投入产出核算，试行“以路建路”“以路养路”的经济承包责任制。

根据“大包干”方案，铁路不再将全部运营收入上缴中央，而是以承包责任制的方式每年向国家缴纳 5% 的营业税，0.25% 的城建税，其余全部收入归铁路系统。铁道部希望依托“大包干”改革，解决财政上对国家的过度依赖，进而获得更多自主权，激发创新和积极性。首先，改革了收、支两条线的僵化管理体制，解决了几十年的问题，所得税和税后利润全部留给铁道部，使铁路自身创造的经济效益与铁路建设发展紧密挂钩，增强了自我改造、自我发展的活力。其次，改变了依靠铁路创造积累的经营思想和不可持续的经营模式。最后，铁路“大包干”引起铁路内部经营管理体制的一系列变革，开创了独具我国特色的铁路经营管理模式。

表 3-3　铁路系统三级管理体制改革

1986 年		2005 年		
铁路局（12 家）	铁路分局（62 家）	铁路局（18 家）	铁路分局（41 家）	备注
哈尔滨铁路局	哈尔滨、齐齐哈尔、牡丹江、佳木斯、海拉尔、加格达奇、伊图里河铁路分局（7 家）	哈尔滨铁路局	哈尔滨、齐齐哈尔、牡丹江、佳木斯、海拉尔铁路分局（5 家）	—
沈阳铁路局	沈阳、大连、丹东、长春、吉林、通化、图们、通辽、白城、锦州、阜新铁路分局（11 家）	沈阳铁路局	沈阳、长春、吉林、通化、通辽、锦州、大连（铁道公司）（7 家）	—
北京铁路局	北京、天津、石家庄、大同、太原、临汾铁路分局（6 家）	北京铁路局	北京、天津、石家庄铁路分局（3 家）	—
呼和浩特铁路局	包头、集宁铁路分局（2 家）	呼和浩特铁路局	—	1996 年，撤销包头、集宁铁路分局
郑州铁路局	郑州、新乡、武汉、襄樊、洛阳、西安、宝鸡、交康铁路分局（8 家）	郑州铁路局	郑州、洛阳铁路分局（2 家）	—
济南铁路局	济南、徐州、青岛铁路分局（3 家）	济南铁路局	济南、徐州、青岛铁路分局（3 家）	
上海铁路局	上海、南京、蚌埠、杭州、鹰潭、南昌、福州铁路分局（7 家）	上海铁路局	上海、南京、蚌埠、杭州铁路分局（4 家）	—
广州铁路局	广州、衡阳、长沙、怀化铁路分局（4 家）	广铁集团公司	羊城、长沙、怀化（铁路总公司）（3 家）	—

续表

1986 年		2005 年		
铁路局（12 家）	铁路分局（62 家）	铁路局（18 家）	铁路分局（41 家）	备注
柳州铁路局	柳州、南宁铁路分局（2 家）	柳州铁路局	—	1996 年，撤销柳州、南宁铁路分局
成都铁路局	成都、重庆、贵阳、西昌、昆明、开远铁路分局（6 家）	成都铁路局	成都、重庆、贵阳铁路分局（3 家）	—
兰州铁路局	兰州、武威、西宁、银川铁路分局（4 家）	兰州铁路局	兰州、武威、银川铁路分局（3 家）	—
乌鲁木齐铁路局	乌鲁木齐、哈密铁路分局（2 家）	乌鲁木齐铁路局	乌鲁木齐、哈密铁路分局（2 家）	—
—		南昌铁路局	—	1996 年 8 月 8 日，南昌铁路局成立。2004 年 5 月 9 日，与上海铁路局下辖福州铁路分局合并，成立新的南昌铁路局
		昆明铁路局	—	1997 年 4 月 1 日，昆明、开远铁路分局划出成都铁路局，成立昆明铁路局。2005 年 3 月 18 日，开远铁路分局撤销

续表

1986 年		2005 年		
铁路局（12 家）	铁路分局（62 家）	铁路局（18 家）	铁路分局（41 家）	备注
—	—	青藏铁路公司	—	2002 年 9 月 3 日，青藏铁路公司成立。2004 年 6 月 19 日，撤销西宁、格尔木铁路分局
		太原铁路局	太原、大同铁路分局（2 家）	2005 年 3 月 18 日，撤销北京铁路局下辖太原、大同、临汾铁路分局，成立太原铁路局
		西安铁路局	西安、安康铁路分局（2 家）	2005 年 3 月 18 日，撤销郑州铁路局下辖西安、安康铁路分局，成立西安铁路局
		武汉铁路局	武汉、襄樊铁路分局（2 家）	2005 年 3 月 18 日，撤销郑州铁路局下辖武汉、襄樊铁路分局，成立武汉铁路局

资料来源：历年《中国铁道年鉴》。

2.“网运分离”改革

1998 年，受到财政赤字等问题的影响，铁道部对柳州、南昌、呼和浩特和昆明等铁路管理局开始实行“资产经营责任制”试点改革。1999 年，铁道部对所属运输、工业、施工、物资供销、多种经营企业全面实行资产经营责任制。随着“资产经营责任制”推广到了整个铁路运输产业，1999 年，铁道部在呼和浩特、昆明、柳州、南昌 4 个铁路局试点组建客运公司。随后，昆明铁路局与广铁集团开始客运公司运营。2000 年，铁道部提出“网运分离”的改革模式，确定了“政企分开、网运分离、打破垄断、引入竞争”的原则，在此原则下逐步进行铁路改革。首先，用 3 年时间进行客运与路网的分离，主要以各铁路局为基础组建客运公司；其次，再用 3 年时间进行货运与路网的分离，然后组建货运公司；最后，在完成前两步的基础上，组建国家铁路路网公司，实现客运、货运完全与路网的分离。

“网运分离”借鉴了欧洲铁路经营管理和改革模式，在客运、货运与路网分离的同时，撤销全国铁路局，组建 1 家国家铁路路网公司、多家客运公司以及若干家货运公司，在铁路内部形成区域性竞争，以市场化手段打破铁道部“政企不分”的格局。其中，路网公司统一管理国家铁路的线路、桥梁、隧道、信号、供电设备，是一个特殊的企业法人，也可以是一个由政府直管的机构。客运公司、货运公司按《中华人民共和国公司法》组建，主要承担客货运输任务。路网公司与客运公司、货运公司是市场交易关系，路网公司对客货运公司收取线路使用费，负责路网的维修改造和建设，公益性线路的亏损由政府给予补贴。客货运公司直接从市场取得收入。通过“网运分离”改革，可以引入民间资本投资铁路，开放对私人资本的限制，对于市场导向的投资提供有效的激励。通过引入竞争机制，打造真正面向市场的竞争主体，建立健全、统一、公正、高效的铁路管制制度，实现国家铁路路网基础设施与铁路客货运输运营分离、政府功能和企业管理分离、政府职能和国有资产管理职能分离。

3.“主辅分离”改革

随着电力、石化、通信等大中型国有企业主辅分离改革的相继启动，2003 年，铁道部提出依托“主辅分离”，推进铁路管理体制改革。多年以来，铁路所办医院、学校等公益性职能，公检法等政府职能严重影响了铁路运输作用的发挥，阻碍了铁路专业化的发展，制约了铁路资源配置与运营效率的提高。同时，由此产生的巨额工资福利支出给铁路带来沉重的经济负担。按照“主辅分离”的要求，将铁路承担的政府职能回归政府，将铁路承担的社会职能回归社会。以产权制度改革为核心，进行辅业改制，实现铁路辅业与运输主业的彻底分离。在资产重组、明晰产权的基础上，将铁路的非运输经营单位改造为独立的市场主体，与运输主业实施分离，移交不属于铁路主业的业务。

由政府有关部门全面接收这些剥离出去的非经营性资产，统筹安排，纳入统一的社会服务体系，其经费统一由国家财政提供，将交织在主业中的部门进行独立核算。其中，涉及铁路物资、铁路通信、铁路设计、铁路工程施工企业移交国资委。铁路中小学校、铁路医院、卫生部门移交地方政府。铁路房产建筑部门、铁路生活服务部、铁路公检法系统进行独立。机务段、车辆段、车务段和工务段等主业中的“多种经营”进行剥除。铁路招待所、劳动服务公司、商店、浴室、医院等非经营性资产单位剥离出去后成立独立的法人单位，独立核算、自主经营、自负盈亏。进行主辅分离后的铁路员工，将不再享受铁路职工的福利待遇。通过“主辅分离”，实现运输主业减员、专业公司改革、投融资体制改革，铁路管理体制发生根本性转变，铁道部实现整体减轻负担。

4.“跨越式发展”改革

2004 年，国务院批准了《中长期铁路网规划》方案，原则上同意铁道部“跨越式发展”理念。该方案提出，我国铁路运营里程计划到 2020 年时增至 10 万公里，而此前我国铁路经过 50 余年发展才积累下 7 万公里的里程。2004 年，铁道部开始推进“跨越式发展”模式。“跨越式发展”指出，为解决运能不足问题，铁路用最短的时间、最少的环节和最低的代价，用发展推进铁路改革的进程，用发展解决铁路的问题，集中力量进行铁路建设，实现我国铁路的全面现代化。首先，铁路的体制改革要有利于运输效率的提高，尤其是在运输能力紧张的情况下，体制改革不能降低运输效率。其次，铁路具有为国民经济宏观调控和国防建设服务的职能，改革不能削弱这一功能。

最后，与其他国家相比，我国铁路体制改革更为复杂，必须按照改革总体走向的要求，稳步推进。

按照“跨越式发展”理念，我国铁路集中一切资源开展硬件建设，但改革并非完全被抛开。期间，铁路最大的一次内部改革发生在 2005 年 3 月 18 日，全国 41 个铁路分局全部被撤销，铁路从四级管理体制，直接进入三级管理体制。

5.“大部制”改革

2008 年，国务院开展大部制改革。2008 年 3 月 21 日，发布《国务院关于机构设置的通知》(国发〔2008〕11 号)(以下简称《通知》)。根据《通知》，由交通部、民用航空局、邮政局组建交通运输部。同时，考虑铁路在促进区域协调发展、国土开发、国防建设、维护国家民族统一方面作用明显，基于国情和铁路特性，保留铁道部，有利于现阶段发挥体制优势、资源优势、机制优势，集中力量又好又快地办大事。2013 年 3 月 10 日，国务院发布《国务院机构改革和职能转变方案》(国办发〔2013〕22 号)，开启新一轮大部制改革。国务院组成部门减少至 25 个。实行铁路政企分开，将铁道部拟订铁路发展规划和政策的行政职责划入交通运输部。交通运输部统筹规划铁路、公路、水路、民航发展，加快推进综合交通运输体系建设。组建国家铁路局，由交通运输部管理，承担铁道部的其他行政职责，负责制订铁路技术标准，监督管理铁路安全生产、运输服务质量和铁路工程质量等。组建中国铁路总公司，承担铁道部的企业职责，负责铁路运输统一调度指挥，经营铁路客货运输业务，承担专运、特运任务，负责铁路建设，承担铁路安全生产主体责任。

（三）铁路系统所属单位改革

在过去很长一段时间里，铁路存在的“办社会”“大而全”“主辅不分”问题十分突出，还存在冗员过多、非经营性资产过多等不合理问题。铁路系统拥有自己的公检法、学校、文教、医院、卫生系统，以及物资、通信、设计、施工、工业企业，颇似一个独立的小社会，制约了铁路运输主业的发展。为此，需要将政府职能归还政府，将社会职能归还社会，推进铁路体制改革，实现政企分离。根据国务院指示，铁道部不再“办社会”，铁道部确立了“主辅分离”具体改革措施。

首先，铁道部机关所属单位推进各项机构改革。一是精简机构和人员。二是界定政府、社会和企业的管理职能，对政府、社会和企业的管理职能进行逐步的分离和转变，推进政企分开。三是规定各部门的管理职责，做到一件事情由一个部门管理，明确各个部门之间的职能，使得各部门分工明确，避免出现职能相同或相近的问题。四是公务员素质，严格掌握用人标准，推行竞争上岗，使铁路机关人员结构得到优化。

其次，推进铁路辅业分离。一是分离铁路公检法、卫生监督、防疫等具备政府职能的单位，职工人数 8 万人。二是分离医院、职业教育、中小学、幼儿园等具有企业办社会职能的事业单位，职工人数 12 万人。三是分离其他非运输企业，职工人数 80 万人。

1998 年前，铁路部门职工 310 万人，历史最高数据 342 万人。1998 年，国务院要求铁道部减员 30%，铁道部随即通过分离工程、建筑等 5 大公司、10 所高校，分流 70 万人；从铁路主业分流 27 万人到多种经营部门，这两种方式共减员近 100 万人。2002 年，铁路员工数为 248 万人。其中，从事运输主业 148 万人，从事非运输辅业 100 万人。

1. 铁路公检法分离

1949 年中华人民共和国成立初期，鉴于铁路对国民经济的发展起到重要的作用，国家决定参考苏联的模式，根据铁路运输的跨区域性在铁路系统内设立公检法机关。公检法机关的设立，不仅使铁路对国民经济发展起到了促进作用，还满足了社会治安的需求。其中，铁路公检法的权限主要是对发生在铁路车站内铁路沿线的案件进行执法，对铁路系统内部及铁路所属的工厂、企业、院校和居民生活区内发生的案件，进行相应的管理与执法。当时，铁路公检法的特点是“高度集中、大联动和半军事化”。

随着“政企分离”的不断推进，公检法的弊端逐渐显现出来，由此产生了一些问题和弊端。首先，铁路系统在处理纠纷和案件时往往依据铁路公检法，而铁路公检法往往与国家颁布的法律发生冲突；其次，还造成了很多管辖或者权力分配上的纠纷；最后，铁路自办公检法使司法受到了企业的影响，在执行案件时，公正性受到质疑。基于以上原因，1983 年，法院、检察院组织法修改，考虑铁路系统要改制为企业，删除铁路运输法院（检察院）作为专门法院（检察院）的规定。1987 年，由铁道部管理的两个司法单位“铁路运输高级法院”“全国铁路运输检察院”被撤销。2001 年，我国加入世界贸易组织（WTO）。WTO 要求成员的司法制度必须公正、公开和低费高效，我国在过渡期内，每年要接受审查。2003 年，铁道部指定济南、兰州、上海三地的铁路局为改革的试点，尝试将铁路“公、检、法”等单位剥离，交由地方政府管理。2005 年，全国“两会”期间，32 位代表签名提交议案，建议取消铁路运输等专门法院。2009 年 7 月 8 日，中央机构编制委员会办公室发布了《关于铁路公检法管理体制改革和核定政法机关编制的通知》（中央编办发〔2009〕15 号）。随后冻结编制，为改制做准备。同时，人力资源和社会保障部、铁道部、国家公务员局联合发布《关于做好铁路公安机关转制人员过渡有关工作的通知》（人社部发〔2009〕64 号），拉开了铁路公安司法体制改革的大幕。2009 年 9 月，全国铁路公安机关启动转制考核考试工作。2009 年 12 月，铁路公安机关在体制上完成了从“企业警察”到“纳入国家司法体系”的“国家公务员”序列的转变。但铁路公安机关的管理机制、工作机制、福利待遇等，并没有随着铁路警察身份的迅速改变而发生变化。铁路公安改革主要将铁路公安局、铁路公安处及铁路公安所（队）从铁路运输企业中全部分离，一次性整体纳入国家司法管理体系，由铁道部、公安部双重领导，党政工作以铁道部领导为主，公安业务工作以公安部领导为主。铁路公安实行铁道部公安局（公安部十局）、铁路公安局、铁路公安处三级管理体制。2010 年 12 月，《关于铁路法院、检察院管理体制改革若干问题的意见》（铁政法〔2010〕238 号）下发后，推进了全国铁路公检法机关改革。2012 年 1 月，随着太原铁路检察机关移交地方开始，拉开了铁路检察机关从铁路系统中剥离的序幕。

2. 铁路医院分离

长期以来，我国铁路实行的是职工劳保医疗，家属半费医疗的医疗保障制度。几十年来，这一制度为铁路职工家属的基本医疗、预防、保健工作发挥了重要的作用。但是，随着我国社会的发展，经济体制改革的不断深入，原来铁路医疗体制暴露出很多问题，医疗体制已不适应新形势的要求、铁路医院面临的难题越来越多。为此，铁道部通过铁路系统医疗机构的社会化剥离，推进铁路医疗体制的整体改革。

1998年12月14日，国务院发布《关于建立城镇职工基本医疗保险制度的决定》(国发〔1998〕44号)，铁路企业不再将职工的医药费拨付给铁路医院，而是作为医疗保险金交给医保部门。铁路医院对内对外医疗服务收取全费，并与医保部门进行清算。为此，通过实行“内部分立”，企业对铁路医院经费包干，铁路医院自主经营管理，以此推动铁路医院发展，解决铁路医院多年积淀下来的问题。同时，铁道部对铁路医院提出“按照经费包干、自主管理的原则，面向社会，服务内部，自主经营，自我发展”改革要求。2003年11月26日，铁道部发布《关于推进铁路主辅分离辅业改制和做好再就业工作的指导意见》(铁办〔2003〕117号)(以下简称《意见》)。《意见》指出，将医院等社会性、事业性，与铁路主业无直接关系的事业单位逐渐剥离出铁路系统，交由地方政府统一管理。2004年1月开始，按照国家铁路事业改革发展的需要，医院从铁路系统剥离，移交当地市政府成为市属公立医院。

(1)移交原则。按现状、成建制整体移交地市级以上政府管理；保证医疗工作正常进行、保证移交人员现有的基本待遇不降低和保持稳定的前提下，做好移交工作；移交前，不改变铁路企业现有卫生资源用途；移交时，不改变铁路医院的非营利性质；移交后，铁路医院探索运用市场机制与协作共建相结合的有效运营途径。

(2)移交人员。移交人员包括铁路医院在册职工(在岗职工、非在岗职工、外出劳务人员)以及移交前已确定为移交单位培养的人员。移交的铁路医院离退休人员，一并移交并理顺养老保险关系。移交后，不降低移交人员的基本待遇，不改变移交人员的技术职称和行政级别。移交的铁路医院人员与铁路签订的劳动合同在移交后自行终止。

(3)补偿问题。移交后，铁道部原则上不再给予铁路医院日经费补贴。对确有特殊困难的铁路医院，可以按上年负担的日常经费差额，给予一次性补贴；地方政府接收移交单位离退休人员时，理顺养老保险关系所产生的费用差额部分，在 3 年内由铁路与地方政府共同分担，分担比例由铁路与地方政府协商确定。

（4）资产处理。任何单位不得侵占移交的铁路医院的用地、房舍和设施，也不得变更用途，确保卫生资源不流失；移交的铁路医院，移交前由铁路投资的在建工程、已经下达的设备购置计划，由铁路负责完成后划转新增资产。铁路卫生所、保健站使用的土地和房屋，不属于移交范围。

（5）其他问题。与地方政府协商，移交时，不改变铁路医院非营利性质，并与地方同类单位享受同等待遇；为保证铁路沿线职工、家属就医需要，铁路卫生所、保健站继续保留，并建立铁路企业与医疗机构签订协议、由医疗机构为铁路提供特需医疗服务和铁路在按全成本核算的基础上协商付费的市场机制；铁路卫生所、保健站需要优化调整时，由铁路企业确定；实行医疗保险制度改革的企业，在医院移交时，制定过渡性办法，不影响职工医疗服务和医院移交；继续落实铁路卫生防疫体制改革的要求，实行卫生监督和疾病控制分开管理。

2003～2005 年，铁路职工医疗保障制度改革后，铁道部所属的全国 300 多家铁路医院陆续实行属地化管理，移交当地卫生行政部门主管，由过去的服务内部的企业医院，转变成为服务社会、由政府举办的非营利性医院，其服务对象和服务模式都发生着变化。在由计划经济体制走向市场机制的转型过程中，原铁路医院应转变观念，深化各项制度改革，主动顺应并积极应对医疗市场的竞争。

3. 铁路学校分离

2003 年，随着铁路改革的进行，铁道部陆续进行职能的移交。其中，铁路所属中小学、高校全部移交地方政府管理。2009 年 3 月 2 日，国务院办公厅印发《铁道部主要职责、内设机构和人员编制规定》（国办发〔2009〕19 号）明确提出，继续分离社会管理职责，将铁路中等技术学校、中小学、幼儿园的管理职责，交给地方人民政府。

（1）铁路中小学分离。铁路举办中小学主要是为解决数百万铁路职工，特别是沿线铁路职工子女就学问题，有效地稳定了铁路职工队伍。同时，有力地补充了国家政府办学力量的不足，为国家实施普及十二年义务教育作出了贡献。铁路学校分离改革之前，全路1264所中小学中80%的学校办学质量达到当地先进水平。并具有一大批省级重点中学和示范小学。

进入20世纪90年代，随着社会主义市场经济体制的建立，为减轻国有企业负担，增强其市场竞争力，2001年5月29日，国务院印发了《关于基础教育改革与发展的决定》（国发〔2001〕21号）（以下简称《决定》），分离企业办学校的职能，企业要逐步把所办学校移交地方政府统筹管理。为此，铁路自办的普通中小学贯彻《决定》精神，各铁路局都先后加快了管内中小学的"撤并""改制""移交"步伐。从实际情况出发，其资产和人员按照"先合并、后移交"的两步走方式实施分离，从铁路主业中独立出来。随着改革的逐步深入，铁路中小学大部分脱离铁路企业，移交给当地政府或走向社会、改为其他形式的办学体制。

（2）铁路高校分离。铁路高校一直强调"立足铁路，面向社会"的办学方针，培养了很多人才。我国的铁道院校可以分为三类：第一类是西南交通大学、北京交通大学、兰州交通大学、石家庄铁道大学、大连交通大学、华东交通大学等10所原铁道部部属高校，均于2000年脱离铁道部。第二类是武汉铁路职业技术学院、湖南高速铁路职业技术学院、郑州铁路职业技术学院、石家庄铁路职业技术学院、南京铁道职业技术学院、哈尔滨铁道职业技术学院、西安铁路职业技术学院等30多所原铁道部部属中专（大专），实际委托铁路局、工程局、机辆厂代管，均于2002年由铁道部、中国中铁、中国铁建、中国南车、中国北车划归地方，有的并入地方高校，有的成立职业技术学院。第三类是北京铁路党校、大连铁路卫生学校等原铁路局、工程局局属中专、技校和成人高校，2005年后已撤销，有部分成人高校仍在办学。

随着社会和高等教育的不断发展，高校之间的竞争也日趋激烈，在我国一流大学的序列中，已较少看到铁路高校。造成这一状况的原因，一是铁路高校的行业封闭式管理体制，制约了学校发展；二是铁路高校本身的学科建设，缺少战略高度。

为了改变铁路高校所面临的窘况，只有进行改革。1998年7月3日，国务院转发教育部等部门《关于调整撤并部门所属学校管理体制的实施意见的通知》（国办发〔1998〕103号），为铁路高校走出困境指明了方向。2000年，

10 所高等院校与铁道部脱钩、从铁路分立，分流 70 万人。通过改革，铁路高校拓宽自己的研究领域，打破行业界限，利用铁路高校的品牌和资金优势，在学科建设上，实施兼并、重组、吸收和改造。

4. 铁路施工和铁路设计部门的分离

2003 年，铁路施工、设计企业移交国资委及所属企业管理，推进政企分离、主辅分离改革，整体上减轻原铁道部负担。

（1）铁路施工部门的分离。2000 年 9 月之前，铁道部下设中国铁建、中国中铁两大铁路施工集团总公司。2000 年 9 月之后，两大公司与铁道部“脱钩”，整体移交中央企业工委管理。

在解放战争的战略决胜期，产生了铁道兵，铁道兵是我国的一支工程技术兵种，肩负着修路、架桥、通信等工程保障任务。1948 年 5 月，扩编为中国人民解放军铁道兵团。1948 年 7 月，中国人民解放军铁道兵成立。1953 年 9 月，中央军委决定组建铁道兵的领导机关。1953 年 9 月 9 日，中央军委决定把在朝鲜的 6 个铁道工程师，分到中央军委系统里进行管理。同时，与现有铁道兵的 4 个师、1 个团归到一起，整合成为中国人民解放军铁道兵。至此，铁道兵被列入中国人民解放军的队伍中。1975~1981 年，铁道兵是否在解放军序列中保留的问题被多次讨论。1981 年 6 月，党的十一届六中全会召开，中央军委经过考察国际发展形势和国内经济发展态势，对军队编制进行现代化、革命化、正规化的建设。1982 年 9 月 15 日，中央军委最终决定把铁道兵划归为地方建制。1984 年 1 月 1 日，铁道兵正式划归到铁道部序列。同时，改名为铁道部工程指挥部。经过 6 年的时间，1990 年 8 月，中国铁道建筑总公司注册成立。2000 年 9 月，中国铁道建筑总公司从铁道部序列分离，由中央企业工委进行管理。2003 年 3 月，国务院国资委成立后，归属国务院国资委管理，为国资委管理的国有大型综合建筑企业集团。2007 年 11 月 5 日，整体重组改制设立股份有限公司，中国铁建股份有限公司正式挂牌成立（中国铁建，CRCC）。目前，中国铁建下设 15 家工程局集团有限公司（原第 11 至第 25 工程局）、4 家铁道勘探研究设计院工程局（包括铁一院、铁四院）以及 13 家综合公司。2019 年，中国铁建在《财富》世界 500 强企业中排名第 59 位，是我国最大的工程承包商，也是最大的海外工程承包商。

中国铁路工程集团有限公司（中国中铁，CREC），前身是铁道部工程总局和设计总局，1950年3月成立，总部位于北京。1958年，合并为铁道部基本建设总局。1989年7月1日，组建为中国铁路工程总公司。2000年9月，与铁道部“脱钩”，整体移交中央大型企业工作委员会管理。2003年5月，隶属国务院国资委管理，为中央特大型骨干企业。2007年9月，整体重组创立中国中铁股份有限公司。2007年12月，分别在上海、中国香港两地上市。目前，中国中铁下设25家工程局集团有限公司（包括原第1至第10工程局）、7家铁道勘探研究设计院（包括铁二院）以及22家综合公司。2019年，中国中铁在《财富》世界500强企业中排名第55名，是中国和亚洲最大的多功能综合型建设集团。

（2）铁路设计部门的分离。目前，全国范围内铁路设计院12家。其中，综合型设计院7家，专业型设计院5家。其中，铁路主要综合型设计院包括铁一院、铁二院、铁三院、铁四院，都是成立于20世纪50年代。2003年，随着铁路改革的推进，铁道部将铁路设计企业移交到国资委及所属企业管理，脱离铁道部管理。改制后，铁一院、铁四院属于中国铁建，铁二院、铁三院（2007年之后又回归铁道部管理）隶属于中国中铁。

中铁第一勘察设计院集团有限公司（铁一院），总部设在西安市，主要负责西北地区的铁路勘测设计，是中华人民共和国成立的第一批大型综合性铁路勘察设计单位，是中国铁建全资子公司。1953年1月，在原西北铁路干线工程局设计处的基础上，成立铁道部设计局西北设计分局，驻地兰州。1956年1月，西北设计分局扩建改称铁道部设计总局第一设计院。1958年5月，改称铁道部第一设计院。1970年8月，改称交通部第一铁路设计院。1975年2月，改称铁道部第一设计院。1978年3月，改称铁道部第一勘测设计院。1984年10月，改称铁道部第一勘测设计公司，对外称中国昆仑工程咨询公司。2000年10月，与中国铁路工程总公司脱离，成为铁道部直属单位。2001年3月，更名为铁道第一勘察设计院，由事业单位改为科技型企业。2003年11月，与铁道部脱钩，划归中国铁道建筑总公司管理。2005年12月，生产指挥中心由兰州迁至西安。2007年7月，改称中铁第一勘察设计院集团有限公司，企业集团名称为中铁第一勘察设计院集团。

中国中铁二院工程集团有限责任公司（中国中铁二院），原名铁道第二勘察设计院（铁二院），总部设在成都，主要负责西南地区的铁路勘测设计，隶属于中国中铁。1952 年 1 月，铁道部西南铁路工程局设计处成立。1952 年 11 月，铁道部西南铁路工程局设计分局成立。1955 年 12 月，更名为铁道部第二设计院（铁二院）。1970 年 9 月，更名为交通部第二铁路设计院。1975 年 1 月，恢复铁道部第二设计院名称。1984 年 7 月，铁道部第二勘测设计院改名为铁道部第二勘测设计公司（对外称中国华阳工程咨询公司）。1985 年 8 月，铁道部第二勘测设计公司恢复为铁道部第二勘测设计院。2000 年 6 月，更名为铁道第二勘察设计院。2007 年 2 月，更名为中国中铁二院工程集团有限责任公司。2003 年 12 月，根据国资委、铁道部发函，铁道部所属的第二勘察设计院的国有股权无偿划转中国铁路工程总公司。2004 年 3 月，西安铁路局设计院、武汉铁路局设计院并入铁二院。2005 年 5 月，成都铁路局设计院并入铁二院。2006 年 7 月，铁道第二勘察设计院更名为中铁二院工程集团有限责任公司（中铁二院）。2017 年 4 月 27 日，更名为“中国铁路设计集团公司”。

中国铁路设计集团有限公司（中国铁设），原铁道第三勘察设计院集团有限公司（铁三院），总部设在天津，主要负责华北地区的铁路勘测设计，是中国铁路总公司下属唯一勘察设计企业。1953 年 2 月 1 日，铁道部设计局华北设计分局（铁三院前身）在天津成立。1956 年 1 月 1 日，根据铁道部决定，铁道部撤销华北设计分局，在其基础上成立铁道部第三设计院。1957 年 3 月 31 日，铁道部撤销第五设计院，将其并入第三设计院。1970 年 2 月 1 日，铁道部专业设计院标准设计处并入铁三院，自此铁三院承担起中国铁路的标准设计管理工作。1978 年 3 月 1 日，铁三院更名“铁道部第三勘察设计院”。1989 年 7 月 1 日，铁道部撤销基建总局，成立中国铁路工程总公司，并将铁三院划归其管辖。2000 年 10 月，铁三院又回归铁道部由其直属领导。2001 年 2 月，铁三院更名为铁道第三勘察设计院。2001 年 4 月 28 日，铁三院由事业单位正式改为企业单位。2003 年，铁道部实行主辅分离，铁三院与铁道部分离，重新划归中国铁路工程总公司管理，作为中国中铁全资下属企业。2006 年 12 月 29 日，铁道部与中国铁路工程总公司签订《关于铁三院资产重组协议》，自 2007 年 1 月 1 日起，铁三院交由铁道部管理，由铁道部所属中国铁路建设投资公司作为出资代表与中国铁路工程总公司共同出资，将铁三院改制为由铁道部出资人代表控股、中国铁路工程总公司参股的有限责任公司。

中铁第四勘察设计院集团有限公司，前身是铁道第四勘察设计院（铁四院），总部设在武汉，主要负责华中、华南、华东地区的铁路勘测设计。1953 年 2 月 4 日，成立铁道部中南设计分局。1956 年 1 月，中南设计分局改为铁道部第四勘测设计院。1970 年，为了推行设计施工一条龙，铁道部第四勘测工程局与铁四院在武昌合并，组建新的铁道部第四工程局（铁四局）。1977 年 1 月，局院分开，铁四院仍在武昌原址，铁四局迁往安徽合肥。1984 年 1 月，铁四院实行技术经济责任制，由“事业生产型”向“企业生产经营型”转变，加紧进行改企建制，经铁道部批准更名为铁道第四勘察设计院。2001 年，改制为科技型企业。2003 年 11 月 28 日，与铁道部分离，并入国务院国资委所属的中国铁道建筑总公司。2007 年 11 月 28 日，铁四院由非公司制法人单位改制为一人有限责任公司，正式更名为中铁第四勘察设计院集团有限公司。

5. 铁路工业企业和机车车辆生产企业的分离

原中国南车和中国北车，主要生产机车、客车、货车、地铁、轻轨、动车组、铁路通信装备等铁路系统装备。2000 年 10 月，中国铁路机车车辆工业总公司（中国南车和中国北车的前身）、中国土木工程集团公司、中国铁道建筑总公司、中国铁路工程总公司、中国铁道通信信号总公司原铁道部下属 5 大公司，全部完成与铁道部脱钩，并重组。通过分离，把不属于原铁道主业的铁路工程、建筑、工业、物资、通信等 5 大公司从铁道部剥离，行政上不再隶属铁道部。

1949 年，铁道部厂务局成立。1966 年，改组成为铁道部工厂总局。1975 年，组建成为铁道部工业总局。1986 年，组建成立中国铁路机车车辆工业总公司。2000 年，中国铁路机车车辆工业总公司与铁道部脱钩，分立组建中国南车集团公司、中国北车集团公司，归国务院国资委领导和监管。2007 年 12 月 27 日，中国南车股份有限公司成立。2008 年 6 月 26 日，中国北车股份有限公司成立。2014 年 12 月 30 日，中国南车与中国北车都发布重组公告，采取中国南车吸收合并中国北车方式进行合并，合并后的新公司更名为“中国中车股份有限公司”（中国中车，CRRC），属中央企业。2015 年 3 月 6 日，原中国南车、中国北车的合并方案获国资委批准。2015 年 6 月 1 日，“南、北车”合并结束。2015 年 9 月 28 日，由中国南车集团公司和中国北车集团公司重组合并而成的中国中车集团公司，正式成立。集团有 46 家全资及控股子公司，集团总部设在北京。2019 年，中国中车在《财富》世界 500 强企业中排名第 359 名。

6.“三供一业”的分离

房建段、房产段、建筑段、房建生活段、房建公寓段、生活管理段、物资供应段等铁路系统内部非独立核算的辅业部门，负责铁路产权房屋的规划建设、工程监理、房屋管理、维护保养，并承担铁路小区的物业管理、水电缴费等服务，原属于各铁路局后勤单位。从 2017 年开始至 2018 年，房建段等铁路的“三供一业”（承担铁路职工家属区的供水、供电、供热和物业管理职能），从铁路主业中“脱钩”，业务移交地方政府。

按照《国务院关于加快剥离国有企业办社会职能和解决历史遗留问题工作方案》（国办发〔2016〕19 号）、《国务院办公厅转发国务院国资委、财政部关于国有企业职工家属区“三供一业”分离移交工作指导意见的通知》（国办发〔2016〕45 号）以及国务院全面深化国有企业改革的要求，原铁路承担的“三供一业”向地方地门分离移交。自 2019 年开始，铁路不再以任何方式为职工家属区“三供一业”承担任何费用，职工家属区“三供一业”由专业化企业或机构实行社会化管理。以往铁路职工用水、用电都需要先从地方上进行购买再提供给职工家属使用，人力、物力消耗极大。随着改革的深入推进，分离移交后，铁路企业的负担随之减轻，这不仅有利于社会资源的整合，还将让铁路职工今后也能享受到更加优质的服务。

（四）铁路内部机制改革

1. 企业公司化

1992 年，铁道部在部分城市建立企业制度，经过一段时间的试点，1993 年，成立广铁集团。1995 年，大连铁路分局改制为大连铁路有限责任公司。

1996 年，广铁集团创建了全国第一家股份制运输公司——广深铁路股份有限公司。1999 年，铁道部制定下发《关于积极稳妥地推进铁路建立现代企业制度指导意见》(铁政法〔1999〕52 号)，提出到 2000 年，大多数铁路非运输大中型骨干企业初步建立现代企业制度和运输企业巩固、扩大试点的奋斗目标。此外，铁道部提出总结试点经验、加快建立现代企业制度和规范完善法人治理结构的措施，编印《铁路国有企业改革政策选编》。

2. 京沪高铁上市

2006 年，大秦铁路股份有限公司成立并在 A 股上市，广深铁路在上海证券交易所成功发行 A 股。2018 年，京沪高铁开启 IPO，中铁特货 15% 的股权挂牌转让；中铁快运与顺丰成立合资公司。2019 年，京沪高铁正式启动 A 股上市。

3. 混合制改革与资产证券化

铁路基建投资的资金压力要求铁路产业不断丰富投融资渠道，鼓励引导社会资本参与铁路建设运营。为推动铁路混合制改革与资产证券化，《国务院关于改革铁路投融资体制加快推进铁路建设的意见》(国发〔2013〕33 号)、《国务院关于创新重点领域投融资机制鼓励社会投资的指导意见》(国发〔2014〕60 号)以及《国家发展改革委关于当前更好发挥交通运输支撑引领经济社会发展作用的意见》(发改基础〔2015〕969 号)指出，要进一步鼓励和扩大社会资本对铁路的投资，拓宽投融资渠道，完善投资环境，合理配置资源，促进市场竞争，推动体制机制创新，促进铁路事业加快发展。

2017 年，中国铁路总公司决定开展混合制改革，探索铁路证券化改革，进行优质资产重组整合。2019 年，中国国家铁路集团有限公司决定进行股份制改造，推动重点项目股改上市以及推进市场化债转股和上市公司再融资工作，择优推进混改试点。

(五)铁路货运改革

随着国内外经济增速下滑，大宗商品的需求减弱，大宗商品运输量需求降低，进而导致铁路货运量下滑。同时，高铁发展，原有线路的铁路货运力得到释放。此外，铁路货运结构中大宗商品运量占比较大，造成了运输结构的不合理，再加上铁路体制不够灵活，价格机制僵硬，铁路较难发挥自己的能动性来扩展货源，进一步导致了铁路收支状况恶劣，从而促使铁路进行货运改革。

1. 我国铁路货运改革历程

长期以来，我国铁路实行高度集中的管理体制，凭借自然垄断的特性，在社会物流系统中呈现半封闭状态。因此，铁路货运存在手续繁杂、组织脱节、收费混乱和运力分配不够透明等问题。随着我国市场经济的迅速发展，铁路作为一种重要的运输形式，也开始逐渐加大与其他物流方式的合作，融入到社会物流系统中。铁路货运作为社会大物流系统的一部分，由于自身的局限性，完成的是“站到站”的运输服务，“门到门”运输需要依托公路运输。铁路货运部门如何完成这“最后一公里”的服务，是一直存在的问题。一方面，铁路自身系统存在局限性。另一方面，铁路内部多部门合作存在壁垒问题。

为适应市场需求，实行铁路货运改革（简称货改）使我国铁路走出了“计划运输”，2012年9月21日，全国铁路推行“实货制”运输方式，试行货运需求网上受理。2013年3月，随着铁道部实行政企分离，整个原有利益格局被一分为三，铁路货运改革迎来最好的契机。2013年5月20日，铁路总公司提出铁路货物运输要从以大宗货物为主的货物运输向全方位物流承运转变。2012年以来，我国陆续推出的“一口价”“实货制”“一站式”“门到门”等举措，不仅简化流程，节约时间，而且使铁路货运融入了当前消费型经济结构中，推动铁路货运深层次发展。货改主要在货运受理、运输组织方式、清理规范货运收费和“门到门”全程物流服务四个方面进行了改革，铁路运输逐步融入到交通运输的一体化体系之中。

2013年6月15日，我国铁路正式实行货运改革。根据铁路总公司货运改革要求，各铁路局都开始成立货运中心，迈出了铁路由计划走向市场的关键一步。货改后，无论是对外服务还是对内管理都在进行精简，目的是最大限度方便货主，增强全程物流服务能力。组建货运中心不仅有利于提高铁路货运的市场竞争力，还进一步促进铁路向现代物流发展，此外，还可以更好地为客户完成一体化运输服务，加大铁路在运输市场的份额。

之前，铁路运输组织都是以自身运输为中心的内部生产，此次改革将铁路推向市场，以客户为中心，以市场为导向，推动铁路运输整体改革，提高铁路运输质量和效益，最大限度发挥铁路运输运量大、运价低、全天候、节能环保等优势。货改内容主要包括：简化手续、满足客户需求、规范收费、推行“门到门”运输、构建货运中心一体化运输服务模式。通过铁路货运改革，可以打破铁路内部各部门的壁垒问题，实行铁路与公路、水路的联运。通过货运中心实现运输服务的“通运”理念，推动综合交通运输体系发展，降低物流成本，同时又能为客户提供优质的服务，提高铁路运输的市场竞争力与经济效益。

2. 我国铁路货运场站发展历程

（1）第一阶段：萌芽期（2003 年之前）。随着中国铁路的快速发展，铁路货运场站也随之发展。20 世纪 90 年代，随着国家对公路运输的扶持，铁路运量呈现一定的下滑，铁道部对此进行了零担运输集中化改革。1996 年，开始推行货运业务集中化。随着改革的不断进行，这一时期形成了以传统货运场站为主、多元经营基地为辅的局面。

（2）第二阶段：建设期（2003～2010 年）。2003 年，国家发改委批复了《全国铁路集装箱中心站总体规划方案》（计基础〔2003〕36 号），明确了全国铁路集装箱中心站的建设方案，提出在北京、上海、广州、深圳等 18 个重点城市规划建设 18 个集装箱中心站以及 40 个靠近省会城市、大型港口和主要内陆口岸的集装箱专办站。2003 年，铁道部组建了中铁快运、中铁特货、中铁集装箱三大铁路专业运输公司。2006 年，铁道部决定进一步优化布局货运场站，建立战略装车点。鼓励开展运贸、代理、仓储、流通加工、配送等物流服务。

（3）第三阶段：发展期（2011 年至今）。2011 年，《铁路“十二五”物流发展规划》发布，明确提出了我国铁路物流中心总体布局方案。2013 年，在以客户需求为导向的前提下，铁路运输重新整合零担业务，在各大铁路局建立货运营销中心。2015 年，我国出台了《铁路物流基地布局规划及

2015～2017 年建设计划》，提出新建、改扩建一级铁路物流中心 33 个，二级铁路物流中心 175 个，三级铁路物流中心 330 个。2016 年 2 月 4 日，我国出台了《铁路物流中心设计规范》，规范铁路物流中心的规划、建设与运营。

3. 铁路专业运输公司

2003 年，随着铁路“主辅分离”改革推进，剥离了集装箱、特种货物、行包行邮等资产，成立了中铁快运、中铁特货、中铁集装箱 3 家专业运输公司。

（1）中铁快运。1997 年，中铁快运股份有限公司（中铁快运，CRE）成立，是中国铁路总公司直属控股企业，5A 级现代物流企业。主要从事小件快运（时限快运：次日达、3 日达、4 日达；标准快运：标准定价、标准流程）、高铁快运（限时服务：当日达、次晨达、次日达、隔日达；标准服务：经济快递、同城快递）、货物快运（物流项目、铁路散货快运、铁路货运代理、物流仓储、接取送达、供应链物流）等全国铁路零散货物运输服务。

2018 年，中铁快运设有 18 个区域分公司、13 个省市分公司（中心营业部）以及 7 个子公司，在全国 322 个城市设有 3200 多个营业机构，“门到门”服务网络覆盖 2906 个市、县。依托遍布全国的高铁列车（动车组）、旅客列车行李车、快速班列等列车，运用“公、铁、空”各类运力资源以及经营网络和服务平台为客户提供小件快运服务、高铁快运与货物快运业务等。形成了经营网络、运输网络、仓储网络、配送网络、信息网络以及客服网络的全网络全角度的联通。

（2）中铁特货。2003 年，中铁特货运输有限责任公司（中铁特货，CRSCS）成立，是中国铁路总公司直属专业运输企业，也是铁路主管物流业务的专业运输企业，5A 级现代物流企业。主要从事商品汽车、大件货物、冷藏货物的铁路运输业务。经营特种货物的铁路运输及货物的装卸、仓储、配送、流通加工、包装、信息服务；铁路运输设备、设施、配件的制造、安装、维修；铁路特种货物专用车及相关用具的租赁；铁路特种货物专用车装卸、加固用具的生产、销售、租赁。普通货物的运输及代理；与上述业务相关的经济、技术、信息咨询和服务。

2018 年，中铁特货下设 13 个分公司（直属营业部）、3 个机械保温车辆段、2个全资子公司，形成覆盖全国的铁路特货运输网。拥有各类运输车20000余辆、55个物流基地。形成“库前移”商品汽车物流模式、承运−24℃~14℃冷冻冷藏货物、提供长大货物运输与工程预制梁运输的大件运输业务。

（3）中铁集装箱。2003年，中铁集装箱运输有限责任公司（中铁集装箱，CRCT）成立，隶属中国国家铁路集团有限公司，是国有大型集装箱运输企业，是中国国家铁路集团有限公司中欧班列统一经营服务平台，也是中欧班列运输协调委员会秘书处单位，5A级现代物流企业。中铁集装箱主要从事班列运输、集装箱租赁、为零散货物运输提供全程运输服务等。经营国内外集装箱铁路运输、集装箱多式联运、国际铁路联运；仓储、装卸、包装、配送等物流服务；集装箱、集装箱专用车辆、集装箱专用设施、铁路篷布等经营和租赁业务。兼营国际、国内货运代理，以及与上述业务相关的经济、技术、信息咨询和服务业务。

2018年，中铁集装箱下设18个分公司、36个营业部。对外投资企业13个，控股子公司3家，参股子公司7家。拥有13个铁路集装箱中心站，28万余TEU（20英尺标准集装箱）。近年，中铁集装箱组织开行中欧班列，开展与班列沿线企业和物流企业的交流合作，推动中欧班列持续稳定增长和高质量发展。从2011年的17列，到2018年的6300列，在“一带一路”倡议的指引下，中欧班列的运行数量逐渐增多。2018年，8年间全国累计开行16700列，可通达16个欧洲国家和51个城市，运输的品类日益增加，推进了中西部城市外向型经济的发展，为这些并不沿海的内陆城市打开对外开放的新窗口，为中国打开世界大门提供了重要的平台。

4. 铁路货运中心一体化运输

（1）构建铁路货运实体网络体系。货运中心的组织结构和职能如下：

1）组织结构。我国高速铁路的运营里程已经居于世界首位，铁路网络基本覆盖全国。成熟的运输网络为实行货改奠定了良好的基础。为了将铁路运输真正转变为现代物流服务，货运中心实行一体化服务（见图3-2）。

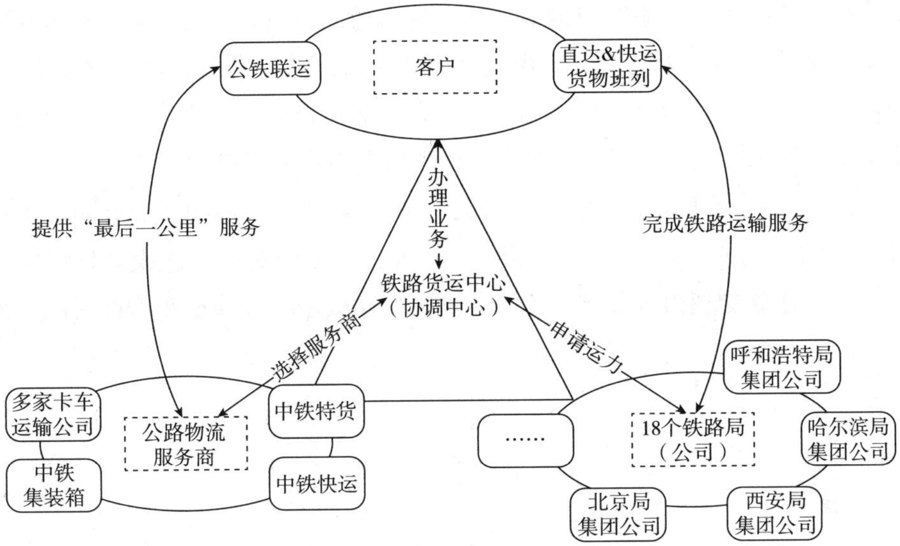

图 3-2　铁路货改后运行关系

资料来源：《中国铁道年鉴》。

首先，在运作流程方面，当客户要办理铁路货物运输业务时，只需联系铁路货运中心（客户可以通过互联网、电话、传真、到货运网点等方式办理货运业务）。货运中心受理业务后，先区分客户的业务要求，是否需要提供“门到门”服务，若需要，则将业务分包给各符合条件的汽车物流服务商，由服务商将货物从顾客的仓库运往货站，到站后从货站运往货主的仓库；如果客户选择自己将货物运往货站，则货运中心直接为货主办理铁路运输服务。货运中心将货主的始发站、终点站、货物种类、货物数量等信息进行归类整合，排班编组，然后与各地方路局联系，申请运力资源，协调货物的始发和到站，达到最大运量、集中运输、降低成本等目的。各地方路局在收到货运中心的申请后，为货主完成运输服务。在整个过程中，客户只需与货运中心接触，避免了以往参与所有环节的琐碎。

其次，在财务结算方面，客户将运输费用结算给货运中心，货运中心将一部分费用结算给参与物流服务的供应商，另一部分申请运力资源的费用结算给各地方铁路局，铁路局则将这笔费用用于铁路资源的维护与建设。当然，货运中心将剩余的费用用作自身的收益，用于自身的发展与维护。

最后，在信息传递方面，货运中心是信息的集散中心，起到传递和反馈的作用。货运中心收集客户信息，整合信息后传递给物流企业和各地方铁路局。当运输计划发生变化时，物流企业和铁路公司将消息传递给货运中心，由货运中心负责将消息反馈给客户。当客户需要查询有关货物信息时，也由货运中心根据物流服务商和铁路局反馈的信息传达给客户。

2）货运中心职能。由于货运中心是协调客户和公路物流服务商、各地方路局的关键节点，因此，它是唯一能接触到客户的窗口。成立货运中心后，货运业务受理由分散转为集中，可以提高效率，加快机车调配时间（见图 3–3）。

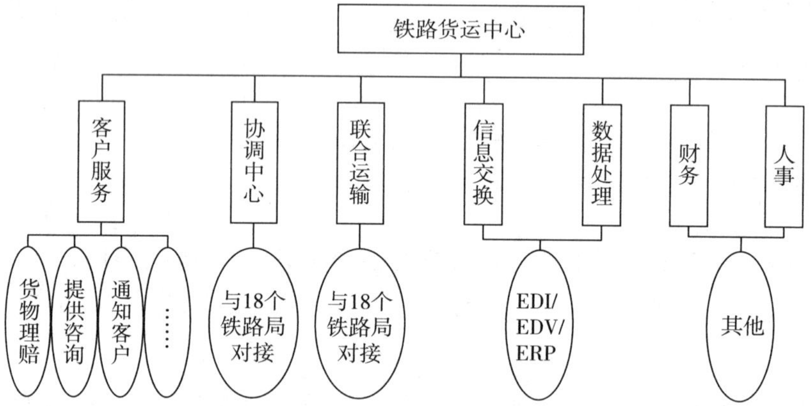

图 3–3　货运中心职能

资料来源：《中国铁道年鉴》。

客户服务部门。货运中心直面客户，所以应该树立“为客户服务”的经营理念。客户服务部门直接同客户联系，为客户提供全程服务，主要包括提供咨询、通知客户、对客户所提出的变更要求进行确认、接受客户的投诉、货物损失理赔、运费结算以及客户管理等职能。

协调中心。最终为货主完成运输服务的是铁路，但由于现在全国有 18 个铁路局（公司），各路局之间的协调工作、费用结算又是庞大的一部分，所以单独设立此部门承担货运中心与各地方路局的协调运作工作。

联合运输部门。要为客户完成“门到门”全程一体化运输，需要公路运输来完成“最后一公里”，因此需要管理庞大的公路物流服务商。

技术支持部门。技术支持部门包括信息交换部门和数据处理部门。货运中心承担着综合信息处理的职能，需要电子数据交换（EDI）、电子运单处理（EDV）、ERP 管理软件等信息交换和信息处理能力及庞大的信息系统。复杂的运单由专业的单据处理员完成，并有专人负责电子数据交换技术的开发和维护工作。

（2）构建铁路货运虚拟网络体系。实际上，货运中心面对的客户分为两类：一类是寻求服务的外部客户；另一类是最终提供服务的内部客户。货运中心在面对客户时，需要有庞大的信息网络来支撑。

1）外部客户通过互联网办理业务。当今互联网技术已经成熟，电子商务应用广泛。货主可以通过电话、传真、货运中心办理窗口、网络等多种形式办理铁路托运业务。在电子商务模式下，货运电子商务网站向社会公众公布货运信息：业务内容、报价服务、基本信息（车次、种类等级、装卸站、运行时间、运行路径、发到时刻）、办理条件、预订期及剩余车（舱）位数量、两端物流服务、途中追踪、联系方式、保障读物、办理指引等，托运人通过在网上注册账号，登录货运电子商务网站进行货运信息查询，如托运须知、办理指南、运价查询、运到期限查询等，并根据自身情况选择不同类别的货物运输服务，网上填写、提交订单。在完成业务办理后，货主还能依托货运中心网站进行货物追踪，业务完成后进行网上付费、业务评价等。所有的这些都依托互联网完成（见图 3–4）。

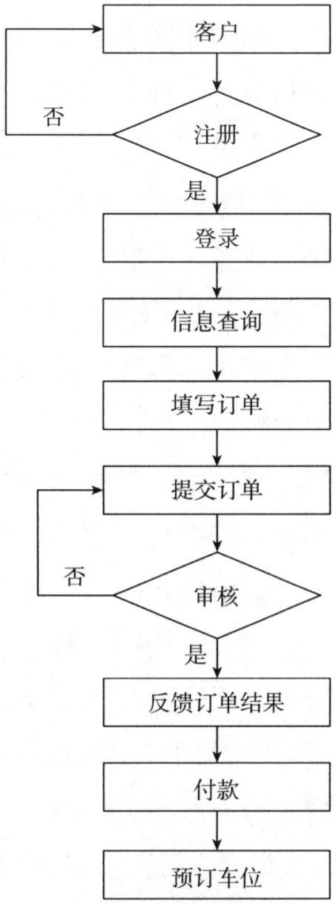

图 3–4　货主网络下单模式

资料来源：《中国铁道年鉴》。

2）内部客户通过信息中心处理业务。货运中心模式下，客户向货运中心提交的运输服务订单包括始发站、到站、车种、车数、货物名称、托运人名称等信息。货运中心通过先进的计算信息交换和信息处理技术，将顾客信息输入系统。作为内部客户的各地方路局和物流企业，可以通过电话、传真、电子邮件、管理信息系统等方式与货运中心联系沟通。当业务成熟后，货运中心可以直接将客户信息输入系统，这样可以简化手续、缩短时间、减少差错、提高效率，真正为客户提供优质的铁路物流服务。

（3）实现“门到门”的一体化全程服务。目前，铁路运输只能完成“站到站”的运输服务，“门到门”运输还依赖于公路运输。所以要为客户完成一体化的全程服务，需要公路运输和铁路运输相配合。货运中心可以设置联合运输管理部门，所有有资质的汽车物流服务商都可以参与竞争，共同为货主完成物流服务。

5. 铁路货物运输改革的效果

2014年，我国铁路货运部门围绕敞开直接受理、“一口价”办理和方便快捷运输三大重点，推出一系列办法措施，货运改革取得成效。

（1）直接敞开受理。清理从注册到装车各受理环节门槛，实现综合窗口及一站式服务。取消传统的订车订舱受理方式，实行按实货敞开受理，不受货物重量、体积、件数和批量限制，达到简化受理、便民惠民的目标。明确受理服务“红线”纪律，强化日常检查考核，货运受理服务质量明显提升。

（2）开办货物快运业务。在全路全面开办零散货物快运和批量零散货物快运业务，开行管内循环货物快运列车和跨局零散货物快运列车，初步构建全路零散货物快运网络；对市场需求大、铁路运量小的108个白货品类实行按实重（体积）计费报价；组织开行技术直达列车，零散货物快运和批量零散货物快运发送量实现持续增长。

（3）实行货物市场化的一口价。在顺利实施国家铁路货物运价调整的基础上，按照价格覆盖单位变动成本、紧贴公路运价水平的原则，实行货物快运完全市场化的一口价。

（4）实现网上订箱。集中力量深化研究集装箱运输问题，充分发挥铁路局与专业运输公司优势，简化铁路箱使用手续及出境、下水流程，实现网上订箱。贯彻落实国家“一带一路”倡议，积极组织推进中欧班列运输上量，构建通向欧洲、中亚的铁路国际运输便捷大通道。

（5）拓展货运新业务。积极拓展货运新业务，在110个城市、61个车站开展高铁行包业务，基本实现高铁始发终到列车乘降站和高铁沿线主要城市全覆盖。2018年，成功开行沪深、京广、京沪3对6列电商快递班列，满足快捷货物运输需求，实现与社会物流融合发展。健全全路接取送达网络，“门到门”服务能力逐步增强，物流外包业务有效拓展。开办国庆节、APEC 峰会期间进行自驾游汽车运输业务试点，取得了良好的市场效益。

二、铁路大提速

1997 年 4 月 1 日至 2007 年 4 月 18 日，中国铁路经历了六次大提速。经过六次大提速，中国进入了高铁时代，对国家经济社会发展和人民生活水平的提高具有重要作用和深远影响（见表 3–4）。

表 3–4 我国铁路六次提速情况汇总

提速次序	第一次提速	第二次提速	第三次提速	第四次提速	第五次提速	第六次提速
提速时间	1997 年 4 月 1 日	1998 年 10 月 1 日	2000 年 10月21日	2001 年 10 月 21 日	2004 年 4月18日	2007 年 4 月 18 日
主要提速范围	京广、京沪、京哈三大干线	京广、京沪、京哈三大干线	陇海、兰新、京九、浙赣	京九、武昌至成都、京广线南段、浙赣、沪杭、哈大	全国铁路	京广、京沪、京哈、京九、陇海、浙赣、兰新、广深、胶济
客车平均运行时速	54.9 公里	55.2 公里	60.3 公里	61.9 公里	65. 7 公里	70.2 公里
提速总里程	—	—	—	13000 公里	16500 公里	—
时速 120~140 公里里程	1398 公里	6449 公里	9581 公里	13166 公里	16000 公里	22000 公里
时速 140~160 公里里程	588 公里	3522 公里	6458 公里	9779 公里	—	—
时速 160~200 公里里程	752 公里	1104 公里	1104 公里	1104 公里	7700 公里	—
时速 200 公里以上里程	—	—	—	—	1960 公里	6003 公里

续表

提速次序	第一次提速	第二次提速	第三次提速	第四次提速	第五次提速	第六次提速
时速250公里以上里程	—	—	—	—	—	846公里
旅客列车数	—	1108对	1250对	1194对	1172对	1312对
货车列车数	—	12574对	13298对	13500对	15340对	16656对
动车列车数	—	—	—	—	—	257对
快速列车数	40对	80对	142对	—	—	—
夕发朝至列车数	78列	228列	266列	327对	305列	337列

资料来源：历年《中国铁道年鉴》。

（一）第一次大提速

1997年4月1日，中国铁路进行了第一次大提速。此次提速不仅提高了铁路的运行速度，更主要的是改变了铁路运行图。铁路第一次大提速主要在京广、京沪、京哈三大主干线进行，除此之外，其他线路上列车的运行速度也有了一定的提升。列车运行速度从1993年的48.1公里/小时提高到1997年的54.9公里/小时。其中，列车运行速度在120~140公里/小时的线路为1398公里，列车运行速度在140~160公里/小时的线路为588公里，列车运行速度在160~200公里/小时的线路为752公里。

第一次大提速开通了以沈阳、北京、武汉为中心的快速列车。其中，快速列车开通了40对，最高速度可达140公里/小时，旅行速度为140公里/小时；开通了被称为“移动宾馆”的夕发朝至列车，在第一次大提速中共开通了78列夕发朝至列车；此外，第一次大提速还开通了“五定”货运列车，即始发站到终点站线路一定直达、车次全程一定、运行线路全程一定贯通、发车和到达时间一定、列车单位报价一定。

第一次大提速使客车和货车的运行结构更加合理。在客车方面增加了直通特快和直通快车的数量，减少了直通慢车的数量；增加了管内快车和管内特快的数量，减少了管内慢车的数量。在货车方面，增加了直达列车的数量，使车辆周转大幅提升，加快了列车的作业效率。

（二）第二次大提速

1998 年 10 月 1 日，中国铁路开始第二次大提速。第二次大提速将运行速度的上限进一步提高，并且丰富了运送物品的种类，进一步优化了运力资源配置。此次提速主要在京广线、京沪线、京哈线三条铁路干线上进行，这三条铁路线上的运行速度达到 160 公里 / 小时。其中，京九线和浙赣线上铁路运行速度达到 200 公里 / 小时。此外，运行速度在 140 ~ 160 公里 / 小时的线路达到 3522 公里，运行速度在 160 公里 / 小时的线路达到 1104 公里。

夕发朝至列车的开通为旅客带来了方便，此次大提速后，夕发朝至列车总数达到 228 列。此外，快速列车总数达到 80 对，"五定" 班列的数量也得到一定程度的增加。国家为进一步提升铁路对中西部地区经济发展的促进作用，也提高了侯月线、宝中线和南昆线铁路的运行速度，对兰新线中的武威段至乌鲁木齐段的运行速度也进行了提升。

经过第二次大提速，提速线路进一步延长，列车速度进一步提高，客货运输品牌进一步得到增加和优化，也进一步适应了旅客对运输快捷的要求，扩大了客货运输品牌效应。

（三）第三次大提速

2000 年 10 月 21 日，中国铁路开始第三次大提速。在第一次提速和第二次提速的基础上，第三次铁路大提速初步形成了铁路提速网。第三次提速不同于前两次，西部铁路在全国铁路发展中处于弱势，在高速经济发展环境下，加剧了东、西部发展速度差异。因此，为了促进西部大开发，此次重点提速的铁路位于西部地区，主要线路为陇海线、兰新线、京九线、浙赣线。至此，中国提速铁路达到 1 万公里，形成了"四纵两横"提速网络。其中，"四纵"包括京广线、京九线、京沪线、京哈线，"两横"包括陇海—兰新线、浙赣线。此次提速使旅客列车运行的速度达到 60.3 公里 / 小时，提高了列车的速度、扩大了提速的范围。为进一步促进铁路在大宗商品和重点物资方面的运输，第三次大提速增加了19条大宗货物直达运行线。

第三次大提速进一步优化了列车的分类和列车的车次。新的列车分类把原来的七个等级（快速列车、特快列车、直快列车、普通列车、混合列车、市郊列车、军运人员列车）调整为三个等级（特快旅客列车、快速旅客列车、普通旅客列车）。西部是矿产资源的聚集地，第三次大提速加速了西部货物的周转速度，提高了西部地区的经济收入，刺激了西部地区的旅游业发展，促进了西部地区对外经济开放以及与接壤国家的交往，加强了我国对外贸易，促进了各方的协同合作。

（四）第四次大提速

2001年10月21日，中国铁路开始第四次大范围的提速。提速的铁路干线主要包括京广线南段、京九、武昌至成都、浙赣、沪杭、哈大，新增提速线路13000余公里，运行速度高达61.9公里/小时，此次提速覆盖了全国大部分地区。第四次提速扩大了长途旅客列车运行能力，全路开行旅客列车共1194对。其中，特快列车达到188.5对，跨局长途旅客列车增至363对，直通客车增至80.43万座。

第四次大提速中，夕发朝至列车共开通327对，且此次夕发朝至列车时间调整为每天下午的5点到11点和凌晨5点到10点。此次大提速开通了跨局旅游专线28对，“五定”列车总数达到79列，大宗直达货物列车总数达到157列。

第四次提速在京沪线上推出了新型豪华列车，车厢装修美观实用，列车上有高级包厢、软卧、硬卧三种车厢，布置成不同的风格。高级包厢高雅舒适，软卧明快和谐，硬卧更为方便整洁。车厢内安装有电视、音响系统和信息提示系统，厕所采用全封闭模式，充分体现了“旅客至上”的服务理念，把提高服务质量放在更加突出的位置。

（五）第五次大提速

2004 年 4 月 18 日，中国铁路开始第五次大提速。此次大提速的网络总里程为 16500 多公里。其中，7700 公里的铁路运行速度达到了 160 公里 / 小时，旅客列车的运行速度达到了 65.7 公里 / 小时。第五次大提速不仅在速度上进行了提升，而且广泛采用了新技术，以前火车运行靠的是挂发电车供电，现在则是从电力网上供电，还大量采用 GPS 定位技术，并在货车上采用"集便器"，大大减轻了火车对环境的污染。

通过第五次大提速，旅客列车再上新台阶，全国主要地区及主要城市间旅客运输能力大幅增加，旅行时间压缩，新增开 19 对 Z 字头一站直达特快列车，采用追踪连发方式，发车间隔时间仅 7 分钟。直通夕发朝至列车增加到 169 列，管内夕发朝至列车增加到 136 列，"五定"班列增加到 92 列，第五次提速初步形成了覆盖全国的班列运输网络。此外，大宗货物直达运行线增长到 181 条，六大干线的客运机交路达到 905 公里，直通货运机车交路达到 519 公里。

第五次大提速中，对铁路运输生产力布局作出了重大调整，出现了六大干线客运机车长交路、单司机值乘等十多个创新亮点，对铁路运输组织、劳动组织和修程修制等方面产生了长远影响。前四次的提速实践证明，提速战略投资省、见效快、社会效益好，增强了铁路与其他运输方式的竞争力，对于加快我国铁路现代化建设具有极为重要的意义。同时，对已有线路的升级改造也对未来的中国快速客运网络的形成打下了坚实的基础。

（六）第六次大提速

2007 年 4 月 18 日，铁路开始实施第六次大提速，提速里程达到了 6003 公里，主要提速干线为京沪线、京广线、京哈线、浙赣线、陇海线和广深线等，铁路运行速度达到了 200 公里 / 小时。其中，864 公里的线路运行速度达到了 250 公里 / 小时。此次提速使我国铁路运行速度达到了世界先进水平。

第六次大提速的主要区域位于环渤海地区、长三角地区、珠三角地区和运行速度在 200 公里 / 小时的干线上。此次大提速在前五次大提速的基础上产生了动车组列车，即以城际短途为主、跨区域城市长途为辅的列车组；一站直达列车总数达26对，夕发朝至旅客列车总数达337列。

第六次大提速对我国社会经济发展具有巨大的刺激作用。经过前五次大提速，铁路的发展仍然无法匹配经济的高速发展，使铁路成为制约经济的瓶颈；第六次大提速着眼于更为合理的资源调配，最大效率地使用铁路运力。一方面，实施第六次铁路提速提高了铁路运输质量，进一步适合消费者的需求的措施为消费者提供了更加快捷、更加安全、更加舒适的运输服务，让乘坐提速列车的旅客在途中付出的精力和体力减少，更多地带给消费者前所未有的旅行享受，分享铁路提速改革的成果。另一方面，第六次铁路大提速为铁路发展注入了新的活力，进一步降低了运输成本，改善了我国铁路的管理方式。同时，使用了一系列最新的重大创新成果，这些成果有助于我国铁路技术实现历史性、跨越性发展，也会成为未来铁路发展腾飞的基础。铁路进行第六次大提速，意义已经不局限于铁路视角，从整个社会的角度观察，更深远的意义在于促进资源节约型的综合交通运输体系的构建。铁路具有诸多优点，已成为城际交通运输的主要工具。

第四章　中国铁路运输70年变化与创新

第一节　铁路运输网络70年布局变化

一、不同时期中国铁路运输网络布局变化

（一）1949年至20世纪80年代

中华人民共和国成立后，我国京包线、陇海线、京汉线、南同蒲线、浙赣线、南浔线以及粤汉线等铁路先后通车。在“一五”至“五五”计划时期，铁路建设的重点在于主要干线的修建，在这期间建成的铁路干线有成都—重庆、天水—兰州、来宾—凭祥、丰台—沙城、集宁—二连浩特、兰村—烟台、萧山—穿山、包头—兰州、南平—福州、北京—承德、兰州—乌鲁木齐、贵阳—重庆、成都—昆明、焦作—原平、焦作—枝城、通县—古冶、株洲—贵阳、北京—通辽、襄樊—重庆等铁路。经过最初5个“五年计划”之后，我国铁路的布局发生了巨大的改变，铁路线路延伸至沿海城市、港口以及西北、西南地区，基本覆盖了各省份的省会城市及主要城市，除拉萨以外的各省会城市均有铁路同首都北京相连。

（二）20世纪80年代

在"六五"和"七五"计划时期，交通建设布局从内地转向沿海，展开了大规模的基建活动，此时贸易发展和交通运输的多个环节都出现了因能力严重不足而导致的不良问题。虽然国家已将交通建设列为发展的重点，但由于基础实在薄弱，能源短缺，国家的其他重点产业也都需要投资，所以发展的速度缓慢。当时，我国铁路发展重点是大秦线等能源运输通道与京沪线、京广线、京沈线等东部主干线的改造，以及山西等北方能源基地外运通道建设和东部繁忙干线改造。

（三）20世纪90年代

在"八五"和"九五"计划时期，我国发展的重点在能源产业、交通运输与通信行业，新建了服务"三西"能源基地的对外运输通道和南北、西北、西南区的干线。其中，由京九线、南昆线、陇海线、兰新线和北疆线组成的亚欧大陆桥，成为这一时期建设的代表性成就。

（四）21世纪初

1. 持续发展铁路建设

在"十五"计划时期，交通建设主旨是"健全综合交通体系"。通过统筹规划、合理安排、优化结构、完善网络、推进改革，建立健全了畅通、安全、便捷的现代综合运输体系。铁路方面，"十五"期间，实施提速战略、发展重载运输、优化运输组织，铁路实现跨越式发展。运输指标连创新高，经营效益稳步增长。

2."四纵四横"铁路网络

2004年1月，国务院常务委员会讨论通过了《中长期铁路网规划》（2004年），这是国务院批准的第一个行业规划，也是2020年我国铁路建设的蓝图（见表4-1）。《中长期铁路网规划》促使青藏铁路提前一年建成通车，指导全国铁路第六次大面积提速成功实施。

（1）“四纵”客运专线。铁道部在《中长期铁路网规划》（2008 年调整）中规划建设“四纵四横”客运专线，客车速度目标值达到每小时 200 公里以上。其中，“四纵”为京沪高速铁路、京广客运专线、京哈客运专线、东南沿海客运专线（见表 4-2）。

表 4-1　三版《中长期铁路网规划》比较

年份	规划年份	发展目标
2004	2020	为适应全面建设小康社会的目标要求，铁路网要扩大规模，完善结构，提高质量，快速扩充运输能力，迅速提高装备水平。到 2020 年，全国铁路营业里程达到 10 万公里，主要繁忙干线实现客货分线，复线率和电化率均达到 50%， 运输能力满足国民经济和社会发展需要，主要技术装备达到或接近国际先进水平
2008	2020	为适应全面建设小康社会的目标要求，铁路网要扩大规模，完善结构，提高质量，快速扩充运输能力，迅速提高装备水平。到 2020 年， 全国铁路营业里程达到 12 万公里以上，复线率和电化率分别达到 50% 和 60% 以上，主要繁忙干线实现客货分线，基本形成布局合理、结构清晰、功能完善、衔接顺畅的铁路网络，运输能力满足国民经济和社会发展需要，主要技术装备达到或接近国际先进水平
2016	2025、2030	2020 年，一批重大标志性项目建成投产，铁路网规模达到 15 万公里。其中，高速铁路 3 万公里，覆盖 80% 以上的大城市，为完成“十三五”规划任务、实现全面建成小康社会目标提供有力支撑。2025 年，铁路网规模达到 17.5 万公里。其中，高速铁路 3.8 万公里，网络覆盖面积进一步扩大，路网结构更加优化，骨干作用更加显著，更好发挥铁路对经济社会发展的保障作用。到 2030 年，基本实现内外互连互通、区际多路畅通、省会高铁连通、地市快速通达、县域基本覆盖

资料来源：历年《中国铁道年鉴》。

表4-2 “四纵”客运专线

线路名称	途经站点	全长（公里）	设计时速（公里/小时）
京沪线	北京南站—天津南站—济南西站—徐州东站—蚌埠南站—南京南站—上海虹桥站	1318	350
京广线	北京西站—石家庄站—郑州东站—武汉站—长沙南站—广州南站—深圳北站—香港西九龙站	2260	350
京哈线	北京星火站—承德南站—朝阳北站—阜新北站—沈阳站/沈阳北站/沈阳南站—铁岭西站—四平东站—长春站/长春西站—哈尔滨西站；沈大段途经主要站点：沈阳站/沈阳北站/沈阳南站—鞍山西站—营口东站—鲅鱼圈站—大连站/大连北站；盘营客运专线：盘锦站/盘锦北站—海城西站	1612	350
东南沿海专线	杭州东站—宁波站—台州站—温州南站—福州站/福州南站—厦门北站—深圳北站	1600	350

资料来源：历年《中国铁道年鉴》。

1）京沪线。京沪线（北京—上海客运专线）的开通，连接了京津冀地区与长江三角洲乃至东部沿海经济地区，全线运行时间仅为4小时48分钟。

2）京广线。京广线（北京—武汉—广州—深圳客运专线）由京石客运专线、石武客运专线、武广客运专线、广深港客运专线组成，连接华北、华中和华南地区，也连接了内地与香港地区。

3）京哈线。京哈线［北京—沈阳—哈尔滨（大连）］客运专线由京沈客运专线、哈大客运专线、盘营客运专线组成，全长1612公里，连接东北和关内地区。

4）东南沿海专线。东南沿海客运专线（杭州—宁波—福州—深圳）由杭甬客运专线、甬温铁路、温福铁路、福厦铁路及厦深铁路组成，连接了长江三角洲、珠江三角洲和东南沿海地区。

（2）“四横”客运专线。“四横”客运专线分别为徐兰客运专线、沪昆高速铁路、青太客运专线、沪汉蓉高速铁路（见表4-3）。

表 4-3 “四横”客运专线

线路名称	途经站点	全长（公里）	设计时速（公里 / 小时）
徐兰线	徐州东站—商丘站—郑州站 / 郑州东站—洛阳龙门站—西安北站—宝鸡南站—兰州西站	1606	200 ~ 250
沪昆线	上海虹桥站—杭州东站—南昌西站—长沙南站—贵阳北站—昆明南站	2252	350
青太线	青岛站 / 青岛北站—济南站 / 济南西站 / 济南东站—德州东站—石家庄站—太原南站	906	200 ~ 250
沪汉蓉线	上海虹桥站—南京南站—合肥南站—汉口站—重庆北站—成都东站	1969	200 ~ 250

资料来源：《中国铁道年鉴》。

1）徐兰线。徐兰客运专线（徐州—郑州—兰州）由郑徐客运专线、郑西客运专线、西宝客运专线、宝兰客运专线组成，连接西北和华东地区。

2）沪昆线。沪昆客运专线（杭州—南昌—长沙）由沪杭客运专线、杭长客运专线、长昆客运专线组成，连接华东、华中和西南地区。

3）青太线。青太客运专线（青岛—石家庄—太原）由胶济客运专线、石济客运专线及石太客运专线组成，全长 906 公里，连接华东和华北地区。

4）沪汉蓉线。沪汉蓉客运专线（南京—武汉—重庆—成都）由沪宁城际、合宁铁路、合武客运专线、汉宜铁路、宜利铁路、渝利铁路、成渝高铁构成，连接西南和华东地区。

3. 完善铁路网络布局

在 21 世纪初，除了完善“四纵四横”铁路网的构建，我国铁路建设把重点放在了西部与中东部，规划建设新线 1.6 万公里（见表 4–4）。

表 4-4 铁路网络进一步完善

新建线路	建成效果
中吉乌铁路喀什—吐尔尕特段，改建中越通道昆明—河口段，新建中老通道昆明—景洪—磨憨段、中缅通道大理—瑞丽段	形成西北、西南进出境国际铁路通道
太原—中卫（银川）线、临河—哈密线	形成西北至华北新通道
兰州（或西宁）—重庆（或成都）线	形成西北至西南新通道
库尔勒—格尔木线、龙岗—敦煌—格尔木线	形成新疆至青海、西藏的便捷通道
精河—伊宁、奎屯—阿勒泰、林芝—拉萨—日喀则、大理—香格里拉、永州—玉林和茂名、合浦—河唇、西安—平凉、柳州—肇庆、桑根达来—张家口、准格尔—呼和浩特、集宁—张家口等西部区内铁路	完善西部地区铁路网络
铜陵—九江、九江—景德镇—衢州、赣州—韶关、龙岩—厦门、湖州—嘉兴—乍浦、金华—台州及东北东边道等铁路	完善中东部铁路网络

资料来源：《中国铁道年鉴》。

（五）2010年至今

1.“八纵八横”铁路网

为加快构建布局合理、覆盖广泛、高效便捷、安全经济的现代铁路网络，更好地发挥铁路骨干优势作用，推进综合交通运输体系建设，支撑引领我国经济社会发展，在深入总结原规划实施情况的基础上，结合发展新形势、新要求，2016年，国务院常务委员会再次修编了《中长期铁路网规划》（2016年）。为满足快速增长的客运需求，优化拓展区域发展空间，在“四纵四横”高速铁路的基础上，增加客流支撑、标准适宜、发展需要的高速铁路，部分利用时速200公里的铁路，形成以“八纵八横”主通道为骨架、区域连接线衔接、城际铁路补充的高速铁路网，实现省会城市高速铁路通达、区域之间高效便捷相连（见表4-5、表4-6）。

表 4-5 “八纵”通道

通道名	途经	贯通地区	与“四纵四横”的关系
沿海通道	大连（丹东）—秦皇岛—天津—东营—潍坊—青岛（烟台）—连云港—盐城—南通—上海—宁波—福州—厦门—深圳—湛江—北海（防城港）高速铁路	连接东部沿海地区，贯通京津冀、辽中南、山东半岛、东陇海、长三角、海峡西岸、珠三角、北部湾等城市群。连接东部沿海地区，贯通京津冀、辽中南、山东半岛、东陇海、长三角、海峡西岸、珠三角、北部湾等城市群	沿海通道是既有线东南沿海客运专线的双向延伸
京沪通道	北京—天津—济南—南京—上海（杭州）高速铁路，包括南京—杭州、蚌埠—合肥—杭州高速铁路；北京—天津—东营—潍坊—临沂—淮安—扬州—南通—上海高速铁路	连接华北、华东地区，贯通京津冀、长三角等城市群	京沪通道是既有线京沪高速铁路的复线
京港（台）通道	北京—衡水—菏泽—商丘—阜阳—合肥（黄冈）—九江—南昌—赣州—深圳—香港（九龙）高速铁路，另一支线为合肥—福州—台北高速铁路；南昌—福州（莆田）铁路	连接华北、华中、华东、华南地区，贯通京津冀、长江中游、海峡西岸、珠三角等城市群	京港（台）通道是新辟通道
京哈—京港澳通道	哈尔滨—长春—沈阳—北京—石家庄—郑州—武汉—长沙—广州—深圳—香港高速铁路；广州—珠海—澳门高速铁路	连接东北、华北、华中、华南、港澳地区，贯通哈长、辽中南、京津冀、中原、长江中游、珠三角等城市群	京哈—京港澳通道是既有线京哈客运专线和京广深港高速铁路的结合线
呼南通道	呼和浩特—大同—太原—郑州—襄阳—常德—益阳—邵阳—永州—桂林—南宁高速铁路	连接华北、中原、华中、华南地区，贯通呼包鄂榆、山西中部、长江中游、北部湾等城市群	呼南通道是新辟通道

续表

通道名	途经	贯通地区	与“四纵四横”的关系
京昆通道	北京—石家庄—太原—西安—成都（重庆）—昆明高速铁路，包括北京—张家口—大同—太原高速铁路	连接华北、西北、西南地区，贯通京津冀、太原、关中平原、成渝、滇中城市群	京昆通道是新辟通道
包（银）海通道	包头—延安—西安—重庆—贵阳—南宁—湛江—海口（三亚）高速铁路，包括银川—西安以及海南环岛高速铁路	连接西北、西南、华南地区，贯通呼包鄂、宁夏沿黄、关中平原、成渝、黔中、北部湾等城市群	包（银）海通道是新辟通道
兰（西）广通道	兰州（西宁）—临夏—合作—绵阳（安州区）—广汉—成都—眉山—乐山—宜宾—毕节—贵阳—都匀—桂林—贺州—佛山—广州高速铁路	连接西北、西南、华南地区，贯通兰西、成渝、黔中、珠三角等城市群	兰（西）广通道是新辟通道

资料来源：历年《中国铁道年鉴》。

表 4-6 “八横”通道

通道名	途经	贯通地区	与“四纵四横”的关系
绥满通道	绥芬河—牡丹江—哈尔滨—齐齐哈尔—海拉尔—满洲里高速铁路	连接黑龙江及蒙东地区	绥满通道是新辟通道
京兰通道	北京—呼和浩特—银川—兰州高速铁路	连接华北、西北地区，贯通京津冀、呼包鄂、宁夏沿黄、兰西等城市群	京兰通道是新辟通道
青银通道	青岛—济南—石家庄—太原—银川高速铁路	连接华东、华北、西北地区，贯通山东半岛、京津冀、太原、宁夏沿黄等城市群	青银通道是青太客运专线的西延线
陆桥通道	连云港—徐州—郑州—西安—兰州—西宁—乌鲁木齐高速铁路	连接华东、华中、西北地区，贯通东陇海、中原、关中平原、兰西、天山北坡等城市群	陆桥通道是徐兰客运专线的双向延伸
沿江通道	上海—南京—合肥—武汉—重庆—成都高速铁路，包括南京—安庆—九江—武汉—宜昌—重庆—万州—达州—遂宁—成都高速铁路	连接华东、华中、西南地区，贯通长三角、长江中游、成渝等城市群	沿江通道建立在沪汉蓉快速客运通道基础上的复线
沪昆通道	上海—杭州—南昌—长沙—贵阳—昆明高速铁路	连接华东、华中、西南地区，贯通长三角、长江中游、黔中、滇中等城市群	沪昆通道即沪昆高速铁路
厦渝通道	厦门—龙岩—赣州—长沙—常德—张家界—黔江—重庆高速铁路	连接海峡西岸、中南、西南地区，贯通海峡西岸、长江中游、成渝等城市群	厦渝通道是新辟通道
广昆通道	广州—南宁—昆明高速铁路	贯通珠三角、北部湾、滇中等城市群	广昆通道是新辟通道

资料来源：历年《中国铁道年鉴》。

2. 构筑“八纵八横”高速铁路主通道

（1）“八纵”通道。2016 年 7 月，国家发展和改革委员会、交通运输部、中国铁路总公司联合发布了《中长期铁路网规划》，勾画了新时期“八纵八横”高速铁路网的宏大蓝图。“八纵”通道包括沿海通道、京沪通道①、京港（台）通道、京哈—京港澳通道、呼南通道、京昆通道、包（银）海通道、兰（西）广通道（见表 4–5）。

（2）“八横”通道。“八横”通道包括绥满通道②、京兰通道、青银通道、陆桥通道、沿江通道③、沪昆通道、厦渝通道④、广昆通道（见表 4–6）。

3. 拓展区域铁路连接线路

在“八纵八横”主通道的基础上，规划建设高速铁路区域连接线，进一步完善路网、扩大覆盖。

（1）东部地区。我国东部地区修建北京—唐山、天津—承德、日照—临沂—菏泽—兰考、上海—湖州、南通—苏州—嘉兴、杭州—温州、合肥—新沂、龙岩—梅州—龙川、梅州—汕头、广州—汕尾等铁路。

（2）东北地区。我国东北地区修建齐齐哈尔—乌兰浩特—白城—通辽、佳木斯—牡丹江—敦化—通化—沈阳、赤峰—沈阳、通辽—沈阳、朝阳—盘锦等铁路。

（3）中部地区。我国中部地区修建郑州—阜阳、郑州—濮阳—聊城—济南、黄冈—安庆—黄山、巴东—宜昌、宣城—绩溪、南昌—景德镇—黄山、石门—张家界—吉首—怀化等铁路。

（4）西部地区。我国西部地区修建玉屏—铜仁—吉首、绵阳—遂宁—内江—自贡、昭通—六盘水、兰州—张掖、贵港—玉林等铁路。

---

① 其中，青岛至盐城段利用青连、连盐铁路，南通至上海段利用沪通铁路。

② 其中，绥德至银川段利用太中银铁路。

③ 其中，成都至遂宁段利用达成铁路。

④ 其中，厦门至赣州段利用龙厦铁路、赣龙铁路，常德至黔江段利用黔张常铁路。

二、其他运输网络 70 年布局变化

（一）公路运输

1. 公路运输网络骨架基本形成

经过 70 年的发展，我国公路网骨架基本形成，农村公路发展同样迅速。在中华人民共和国成立后的前 30 年，公路建设主要依靠地方，国家建设的主要有康藏公路、青藏公路等极为艰巨的少数公路干线。1949 年，全国公路通车里程仅 8.07 万公里，中华人民共和国成立初期，公路交通经历一段时期的恢复后开始获得长足发展，到 1952 年，公路里程达到 12.67 万公里。1952~1980 年，全国新增公路 76 万公里（增长 5.9 倍）。分三大地带来看，增加里程以及比重依次为中部 27.67 万公里（36.4%）、西部 25 万公里（32.9%）、东部 23.3 万公里（30.7%）。分六大区域来看，前三位是中南区（26.9%）、西南区（20.5%）、华东区（30.7%）。70 年前，畜力车和人力车在货物运输中还占有较大比重，运营汽车较少。40 年前，随着改革开放公路建设布局干线与支线有机结合，公路投资体制率先实现多元化，公路建设速度大大加快。1990 年，在已有公路基础上改建和新建，建成了国道公路 70 条，全长 1.2 万公里。其中，首都放射线 12 条，南北纵线 28 条，东西横线 30 条。2018 年，全国公路总里程达到 484.65 万公里，比 1949 年增加了 60 倍。随着高速公路和国道等高等级公路的建设，全国公路网骨架已基本形成。

2018 年，全国农村公路通车里程达 405 万公里，通硬化路乡镇和建制村分别达到 99.64% 和 99.47%，建制村通客车率达到 96.5%。2018 年，全国新改建农村公路 20 万公里，新增 5000 个建制村通硬化路，新增 5000 个建制村通客车，实际完成新改建农村公路 25 万公里。近年来，全国新建改建农村公路 127.5 万公里，99.24% 的乡镇和 98.34% 的建制村通上了沥青路、水泥路。全国农村公路路网已经延伸到从高原到山区、从少数民族地区到贫困老区的各个角落。

2. 高等级公路建设布局迅速展开

我国高速公路虽然起步晚，但发展迅速。尤其是 1998 年以来，为了应

对亚洲金融危机、扩大内需，国家实施了积极的财政政策，加快基础设施的建设步伐，高速公路建设进入持续、快速的发展阶段。随着一些干线高速公路的相继贯通与连接，网络骨架不断完善，全国性高速公路网略显雏形，重要城市、工业中心、交通枢纽和对外口岸开始被连接到高速公路网络中，高速公路占道路比重逐渐加大。2018 年，中国高速公路总量达到 14.3 万公里，总里程居世界第一位。

（二）航空运输

1. 航空运输枢纽逐步形成

2018 年，我国 4D① 以上高等级机场逐渐增加，达到 87 个，比 1990 年增加了 58 个。其中，可起降 B747、A340 等大型飞机的 4E② 机场数量达到 35 个，是 1990 年的 5 倍。各机场中，年旅客吞吐量 1000 万人次以上的机场达到 37 个，较 2017 年增加了 5 个（宁波栎社、石家庄正定、珠海金湾、温州龙湾、合肥新桥机场），完成旅客吞吐量占全部境内机场旅客吞吐量的 83.6%。首都机场旅客吞吐量突破 1 亿人次，北京、上海和广州三大城市机场旅客吞吐量占全部境内机场旅客吞吐量的 23.3%。年旅客吞吐量 200 万 ~1000 万人次的机场有 29 个，较 2017 年增加了 3 个，完成旅客吞吐量占全部境内机场旅客吞吐量的 9.6%。2018 年，旅客吞吐量 200 万人次以下的机场有 169 个，较 2017 年减少 2 个，完成旅客吞吐量占全部境内机场旅客吞吐量的 6.9%。

2. 航空运输网络迅速发展

1950 年，中国民航总局成立，开辟了营业性质的固定航线，机场布局逐步展开，并有定期的航班飞行。1950 年，航线仅 12 条，其中国内 9 条、国际 3 条；航线总里程仅 11369 公里；运送旅客 1.04 万人。改革开放以前，中国民航运输规模小，广大民众不是服务对象。1978 年，中国民航机场达 77

---

① 4D 级机场：在标准条件下，可用跑道长度≥ 1800 米，可用最大飞机的翼展 36~52 米和主起落架外轮外侧间距 9~14 米。

② 4E 级机场：在标准条件下，可用跑道长度≥ 1800 米，可用最大飞机的翼展 52~60 米和主起落架外轮外侧间距 9~14 米。

个，国内航线150条，总长度9万公里；国际航线12条，总长度5.53万公里，通达 12 个国家。改革开放后，由于我国经济持续、稳定发展，航空运输的社会需求急剧增加，极大地促进了航空运输业的发展，机场在各省区中心城市、经济中心、主要旅游城市展开。民航旅客构成多元化，私人出行不断增加；高价值、高时效货物运输逐渐增加。因此，旅客和货邮运输量迅猛增长。中国航空向更加开放化、市场化、全球化的方向发展。2018 年，我国境内民用航空（颁证）机场共有 235 个（不含香港、澳门和台湾地区）。其中，定期航班通航机场 233 个，定期航班通航城市 230 个。2018 年，我国共有定期航班航线 4945 条，国内航线 4096 条。其中，港澳台航线 100 条，国际航线 849 条。按重复距离计算的航线里程为 1219.06 万公里，按不重复距离计算的航线里程为 837.98 万公里。2018 年，西南、华东、中南、华北、西北、东北地区和新疆地区民航机场数分别为 47 个、44 个、37 个、35 个、24 个、27 个和 21 个。机场分布密度从大到小依次为华东、华北、中南、西南、东北、西北和新疆地区。可以看出，我国机场分布区域差异明显，密度由东往西梯度递减，在长江三角洲、珠江三角洲、京津地区等都市连绵区出现了机场服务密集区①。2018 年，京津冀机场群完成旅客吞吐量 14499.7 万人次，较 2017 年增长 7.7%；长三角机场群完成旅客吞吐量 22805 万人次；粤港澳大湾区机场群珠三角等 9 市完成旅客吞吐量 13227.9 万人次；成渝机场群完成旅客吞吐量 10202.2 万人次。

（三）水路运输

1. 内河航道运输网络稳定发展

由于受自然条件的影响，我国内河交通网基本上由长江、珠江、黑龙江、淮河和京杭运河（三江两河）所组成，内河航道里程经历了上升—下降—保持平稳的过程。1961 年，全国内河航道长达 172000 公里，达到历史

① 都市连绵区是由若干个都市区沿综合交通走廊连绵分布而形成的巨型城乡一体化区域，是国家的经济核心区。都市连绵区属于城市的功能地域，由一定规模以上的中心市及与其保持密切社会经济联系、非农业活动发达的外围地区共同组成。

最高水平。之后，由于水资源综合利用不够、建设资金投入较少及水资源不足等原因，内河航道在较长的时间内发展受限，航道里程逐年缩短，1979年内河航道长107800公里。改革开放后，内河航道进入新一轮发展阶段，航道总里程有所回升，航道等级明显提高。2018年，全国内河航道通航里程127100公里。其中，等级航道66400公里，占总里程的52.3%；三级及三级以上航道13500万公里，占总里程的10.6%。各等级内河航道通航里程分别为：一级航道1828公里、二级航道3947公里、三级航道7686公里、四级航道10732公里、五级航道7613公里、六级航道17522公里、七级航道17114公里、等外航道60700公里。

2. 建设现代化港口运输体系

1949年，中国沿海港口泊位数仅有161个，港口泊位不足，设施落后，货物的装卸主要依靠人挑肩扛。经过70年，特别是改革开放40年的发展，港口建设突飞猛进，取得了历史性的巨大成就。2018年，全国港口拥有生产用码头泊位23919个。其中，沿海港口生产用码头泊位5734个；内河港口生产用码头泊位18185个。2018年，全国港口拥有万吨级及以上泊位2444个。其中，沿海港口万吨级及以上泊位2007个；内河港口万吨级及以上泊位437个。1990年以来，我国开始注重现代深水化、大型化、专业化码头的建设。一批大型原油、铁矿石、煤炭、集装箱等专业化码头和深水航道工程相继建成，港口专业化泊位比重超过50%。我国已形成包括主要港口、地区性重要港口、其他一般港口3个层次的港口体系，在长三角、珠三角、环渤海、东南沿海、西南沿海5大区域形成了规模庞大并相对集中的港口群。2018年，全国港口完成货物吞吐量143.51亿吨，分别是1949年的1435倍、1980年的41倍。我国港口货物吞吐量连续16年居全球第一，宁波舟山港年货物吞吐量再超10亿吨，与第二名拉开3.5亿吨的差距，继续保持世界唯一的超10亿吨超级大港的地位，全球港口排名实现“十连冠”。此外，亿吨大港达到41个，完成货物吞吐量1135766万吨，占全国港口货物吞吐量的85%。排名前十位的中国港口依次是宁波舟山港、上海港、唐山港、广州港、青岛港、苏州港、天津港、大连港、烟台港、日照港。

第二节　铁路运输 70 年发展变化

中华人民共和国成立 70 年以来，随着我国铁路网规模、质量显著提升和铁路管理体制机制的改革，铁路客货运输快速发展。2018 年，全国铁路货运总发送量完成 40.3 亿吨，全国铁路货运总周转量完成 28820.9 万亿吨公里。经过 70 年的快速发展，我国铁路运输的运输效率位居世界第一，铁路为我国经济社会发展做出了重要贡献。

一、国内外铁路运输比较

2018 年，我国铁路里程达到 13.1 万公里，超过俄罗斯居世界第二位。其中，高速铁路运营里程 2.9 万公里，居世界第一位，占全球 67% 以上。

另外，铁路复线率和电气化率是一个国家铁路技术水平的最重要标志之一。2016 年，我国铁路复线里程 6.81 万公里，复线率 45%；电气化里程 9.2 万公里，电气化率 89%。我国铁路复线率、电气化率分别居世界第二位和第一位。与俄罗斯（44%、58%）、日本（40%、83%）、德国（54%、59%）、英国（74%、32%）、法国（57%、50%）相比，我国铁路的技术水平和装备水平有了很大的提高，已进入世界先进行列。我国国土面积与美国相近，但是 2016 年数据显示，我国铁路里程仅占美国铁路里程 22.8 万公里的 54.3%（见表 4–7）。

按人口计算铁路网络的密度，2016 年我国每万人的铁路营业里程为 0.9 公里，同期加拿大为 14.83 公里、美国为 7.22 公里、俄罗斯为 5.83 公里、法国为 4.54 公里、德国为 4.13 公里、英国为 2.53 公里、日本为 1.51 公里，即我国人均拥有铁路里程分别为上述国家的 5%、15%、12%、19%、22%、36%、60%。由于我国人口基数较大，2016 年，我国每万人铁路营业里程仍

表 4-7　中国铁路运输主要指标与国外铁路比较

指标	单位	中国		美国		俄罗斯		印度		加拿大		德国		法国		日本		英国	
		2008 年	2016 年	2008 年	2016 年	2008 年	2016 年	2008 年	2016 年	2008 年	2016 年	2008 年	2016 年	2008 年	2016 年	2008 年	2016 年	2008 年	2016 年
1. 营业里程		79687	123992	272812	228218	84158	85262	63327	66030	57216	52131	33890	33380	29918	29979	20048	19204	16208	16241
(1) 高铁里程	公里	—	23000	—	483	—	650	—	—	—	—	—	1287	—	1985	—	2615	—	113
(2) 复线里程	公里	—	68100	—	151800	—	37800	—	19900	—	17000	—	18200	—	17000	—	7600	—	12100
(3) 复线比率	%	33.88	45	—	66	52.21	44	27.42	28	31.86	32	53.28	54	56.86	57	41.08	40	73.4	74
(4) 电气化率	%	26	89	—	0.7	49	58	28	36	0.23	0.25	57	59	50	50	61	83	32	32
2. 营业里程换算密度																			
(1) 按国土面积	公里 / 万平方公里	83.01	129.16	283.32	237.01	49.22	49.87	192.66	200.88	57.3	52.21	949.3	933.67	541.99	467.52	530.37	508.04	664.26	668.35
(2) 按人口	公里 / 万人	0.6	0.9	9.11	7.22	5.91	5.83	0.56	0.53	17.52	14.83	4.11	4.13	4.88	4.54	1.57	1.51	2.68	2.53
3. 旅客运输																			
(1) 客运量	亿人	14.62	28.14	0.27	0.31	12.8	10.2	62.18	82.24	0.04	0.04	18.31	20.08	10.45	12.02	10.45	92.64	12.3	16.65
(2) 客运周转量	亿人公里	7778.6	12579.36	93.09	105.19	1734.11	1204.13	6947.64	11471.9	14.07	13.23	746.77	729.13	816.64	846.82	816.64	2671.11	500.27	622.97
4. 货物运输																			
(1) 货运量	亿吨	33.04	33.32	17.6	15.71	13.45	13.29	7.28	10.95	3.14	3.1	3.01	2.18	1.06	0.63	0.36	0.31	1.04	0.91
(2) 货运周转量	亿吨公里	25106.29	23792.26	25848.63	25472.53	20903.37	23047.59	4809.93	6816.96	3581.54	3525.35	920.77	729.13	406.34	254.73	231.66	202.55	212	192.3
5. 运输量换算密度																			
(1) 客运密度	万人公里 / 公里	976.14	1205	3.41	30	206.05	141	1097.11	1737	2.46	3	220.35	238	272.96	283	1921.21	391	308.66	384
(2) 货运密度	万吨公里 / 公里	3150.6	2372	947.49	1116	2483.82	2372	759.54	1032	625.97	676	271.69	219	135.82	85	115.55	105	130.8	118

注：①中国各项指标均为 2016 年数据。俄罗斯营业里程、电气化率、货运量取自历年《俄罗斯统计年鉴》，为 2017 年数据，其他国家数据均取自国际铁路联盟（铁盟）《2015 年铁路统计简报》，为 2010~2015 年数据。②美国货运相关数据为一级铁路公司数据，其他为全美铁路数据。③各国人口数来自各国的国家统计局政府网站、世界银行网站等国际统计数据。

资料来源：历年《中国铁道年鉴》。

处于较低水平。

2018 年，我国铁路里程为 13.1 万公里，占全世界铁路总里程 137 万公里的 7.1%，表明我国占世界铁路 7.1% 的营业里程完成了世界铁路超过 25% 的工作量，我国铁路成为了世界上最繁忙的运输网络。2018 年，我国铁路旅客周转量完成 14146.5 亿人公里，是居第二位的印度的 1.1 倍，甚至是加拿大的 694 倍。我国铁路客运周转量位居世界第一，说明了我国铁路高频次的利用情况。

2018 年，我国铁路换算运输密度已达到 2933 万吨公里 / 公里，这一指标不仅居世界第一，而且是世界平均水平的 2 倍。2018 年，我国高速铁路里程居世界首位。我国路网逐渐密集，铁路里程从 1978 年的 5.17 万公里增长至 2018 年的 13.1 万公里。其中，高铁 2.9 万公里以上，比世界其他国家的高铁总和还要多出 33%。

发达国家都经历了水路→铁路→公路→航空→综合运输及多式联运等运输方式依次转换的过程。在客运方面，世界各国的铁路旅客运输的主导地位逐渐为公路所取代，英国、德国、法国等国的铁路旅客周转量的比率都降到了 10% 以内，美国仅为 1%；只有日本，由于其特殊的岛国地理条件，尤其是铁路新干线的运行，铁路在旅客运输中仍然发挥着重要的作用，铁路旅客周转量的比率保持在 34%。在货运方面，美国铁路显示出较强的竞争力，这主要是由于美国地域辽阔、资源分布不均衡；近年来，由于环境及能源的问题，以及交通运输结构的重新调整，日本铁路货运也开始发挥其作用；欧洲各国铁路货运在中长距离货运方面继续保持较高的市场比率。

二、铁路基础设施 70 年变化

（一）铁路线路建设

2018 年，我国铁路的总营业里程已达到 13.1 万公里，比 2017 年增长 3.1%，居世界第二位，其中复线里程 7.6 万公里，比 1949 年的营业里程 2.18 万公里、复线里程 0.09 万公里分别增加了约 5 倍、83 倍（见图 4–1）。从 20

世纪80年代起，我国铁路建设不但重视线路长度的增加，而且通过加快复线化、电气化的建设，提高铁路的技术水平。1990年，我国铁路营业里程仅为5.3万公里；1980~1990年，我国铁路新线建设长度年平均只有300公里（1970~1980年为1000公里）。在这一期间，复线率为24%，电气化率剧增为13%。到20世纪90年代，再次提出了修建新线的必要性，为解决运输能力不足的问题，干线建设成为了首要任务。干线建设长度、质量都有所提升。2007年，中国首趟动车组列车在上海站始发，我国铁路建设重点逐渐转向高铁新线建设。2018年，我国高铁总里程占世界高铁总里程的67%以上。2018年，营业里程在10000公里以上的省份仅为内蒙古自治区；5000公里以上的省份为河北省、黑龙江省、新疆维吾尔自治区、辽宁省、山东省、河南省、吉林省、山西省、广西壮族自治区；3000~5000公里的省份为湖南省、陕西省、台湾省、四川省、江西省、安徽省、湖北省、广东省、甘肃省、福建省；1000~3000公里的省份为云南省、贵州省、浙江省、青海省、重庆市、宁夏回族自治区、北京市、天津市、海南省。

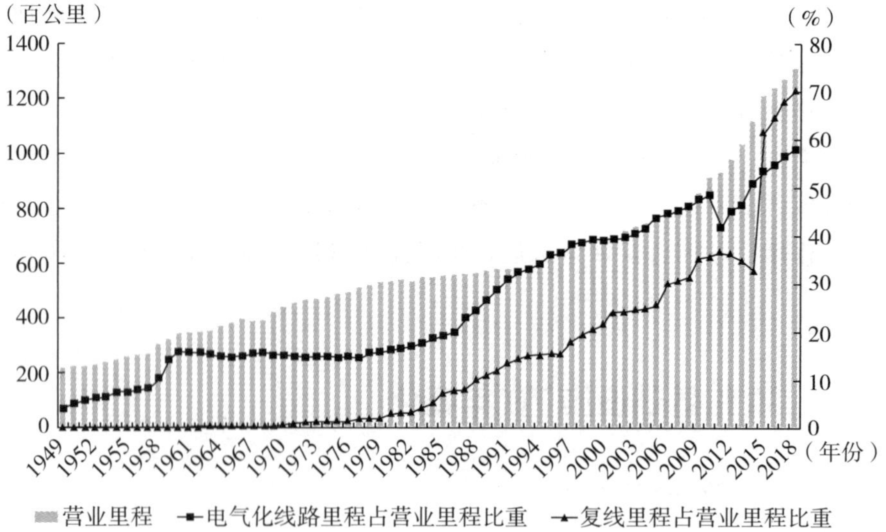

图4-1　中国铁路营业里程变化

资料来源：历年《中国统计年鉴》。

（二）铁路设施设备发展

我国铁路基础设施建设的终极目标为实现全线复线化、电气化，以提高铁路运输效率。我国铁路货运机车按照机车性质分为国家铁路机车、地方铁路机车和合资铁路机车三类。1985~2018 年，国家铁路机车和合资铁路机车的数量呈现上升趋势，而地方铁路机车、内燃机车呈下降趋势（见表 4-8）。近年来，各类铁路机车在总机车的占有量变化较小，合资铁路机车数量逐年上升。2018 年，国家铁路机车保有量为 21000 台，地方铁路机车保有量由 1997 年的最高纪录 412 台下降到 279 台，合资铁路机车由 0 台增长到 1036 台。

表 4-8　按性质分类中国铁路机车变化　　单位：台

年份	国家铁路机车合计	地方铁路机车合计	合资铁路机车合计
1985	11770	386	—
1986	12266	374	—
1987	12729	369	—
1988	13163	361	—
1989	13366	355	—
1990	13592	389	—
1991	13906	389	—
1992	14083	384	—
1993	14397	384	—
1994	14694	391	—
1995	15146	408	—
1996	15403	389	—
1997	15335	412	—
1998	15176	386	—

续表

年份	国家铁路机车合计	地方铁路机车合计	合资铁路机车合计
1999	14480	358	161
2000	14472	327	454
2001	14955	348	453
2002	15159	357	510
2003	15456	359	505
2004	16066	352	604
2005	16547	348	578
2006	16904	314	581
2007	17311	335	660
2008	17336	346	755
2009	17825	271	826
2010	18349	279	803
2011	19590	295	836
2012	19625	297	875
2013	19686	284	865
2014	19990	293	813
2015	21000	289	934
2016	21032	286	968
2017	21000	282	1002
2018	21000	279	1036

资料来源：历年《中国交通年鉴》。

我国铁路货运机车按照车型性质分为蒸汽机车、内燃机车、电力机车三类。1949 ~ 2018 年，电力机车量由 2 台激增到 12900 台，增长了 6450 倍；内燃机车量由 12 台上升至 8000 台，增长了 667 倍；蒸汽机车量由 1985 年的 60392 台变化至 0 台。2018 年，我国主要以内燃机车与电力机车为主（见图 4–2）。

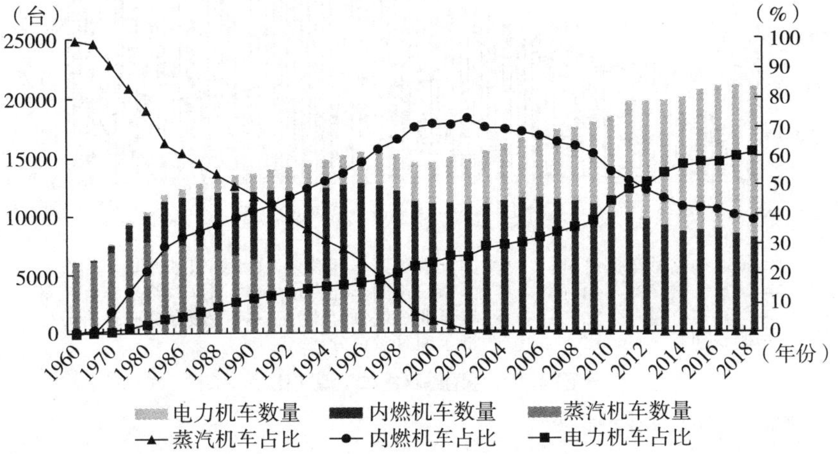

图 4–2　中国铁路机车车型变化

资料来源：历年《中国交通年鉴》。

随着铁路机车的变化，能源的使用效率得到了提高，铁路运输能力得到了增强，实现了重载运输。我国铁路货车按照车型分为棚车、敞车、平车、罐车、保温车（冷藏车）。1949~2018 年，我国货车总量由 46487 辆增长到 871749 辆，增长了 18.7 倍；我国主要以敞车、棚车为主，敞车占比由 55% 增长至 64.2%，棚车占比由 26% 下降至 15.3%（见图 4–3）。

1949~2018 年，中国铁路机车、客车、货车装备数量迅猛增长，为中国铁路跨越式发展提供了必要的装备基础。其中，铁路机车拥有量增长了 3.5 倍，客车拥有量增长了 10.3 倍，货车拥有量增长了 11.7 倍。2018 年，铁路内燃、电力机车比重达到 100%，铁路复线和电气化营业里程分别为 73000 公里和 87000 公里。铁路复线率从 1949 年的 4% 提高到 2018 年的 58%，电气化和自动闭塞铁路均从无到有。

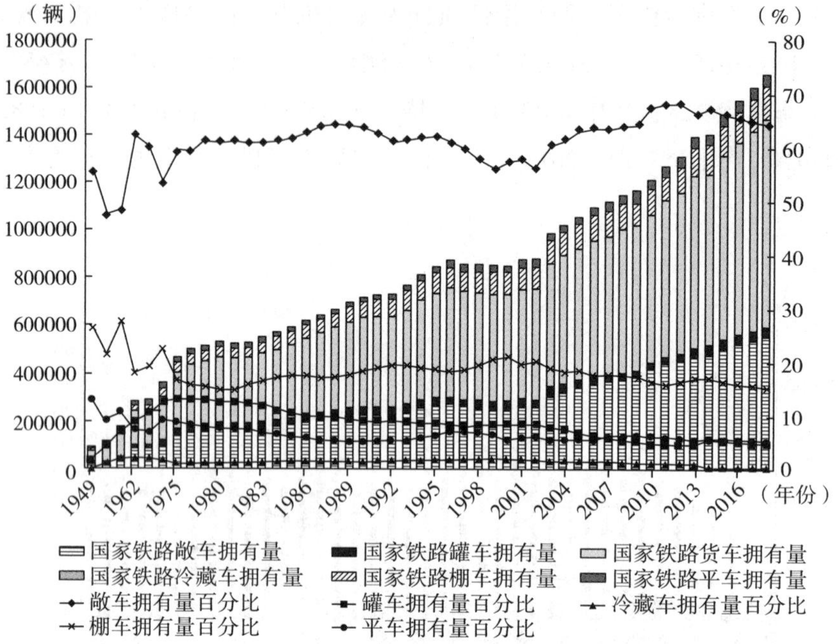

图 4-3　中国铁路货车车型变化

资料来源：历年《中国交通年鉴》。

我国高速铁路、机车车辆、高原铁路、既有线提速等技术迈入世界先进行列。随着铁路技术装备水平的提高，1997~2007 年，全国先后进行了 6 次铁路大提速，提速总范围超过 1.6 万公里，基本覆盖全国大中城市和大部分地区。其中，京广线、京沪线、京哈线、陇海线、兰新线、京九线和浙赣线等铁路是提速的主要干线，实现主要干线城市间铁路旅行 1000 公里范围内“夕发朝至”，2000 公里范围内“一日到达”。铁路提速导致“空间收敛”效应，省会城市之间以及大的中心城市之间列车运行时间比 1997 年第一次大提速前压缩了一半以上，大大缩短了时空距离，加强了城市之间的联系。同时，铁路提速也大幅度提高了铁路网的整体运输能力。2008 年 8 月，中国建设的第一条高速铁路——京津城际铁路投入运营，列车速度达到350公里/小时，是目前世界上运营速度最快的铁路。2009 年，合宁、胶济、合武、石太客运专线均已运营，速度达到 250 公里 / 小时。高速度、高标准、高能力的铁路干线网成为中国铁路发展的重大转变，实现铁路主干线“客货运输分离”是铁路现代化的主要方向之一。

三、铁路货物运输在交通运输体系中的位置变化

在我国交通运输体系当中，铁路、公路、水路、航空、管道都各自发挥着不同的作用。2018 年，全国货运量为 515.3 亿吨。其中，铁路货运量为 40.22 亿吨，公路货运量为 506.29 亿吨，水路货运量为 7.03 亿吨，航空货运量为 0.07 亿吨，管道货运量为 8.9 亿吨（见图 4–4 至图 4–7）。

从运输总量来看，1949~1978 年增加了 20 亿吨，特别是 1979 年增长速度尤为明显。1978 年，公路货物运输量为 8.5 亿吨，周转量为 274 亿吨公里。1980 年，公路货物运输量激增为 38.2 亿吨（比 1978 年增加了 4.5 倍），周转量为 764 亿吨公里（比 1978 年增加了 2.8 倍）。这是因为，公路运输从 1979 年起包括了社会车辆完成数量，从 1984 年起还包括了私营运输完成的数量，即 1979 年后公路货物运输中增加了民营企业的数据统计。在同样的时期，铁路、公路以 30%、50% 的比率，水运以 20% 的比率推移。1979 年作为分界线，公路货物运输急速增加了 2 倍，铁路和水路所占比率大幅下降。2018 年，铁路占货物运输的比率仅有 7.8%。也就是说，1979 年以后，由于公路货物运输的急剧增加，我国货物运输量整体增加；相应地，铁路货物运输的比率大幅下滑。从以上数据可以看出以下问题：

第一，水路运输应该包括远洋运输、近海运输、内河运输。在《中国统计年鉴》中，并没有把远洋运输、近海运输、内河运输三者的运输数据分别统计。随着我国改革开放的不断深化，贸易量逐渐增加，致使这一统计方法缺乏合理性。1960 年，水路货物运输量为 3.2 亿吨，周转量为 767.8 亿吨公里；1980 年，水路货物运输量为 4.3 亿吨，周转量为 5052.8 亿吨公里；2005 年，水路货物运输量为 21.9 亿吨，周转量为 49672 亿吨公里；2018 年，水路货物运输量中远洋运输占 12.1%，周转量占比高达 48.4%。也就是说，随着国外贸易的增加，远洋运输量越来越大，致使铁路货物运输比率有所减少，但这些数据不能真实地反映我国铁路货物运输所处的位置。如果把远洋运输从水路运输中分离出去，以国内货物运输周转量作为比较对象，则铁路货物运输周转量从 1950 年的 80% 开始下降，到 2018 年铁路货物运输占 14%，铁路运输仍然处于重要的位置。但是，铁路服务逐渐开始转型，这也和我国经济结构变化有直接的关系。

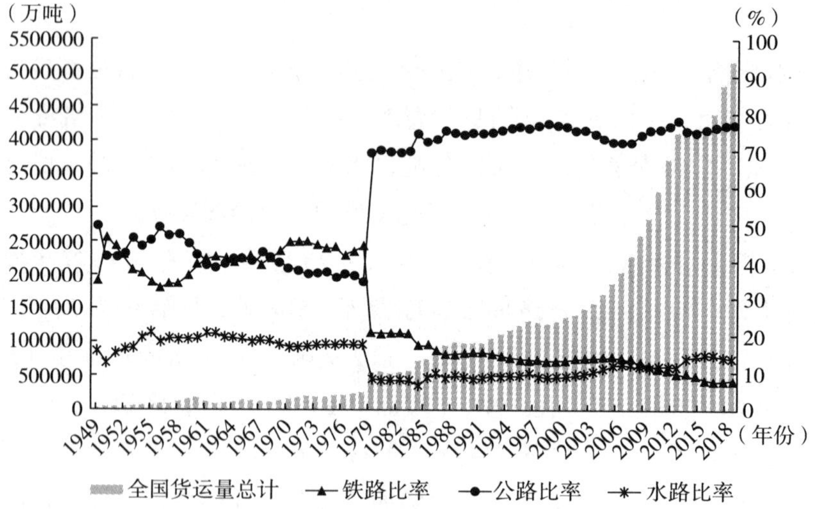

图 4-4 国内货物运输量变化（包括远洋运输）

资料来源：历年《中国统计年鉴》《中国交通年鉴》。

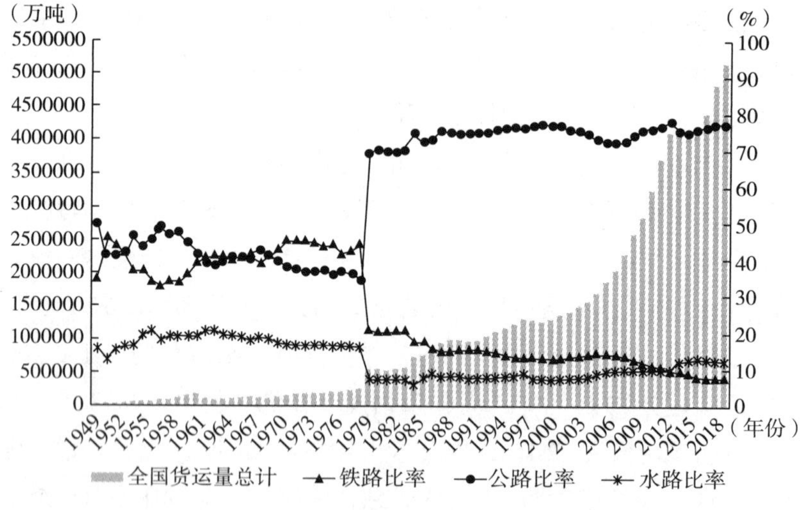

图 4-5 国内货物运输量变化（远洋运输除外）

资料来源：历年《中国统计年鉴》《中国交通年鉴》。

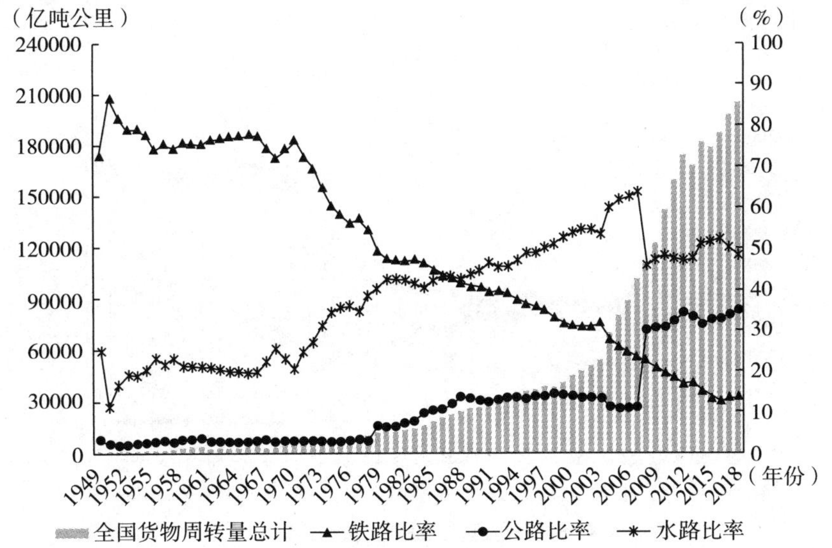

图 4-6 国内货物周转量变化（包括远洋运输）

资料来源：历年《中国统计年鉴》《中国交通年鉴》。

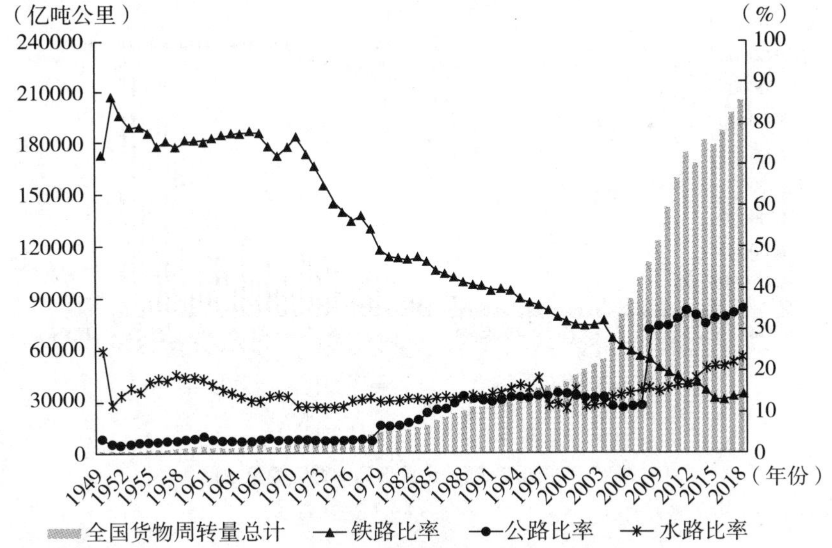

图 4-7 国内货物周转量变化（远洋运输除外）

资料来源：历年《中国统计年鉴》《中国交通年鉴》。

第二，运输主体经营发生变化。70 年来，我国交通运输部门（以下称国有企业）及其他部门（以下称民营企业）的经营组织模式发生了很大变化

（见图 4-8、图 4-9）。①

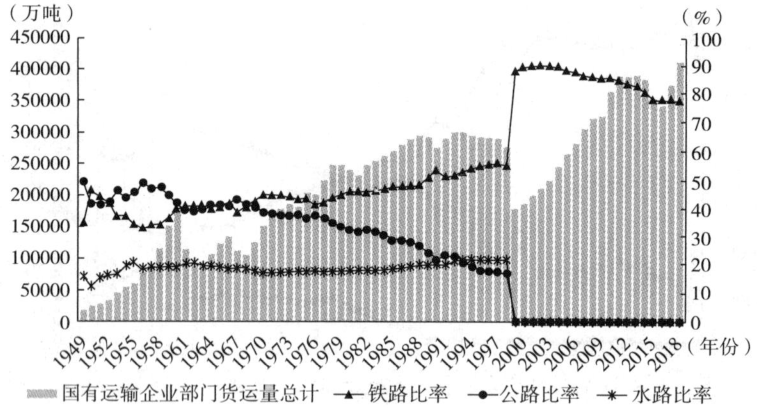

图 4-8 国有运输企业部门货物运输量比较

资料来源：历年《中国交通年鉴》。

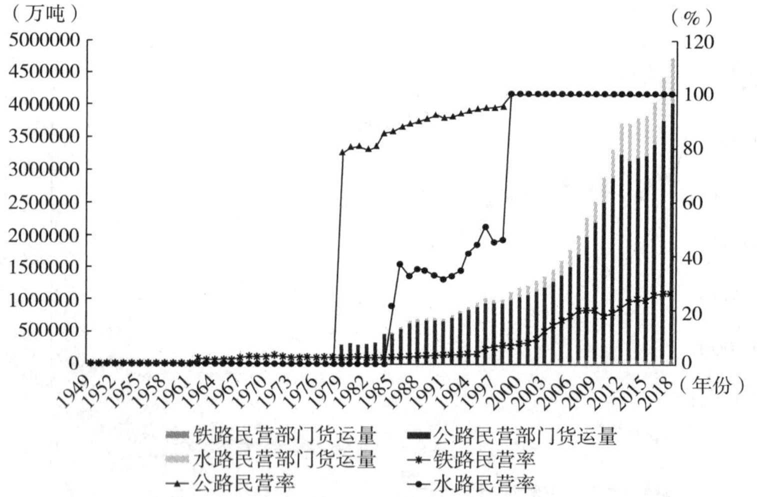

图 4-9 非国有运输企业部门货物运输量比较

资料来源：历年《中国交通年鉴》。

在《中国统计年鉴》中，关于铁路货物运输统计数据，1962 年以后在国有企业的数据之上增加了民营企业的数据。1979 年道路货物运输、1985 年水

① 《中国交通年鉴》中，从 2003 年起，我国交通运输部门及其他部门的数据不再进行统计。

路货物运输也各自增加了民营企业的统计数据。公路货物运输量 1978 年为 8.5 亿吨，1980 年达到了 38 亿吨，实现了急剧的增长。另外，1984 年起增加了乡镇企业公路运输的统计数据。其中，1983 年公路货物运输量为 40 亿吨，1984 年增长为 53 亿吨。[①] 从水路货物运输的数据来看，1984 年为 4.6 亿吨，1985 年增加为 6.3 亿吨，也就是说，1979 年以后，我国货物运输的统计数据存在严重的不连续性，由于大量增加了私有企业的统计数据，数据的分析存在偏差。除去民营企业的数据后，铁路货物运输从 1990 年的 30% 开始增加，增加到 40% 以后，增长速度处于平稳状态，1990 年以后增加到了 50%。水路货物运输处于 20% 的水平，而公路货物运输从 1960 年的 40% 开始减少，到 20 世纪 90 年代后期下降到 20%。也就是说，从国有企业货物运输的变化情况来看，铁路依然占有很高的比率。从图 4–8 可以看出，铁路货物运输比例下降，很大部分是由铁路运输以外的公路、水路产业中民营企业的增加造成的。从图 4–9 可以看出，铁路、公路、水路各种运输方式的民营企业变化情况，其中公路货物运输中民营企业占 90% 以上；水路运输自 1994 年以后民营企业占 40% 以上；从铁路运输来看，1998 年民营运输企业占整个铁路运输的比例不到 1%。

第三，货物附加值的变化。由于产业结构的变化，我国运输货物品种的比例也发生了变化（见图 4–10）。运输对象由水泥、石灰石等运价负担较大的大宗货物，转换成了精密仪器、半导体等运价负担比较小的货物。从图 4–10 可以看出，随着我国高技术产业、服务业的发展，原材料加工等初级产品比重不断下降，高附加值产品的市场需求不断扩大，引起货物附加价值也不断增大。[②]

目前，国内外学者普遍采用物流成本占 GDP 比重衡量国家物流发展水平，认为物流成本占 GDP 的比重越低，物流就越发达、效率越高，该国物流竞争力越强。但是，影响物流成本高与低的因素，不仅包括物流管理水平，还包括经济产业等。考虑到不同国家经济产业等因素的差异，直接用物流成本占 GDP 比重来衡量国家间物流发展水平不够准确，缺乏说服力，很难全面反映国家间物流水平的真正高低。

---

① 20 世纪 80 年代后期，公路运输的经营模式发生了很大变化，放宽了公路运输企业加入标准，使个人运输、私有运输企业等各种企业加入到公路运输的市场竞争当中。

② 货物附加价值 = 货物价格 / 货物重量 =GDP / 货运量（单位：美元 / 吨）。

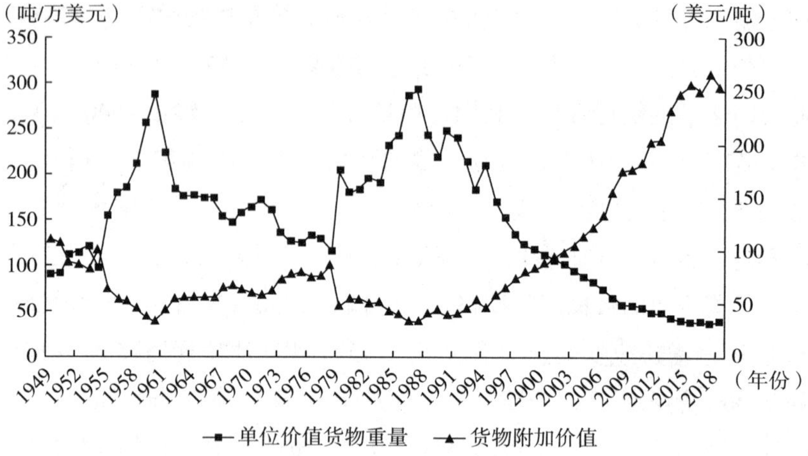

图 4-10　货物运输附加值变化

资料来源：历年《中国统计年鉴》《中国交通年鉴》。

货物附加值是运输单位重量货物所创造的价值，利用该指标可以从综合角度评定经济因素对物流的影响作用，能够全面地反映经济与物流的关系，并说明物流活动对经济发展的贡献程度，为衡量国家间物流竞争力提供了评判标准。

总之，从以上的变化来看，自 1978 年我国实行改革开放以来，市场经济对整个货物运输的结构产生了很大的影响。

四、18 个铁路局货运量比较

《中国交通年鉴》统计了 1985 年及 1991～2018 年哈尔滨铁路局、沈阳铁路局、北京铁路局、太原铁路局、呼和浩特铁路局、郑州铁路局、武汉铁路局、西安铁路局、济南铁路局、上海铁路局、南昌铁路局、广州铁路（集团）公司、南宁铁路局、成都铁路局、昆明铁路局、兰州铁路局、乌鲁木齐铁路局、青藏铁路公司的“铁路局运输主要经济技术指标”（见表 4-9）。

2018 年，18 个铁路局货运量排名为太原局、沈阳局、北京局、上海局、济南局、哈尔滨局、呼和浩特局、郑州局、西安局、成都局、南宁局、广州局、兰州局、南昌局、乌鲁木齐局、武汉局、昆明局、青藏铁路公司。其中，太原局货运量已达到 5.63 亿吨，与 2005 年的 2.90 亿吨相比增加了

表 4-9　各铁路局货运量对比

单位：万吨

年份	总计	哈尔滨局	沈阳局	北京局	呼和浩特局	郑州局	济南局	上海局	南昌局	广州局	南宁局（柳州局）	成都局	兰州局	乌鲁木齐局	昆明局	青藏铁路公司	太原局	武汉局	西安局
1985	127516	13153	20883	29435	2689	16099	2782	13104	—	6424	2672	6710	4264	1278	—	—	—	—	—
1991	147898	15411	22347	35575	3410	19028	10621	13426	—	7962	3264	10672	4421	1763	—	—	—	—	—
1992	152317	15314	22892	36706	3485	19419	10971	14155	—	8375	3423	11149	4537	1890	—	—	—	—	—
1993	156660	15318	23401	37829	3656	19953	11346	14693	—	8652	3646	11543	4605	2018	—	—	—	—	—
1994	157155	15416	22394	37929	3746	20351	11531	14884	—	8785	3720	11614	4624	2160	—	—	—	—	—
1995	159346	15752	21203	37198	4268	20760	11839	15362	—	9075	3880	11827	4704	2479	—	—	—	—	—
1996	161678	15870	21337	38398	4564	21062	12254	12729	2726	9232	3767	12344	4828	2569	—	—	—	—	—
1997	161880	16557	21487	38416	4744	21074	12126	12165	2636	8971	3841	9248	4905	2805	2904	—	—	—	—
1998	153208	14236	19705	35588	4420	20397	11780	11929	2767	8497	3852	9170	4852	2914	3100	—	—	—	—
1999	156881	14943	19972	36836	4528	20607	12048	12421	2845	8157	3743	9259	5035	3201	3286	—	—	—	—
2000	101847	14956	20154	40021	5000	21345	12874	13250	3142	8317	4239	9682	5442	3555	3521	—	—	—	—
2001	178592	15148	20645	44152	5478	23713	14248	14360	3644	8735	4616	10357	5793	3843	3859	—	—	—	—
2002	186894	15324	21125	45905	5931	25121	15424	15458	3833	8263	4898	11213	5967	4121	4312	—	—	—	—
2003	199076	16388	21660	49144	6496	26993	15612	16724	4315	8548	5706	12048	6207	4602	4634	—	—	—	—
2004	216961	17698	23697	53153	7501	29229	16291	15366	7733	9440	6830	13050	6131	5083	5082	678	—	—	—
2005	230920	19522	24606	30778	9020	19466	16487	14771	8386	8538	7418	13309	5911	5397	5300	1453	28951	6465	5140
2006	244359	20117	26003	21893	10249	16334	16952	15505	8636	8681	8124	14007	6516	6001	5542	1571	42178	8990	7096
2007	261239	21066	28360	22164	11532	16936	17607	15945	9212	8759	9002	14694	7403	5922	6021	1935	47120	9728	7833
2008	273932	22005	32366	22523	14390	17348	16015	19169	9188	9254	9255	14099	8026	6120	6104	2434	46797	10202	8638
2009	276276	21822	33882	22711	15763	16924	16435	21715	8790	9313	9825	14122	8861	6413	5945	2884	42073	9839	8779
2010	308209	23350	36815	27513	20261	17606	18056	23204	9270	10074	10542	15382	9453	6857	6267	3328	50001	10146	10086
2011	328136	24547	40309	30076	21183	17847	19712	24736	9706	10719	11018	15165	10218	6904	6531	3800	54024	10059	11761
2012	322346	24274	38142	30143	20131	16935	19814	24038	9311	10115	22147	14856	10221	6933	5822	4020	55450	9177	11786
2013	321614	21973	37700	30377	21463	17960	9010	23082	8848	10123	1115	14538	9784	7399	6011	4051	57778	6579	12259
2014	306781	19205	34806	29778	20041	16516	7686	20560	8308	9284	10754	13743	8665	7529	5793	3904	60560	7686	12857
2015	271244	15622	28453	26161	14973	14780	6579	18954	6802	8669	9341	11715	7547	6234	5778	3011	58724	9010	12108
2016	265086	16609	27186	25449	15971	14963	16749	18389	7245	8543	9371	11250	7476	6901	5780	3058	51209	6744	12195
2017	277835	16987	27684	25531	16591	14914	17052	18707	7602	8734	9424	11540	7661	7288	5953	4159	54258	6635	12848
2018	284392	17249	28181	25283	17212	14870	17355	19024	7960	8815	9477	11740	7846	7512	6126	4391	56310	6526	13500

注：2017 年、2018 年为预测数据。

资料来源：历年《中国交通年鉴》。

94.1%。2005~2018 年，货运量变化率最高的为西安局，从 2005 年的 0.51 亿吨增长到 2018 年的 1.35 亿吨，增长了 164%；货运量呈现负增长的铁路局为北京局、哈尔滨局、郑州局、成都局、南昌局等。其中，北京局从 2005 年的 3.07 亿吨下降为 2018 年的 2.52 亿吨，变化率为 –17%（见图 4–11）。

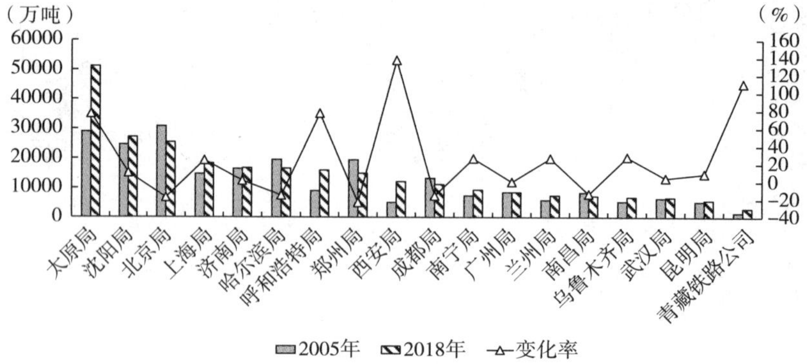

图 4–11　各铁路局货运量变化

注：2018 年数据为预测数据。

资料来源：历年《中国交通年鉴》。

五、铁路主要干线货运量分析

我国矿产等自然资源分布不均，导致铁路主要线路货运量存在差别，而不同铁路主要线路在不同的区域都扮演着非常重要的角色。从表 4–10 可以看出，京包线、滨州线、北同蒲线、成昆线、兰新线、青藏线货运量整体保持增长态势[①]。其中，2011 年都有大幅度的增长，京包线成为货运量最大的铁路。

表 4–10　我国铁路主要线路货运量变化　　单位：万吨

年份	2007	2008	2009	2010	2011	2012	2013	2014
京哈线货运量	1526	1496	1374	1451	1408	1253	1178	1007
京广线货运量	7012	6564	6362	6954	7413	7085	6922	5966
京沪线货运量	5700	5518	5317	5439	5733	5740	5471	4993

① 《中国交通年鉴》仅统计了 2007~2014 年铁路主要干线货运量，从 2015 年起，我国铁路主要干线货运量数据不再进行统计。

续表

年份	2007	2008	2009	2010	2011	2012	2013	2014
京九线货运量	3778	3932	3687	3697	4170	4163	4131	3852
京包线货运量	4514	5380	5975	8288	13231	14216	14766	14599
滨州线货运量	3642	3964	4580	5665	7127	7518	7259	7091
滨绥线货运量	963	1235	1419	1463	1623	1429	1253	902
大秦线货运量	1948	2241	1139	2074	2730	273 1	2713	2782
石太线货运量	5765	5901	5971	6252	5985	5871	5772	5865
石德线货运量	552	500	379	413	575	663	510	478
北同蒲线货运量	15583	14895	12350	14471	16271	17612	17824	18456
南同蒲线货运量	6285	5824	4960	5527	5553	5537	5679	5359
包兰线货运量	6860	7687	8777	10697	10039	8808	8445	6786
新石线货运量	4091	4457	5487	5507	8313	6382	6537	5617
太焦线货运量	5878	6189	6297	6765	6910	6946	6996	7062
焦柳线货运量	4000	4123	4114	4067	3894	3330	3156	2775
胶济线货运量	1656	1638	1276	1238	1194	1015	1219	1062
陇海线货运量	7380	7785	8359	8735	9207	6278	6530	6394
沪昆线货运量	8960	8467	8290	8800	8185	7274	6738	5998
宝成线货运量	1005	841	732	719	842	804	756	719
南昆线货运量	1573	1652	1590	2052	2033	1614	1617	1432
成昆线货运量	2800	2777	2725	2875	3236	3233	3482	3282
兰新线货运量	2715	2718	2783	3239	5282	5210	5260	4821
青藏线货运量	1286	1831	2130	2620	2229	2538	2481	2715

资料来源：历年《中国交通年鉴》。

第三节　铁路大宗商品运输及社会服务运输

一、铁路大宗商品运输

铁路由于成本低、运输量大、稳定性强等优点，成为我国大宗商品的主要运输方式。同时，纵横交错的铁路网也为铁路大宗商品运输提供了便利的条件。我国铁路货物运输主要包括煤炭、钢铁、各种矿石、石油、粮食、建筑材料、化肥、水泥等大宗货物。其中，煤炭运输在铁路货运中的比重较高（图 4–12、见表 4–11）。

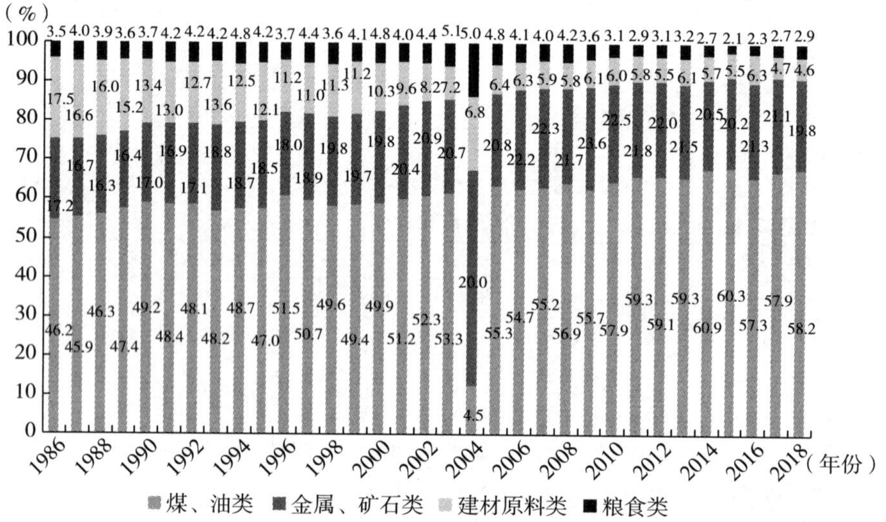

图 4–12　各品类货物占铁路运输量比率变化

注：煤、油类包含煤、焦煤、石油；金属、矿石类包含钢铁及有色金属、金属矿石、非金属矿石；建材原料类包含矿建材料、水泥、木材。

资料来源：历年《中国交通年鉴》。

我国铁路大宗商品运输呈现以下两大特征：

第一，能源类、冶炼类物资运量占比较大。2017 年在铁路货运总量的构成中，能源类物资（主要是煤、焦炭等）的货运量比重保持在 50% 以上，金属、矿石等冶炼类物资的货运量比重保持在 20%。能源类物资和金属、矿石等冶炼类物资的货运量占总货运量的 70% 以上。随着我国铁路网络的不断优化、完善，铁路运输能力不断提升，通过铁路运输的大宗货物仍然保持平稳增长的趋势。

第二，粮食类物资占比较小。我国粮食类物资主要依靠公路运输，粮食类运量占铁路总运量的 2%。而相比公路，铁路将持续发挥其大批量、长距离运输的成本、速度优势，粮食类物资占铁路总运量比重将不断增大。

表 4-11　按货类分国家铁路货物运输量

货物	1985 年				2017 年			
	货运量		货物周转量		货运量		货物周转量	
	（万吨）	（%）	（百万吨公里）	（%）	（万吨）	（%）	（百万吨公里）	（%）
煤	51856	40.67	2596	32.00	149130	51.11	9707	40.32
焦炭	1575	1.24	96	1.18	8164	2.80	865	3.59
石油	5811	4.56	341	4.20	11747	4.03	915	3.80
钢铁及有色金属	7453	5.84	648	7.99	17131	5.87	1601	6.65
金属矿石	6724	5.27	258	3.18	38749	13.28	2169	9.01
非金属矿石	7081	5.55	339	4.18	5706	1.96	289	1.20
矿建材料	15844	12.43	457	5.63	8712	2.99	290	1.20
水泥	3007	2.36	134	1.65	2306	0.79	80	0.33
木材	4714	3.70	629	7.76	2557	0.88	199	0.83
化肥和农药	2313	1.81	165	2.04	—	—	—	—
粮食	4503	3.53	426	5.25	7795	2.67	1539	6.39
棉花	150	0.12	19	0.23	—	—	—	—
盐	952	0.75	74	0.91	—	—	—	—
其他	15534	12.18	1930	23.79	—	—	—	—
总计	127516		8112		291759		24072	

资料来源：历年《中国交通年鉴》。

（一）煤炭运输

我国煤炭资源北多南少、西富东贫，煤炭的生产与供应基本在中西部地区，尤其是蒙西、山西、陕西“三西”地区更是我国煤炭的主要产区，产量占全国的 50% 以上。煤炭消费基地则集中在东部地区，“十五”以来，钢铁、石化等重化工业加快向沿海、沿江地区布局，华东和中南地区成为我国能源消费增长最快的地区之一。华东、中南、西南等地区存在的煤炭产销缺口都需要通过从晋、陕、蒙、宁等煤炭主产地调运或以进口的方式解决，导致我国煤炭运输基本上形成了北煤南运、西煤东运的格局，每年的煤炭调运量十分庞大。

从技术经济角度看，铁路是最适合煤炭中长距离运输的方式。1985 年以来，我国国家铁路煤炭平均运距大致为 600 公里，呈现较稳定的态势。国家铁路煤炭货物周转量在 1985～2011 年总体上升，2012 年后出现下降的趋势。铁路煤炭周转量从 1985 年的 269 亿吨公里增长至 2018 年的 840 亿吨公里，增长了近 3 倍（见图 4–13）。

70 年来，伴随铁路运煤干线加快扩能改造，煤炭调运能力显著增强。2018 年，全国铁路完成货物发送量 40.22 亿吨，同比增长 9.1%，增运 3.34 亿吨。其中，国家铁路完成货物发送量 31.9 亿吨，同比增长 9.3%，增运 2.72 亿吨。增加的货运量与公路完成同样货运量相比，节省 299 万吨标准煤，减少二氧化碳排放 736 万吨。

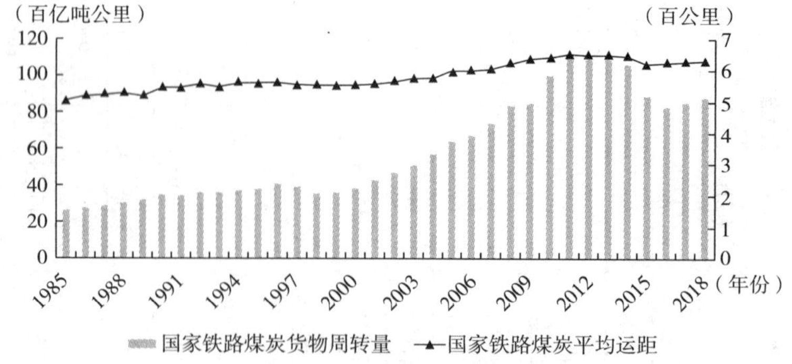

图 4–13　我国煤炭铁路周转量变化

资料来源：历年《中国交通年鉴》。

近年来，受宏观经济增速放缓的影响，煤炭市场进入供大于求的宽松格局，煤炭产量增速大幅下滑，铁路煤炭发送量增速也随之回落。不过，煤炭铁路发送量占国内煤炭总产量的比重仍稳定在 60%。从长期看，铁路作为煤炭运输最主要方式的趋势总体上不会改变。铁路煤炭运输量从 1985 年的 5.2 亿吨增加到 2018 年的 15.2 亿吨，增长了 2.9 倍。2012 年之后，煤炭铁路运输量略有下降，但自 1985 年以来，煤炭在铁路货运中的比重始终维持在 40% 以上（见图 4–14）。

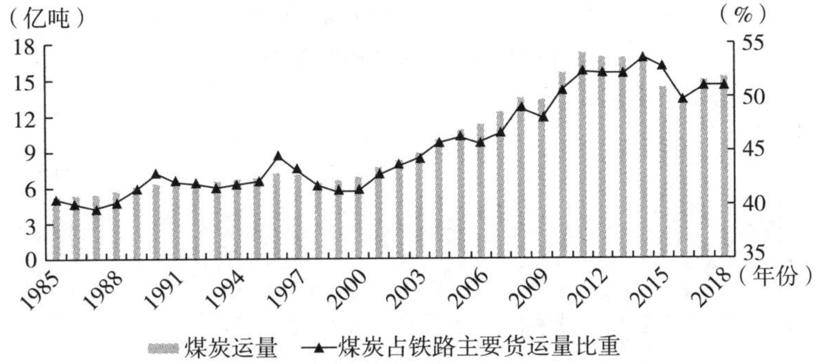

图 4–14　我国煤炭铁路运输量变化

资料来源：历年《中国交通年鉴》。

（二）木材运输

1985~2004 年，我国国家木材平均运距呈现上升趋势，而我国木材铁路周转量总体呈现下降趋势，2008 年的下降程度最大，下降 1.7%。2018 年，我国木材平均运距为 681 公里，与 1985 年的 1335 公里相比下降了 51%。铁路木材周转量从 1985 年的 629 亿吨公里下降至 2018 年的 191 亿吨公里（见图 4–15）。

我国木材货运主要有水路运输、公路运输和铁路运输三种运输方式。1999~2018 年，铁路木材货运量整体呈现下降趋势；同时，铁路木材货运量占比也呈现下降趋势。近年来，铁路木材货运量占比基本保持在 0.9%（见图 4–16）。

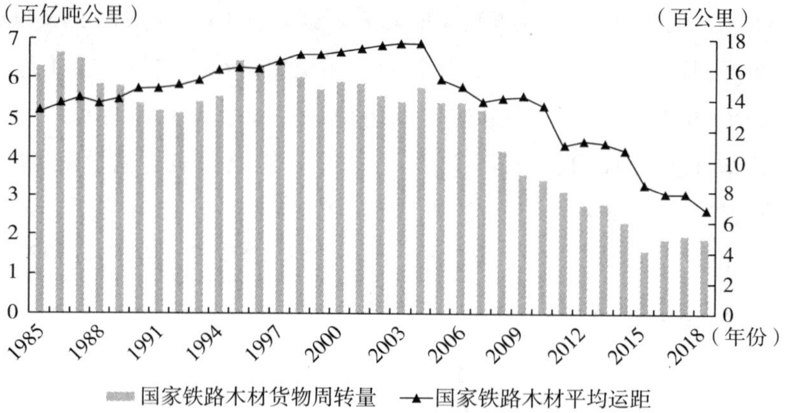

图 4-15 我国木材铁路周转量变化

资料来源：历年《中国交通年鉴》。

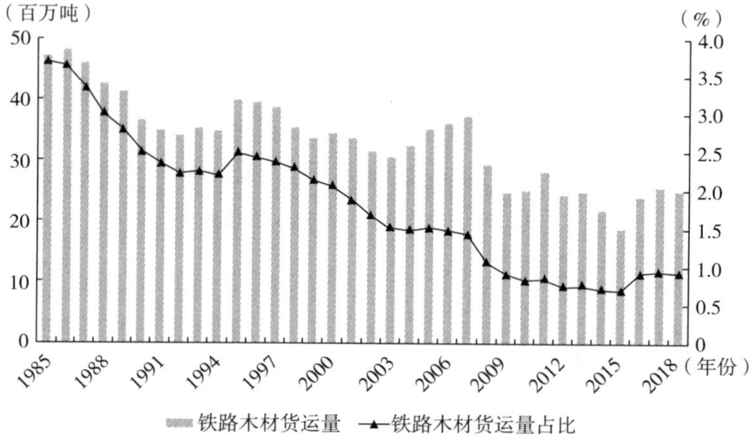

图 4-16 我国铁路木材货运量变化

资料来源：历年《中国交通年鉴》。

（三）粮食运输

我国粮食主产区包括辽宁省、河北省、山东省、吉林省、内蒙古自治区、江西省、湖南省、四川省、河南省、湖北省、江苏省、安徽省、黑龙江省 13 个省份。2018 年，我国 13 个粮食主产区占全国总产量的比重为 78%，95% 的全国增产粮来自这 13 个粮食主产区。商品粮基地（粮食生产基地）以生产粮食为主要业务，产量大且稳定，可以有大量余粮作为存储粮。这些地区由于有良好的生产条件及供应基础，人均粮食占有量和粮食增产潜力大。目前，商品粮基地可依据供应范围及粮食品质分为全国性和地区性粮食基地。全国性商品粮基地包括黑龙江省和吉林省中部的松嫩平原、黑龙江省的三江平原、湖南省的洞庭湖平原、湖北省的江汉平原、四川省的成都平原、广东省的珠江三角洲、苏浙的太湖平原、苏皖江淮地区、江西的鄱阳湖平原等。地区性商品粮基地包括辽宁省的盘锦垦区，内蒙古自治区的大青山南北，河北省的石家庄地区，山西省的汾河谷地，山东省的胶东地区，河南省的豫北平原，江苏省的里下河地区，浙江省的金衢盆地，安徽省的皖中平原，福建省的建阳和龙溪地区，湖北省的襄北地区，湖南省的湘南地区，广西壮族自治区的南宁、钦州地区，云南省的中部坝子，四川省的长江谷地，青海省的湟水谷地和柴达木盆地，甘肃省的河西走廊，宁夏回族自治区的河套平原，新疆维吾尔自治区的伊犁河谷地和天山北麓平原，西藏自治区的雅鲁藏布江谷地等。

1985~2018 年，我国国家粮食平均运距呈现上升趋势。国家铁路货物粮食周转量在 1985~2009 年呈总体上升趋势，在近年回落后出现了回升的迹象。2018 年，国家铁路粮食平均运距为 1990 公里，国家铁路货物粮食周转量为 1580 亿吨公里（见图 4–17）。

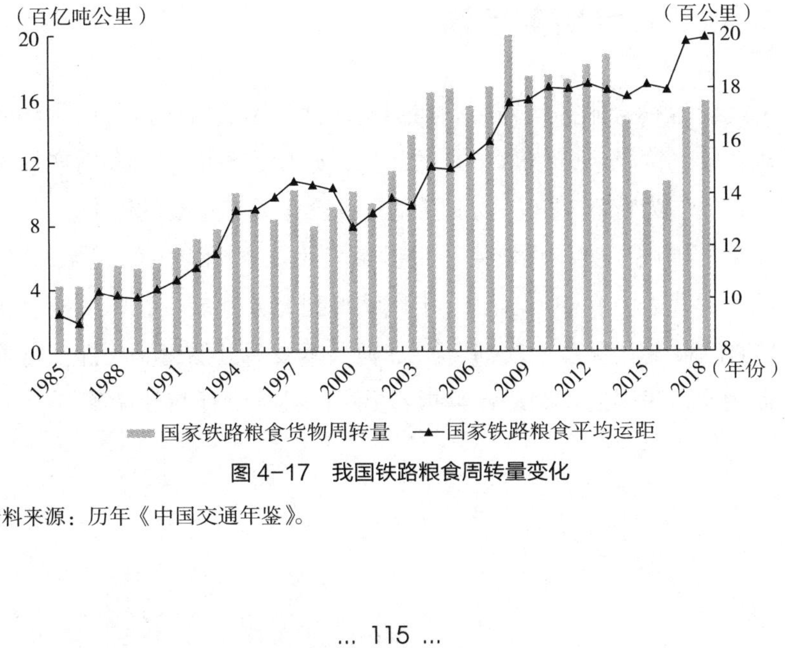

图 4–17　我国铁路粮食周转量变化

资料来源：历年《中国交通年鉴》。

我国的粮食运输分为两种模式：一是集散输送到市场，二是商业运输。其中，集散输送到市场是由农民直接将粮食运输至最近的粮食收购商，包括储存粮仓、饲料厂、经销商、粮食加工商以及终端的粮仓。商业运输是粮食直接供应至国内消费者或出口至国外的运输模式，这类模式主要由公、铁、海共同完成。2018 年，我国铁路粮食货运量为 7990 万吨，铁路运输占粮食运输总量的 2.95%，总体呈现下降趋势（见图 4–18）。

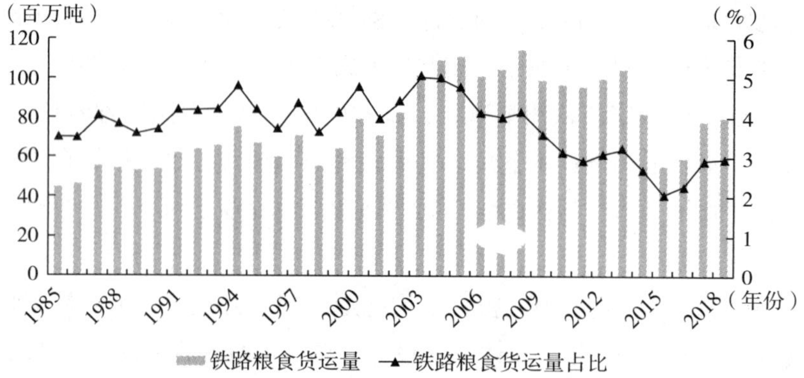

图 4–18　我国铁路粮食货运量变化

资料来源：历年《中国交通年鉴》。

二、铁路社会服务运输

应急物流等社会服务运输可以在突发事件发生后有序进行已预防的突发事件处理工作，降低突发事件带来的后果，减少人员的伤亡和财产损失。因此，应急物流作为特殊时间的物流活动对社会生活有重要的影响。

近年来，国内外突发性灾害事件频繁发生。国际应急物流管理以日本、美国、欧洲为代表，在 20 世纪 60 年代就得到充分发展。我国的应急物流管理从 20 世纪 80 年代起步，2003 年“非典”暴发后开始得到关注。与国外的铁路运输相比，我国的铁路运输承担着更多的社会责任与使命感。

（一）2003 年“非典”事件

2002 年，严重急性呼吸综合征（SARS）在中国广东顺德首次被发现，后迅速扩散至全球。作为客流量极大的铁路部门，为了应对突发的疫情，2003 年 4 月 15 日，铁道部颁布《铁路车站、旅客列车预防和控制非典型肺炎工作的暂行规定》(以下简称《规定》)。《规定》中明确了“非典”应急预案及相关技术措施，对铁路系统中控制“非典”病毒的传播进行了全面的部署。全国各级铁路部门都成立了“非典”时期的临时协调小组，以落实应急措施，减少铁路传播途径，加强铁路监管措施，在第一时间控制源头。每节列车都配备口罩、消毒设备等预防用品。铁路医疗机构也调配呼吸机和消毒柜等医疗设备，做到突发情况的紧急处理。2003 年 4 月 22 日，铁道部颁布《关于进一步加强站车“非典”疫情控制工作的通知》，要求旅客列车均要配备干部及卫生人员。同时，“非典”相关药品等物资运输要速度快、严密组织、简化流程，做到快速、精准运输，在 24 小时内加急送到。“非典”事件中，铁路部门在源头杜绝、防止疫情扩散、药品运输等方面做出了巨大贡献，保障了人民的安全。

（二）2008 年南方暴雪

2008 年 1 月，大范围的雨雪天气袭击了我国南方大部分地区。2008 年 1 月 25 日，铁道部启动应急预案，调集华东、中原、西北、西南等各地铁路局的内燃机车与铁路应急人员驰援京广线等损坏路网的区段，替代电力机车进行“摆渡”运输，以尽快解放滞留在半途中的车辆，使其驶向目的地。同时，从哈尔滨、沈阳、北京、太原、呼和浩特、郑州、武汉、济南、南昌、南宁、兰州 11 个铁路局紧急调集 1800 辆客车和 6000 名乘务人员，向广州地区集结，为疏运支流旅客提供运力保障。2008 年 1 月 31 日，京广线、沪昆线运输能力基本恢复。2008 年春节前夕，滞留在广州车站的 350 万名旅客输运完毕。2008 年 2 月 13 日，全国铁路春运发送旅客 10756.9 万人，同比增加 1105.3 万人，增加 11.5%。货运方面，经过铁路 10 天抢运，全国主要电厂存煤逐步回升。全国 276 家直供电厂存煤 2290 万吨，平均库存可耗天数为 12 天。2008 年春节期间，节日物资和救灾物资运输得到了可靠保证。

（三）2008 年汶川大地震

2008 年 5 月 12 日，四川省汶川县发生 8 级地震。地震发生后，中国铁路物资总公司迅速做出反应，以确保抗震救灾物资供应。在柴油供应方面，2008 年 5 月 13~16 日，铁道部协调了 3 份调度订单，向成都市提供了 7217 吨柴油，共计 139 车，有效满足了铁路抗震救灾的紧急需求，确保了后续资源的稳定供应。在轨枕供应方面，由于铁路交通等基础设施在地震中受损，迫切需要用防腐枕来修复受损铁路，并尽快修复物流运输的大通道。吴坊工厂和鹰防工厂收到了成都局和昆明局的紧急订单，每个工厂共运送 47000 个防腐枕木。2008 年 5 月 21 日，铁路向地震灾区运送了 29.2 万名救援人员，包括 24.2 万名专业人员和志愿者，5 万名救援人员、公安警察、医务人员以及救援人员；救援物资达到 304 万吨，其中药品 40.5 万件、帐篷 18 万件、棉衣 198 万件、水箱 451 万箱、方便面和食品 167 万箱、粮食 11.7 万吨、简易房屋 310 套。为了满足灾区的生产和生活需要，铁路运输煤炭 56 万吨、石油 26.7 万吨。

铁路在地震区开通伤员的出境专列 6 列，安全运送 1538 名受伤人员到重庆、西安等医院接受治疗。开通江油至昆明、德阳至贵阳、德阳至重庆北 3 趟专列，铁路部门选择部队精英作为火车乘务员，配备必要的卫生消毒用品，培训相关人员的急救知识，对所有内外车辆进行彻底消毒，确保为伤病员提供优质服务。

第四节　交通运输 70 年发展对经济支撑作用

交通网络是国民经济发展的重要支撑条件，中华人民共和国成立 70 年来，随着交通基础设施的不断完善，交通网络对经济和社会发展的支撑作用逐渐加强。

一、连接主要城市

目前，所有省会均实现了铁路、高速公路和航空三种交通方式的共同服务。地级以上城市铁路通达率达到 80% 以上，人口 50 万以上的城市铁路通达率达到 90% 以上。随着高速公路网的快速扩张，重要城市、工业中心、交通枢纽和对外口岸相继融入高速公路网络，80% 以上的城市可以享受高速公路的服务。此外，绝大多数主要城市可以享受到航空服务。

二、服务广大消费者

铁路、公路和航空三种交通方式的服务人口比重均高于土地面积占国土面积比重，铁路占比 85% 以上，高速公路和航空比重也明显提高，分别达 80% 和 40% 以上。由于我国人口分布存在空间差异，人口集中在黑河—腾冲线以东地区，所以交通设施网络也偏集于东部地区，且快速交通网络以服务于特大城市和大城市为主，因此，交通基础设施服务的城市人口比重又高于总人口比重，50% 以上的城市人口可以享受到航空运输服务。

三、支撑国民经济发展

随着铁路、公路和航空运输的发展，其对区域经济发展的支撑作用不断增强。对比交通网络对土地和人口的服务能力，其对经济发展的支撑度更高。中国经济发展存在差距，经济总量偏集于沿海地区，与交通设施网络呈现空间耦合。同时，交通基础设施的建设本身对引导产业布局、实现区域经济发展也有很大的作用。目前，在 60 分钟地面交通范围内，铁路网络集聚了全国 95% 以上的经济总量，高速公路、航空运输分别集聚了 90% 和 60% 以上的经济总量。

四、交通运输支撑能力显著增强

（一）客货运输能力大幅度增长

中华人民共和国成立之初，经济、社会发展总体水平较低，客货运输量较小。1949年，中国客运量、旅客周转量分别为1.4亿人、155亿人公里，货运量和货物周转量分别是1.6亿吨和255.4亿吨公里。随着中国改革深化、扩大开放步伐，经济持续、稳定、较快增长，交通运输业有了长足进步，完成了大量的客货运输任务。2018年，全社会完成客运量和旅客周转量分别为179亿人次、34213亿人公里，分别增长128倍、221倍，年均增长率分别达到15.3%和17.2%，旅客运输量不断提升。2018年，全社会完成货运量和货物周转量515.3亿吨和199589亿吨公里，分别增长316倍和781倍，年均增长率分别达到18.4%和21.6%，全社会货物运输量明显提高。

（二）运输结构不断优化

随着各种运输方式的发展和技术的进步，以及不同运输方式服务于经济社会领域的差异，过去70年中国交通运输结构发生了重大变化，逐步形成以公路为主的综合交通运输方式。运输结构变化的基本趋势是铁路的比重逐步下降，公路的比重逐步上升；水运在旅客运输中的比重不断下降，而在货运中的比重逐步上升，主要是由于沿海水运和远洋水运的快速发展；改革开放后，民航在客货运输中的比重快速上升，虽然其在综合交通运输中所占比重很低，但对促进区域经济发展和联系影响很大；管道在货运中也发挥了一定作用。

1949年，我国的铁路客运量为10297万人，占总客运量的75.2%，处于主导地位；公路客运量为1809万人，占总客运量的13.2%；水运客运量为1562万人，占总客运量的11.4%；当时的航空运输几乎可以忽略不计。1965年，我国公路客运量首次超过铁路客运量，占到总量的45.4%，而铁路客运量相应下降为42.8%。随后，我国铁路客运量一直保持下降趋势，而公路客运量则呈稳定上升趋势。1996 年，我国公路客运量比重超过 90%，而铁路客运量比重已下降到 8% 以下，之后变化趋势变缓。同期，我国水运也基本保持下降的趋势，民航客运虽然所占比重变化不大，但增长速度快。2018 年，我国航空客运量已达到 6.1 亿，并继续保持强劲的增长趋势。因此，我国不同的运输方式的客运增长率不同，公路增长最快，铁路和水运下降趋势明显，民航客运的增长在最近几年逐渐显现。一方面是由于高速公路的发展分担了一部分乘客；另一方面是由于时间成本在区域经济发展中的重要性增强，而公路运输由于具有速度快、“门对门”的服务特点，在地方经济发展中的作用也逐渐得到体现。

1949 年，我国铁路货运量为 5589 万吨，占当年全国总货运量的 34.7%；公路货运量为 7963 万吨，占全国总货运量的 49.5%；水运货运量为 2543 万吨，占全国总货运量的 15.8%；航空货运量基本可以忽略不计，呈现出铁路和公路货运量并驾齐驱的局面。1949~1978 年，铁路货运量和公路货运量呈波浪式波动趋势。1978 年后，公路货运量迅速递增，而铁路货运量急剧递减。1980 年，其比率分别为 69.9% 和 20.4%。之后，公路货运量基本保持在 70% 以上的比重，在我国货物运输中占据主导地位。水运货运量的比重在 20 世纪 80 年代初期有所下降，之后保持在 10%。近年来，我国航空运输发展很快。2018 年，航空货运达到 738 万吨，超过 1952 年我国的货运总量，但其所占比例仍然很低，仅为当年货运总量的 0.014%。

五、未来发展展望

基础设施既是构成区域空间结构的重要部分，也是区域发展的主要支撑条件，对引导和优化区域发展的空间秩序具有重要意义。经过 70 年的建设和发展，我国交通基础设施网络已日益完善，并形成了覆盖广泛的空间网络，铁路和公路等交通方式已经进入了普适化时期和优化升级发展阶段。交通网络的扩展与社会空间经济结构的演化互为动力，已经形成了京广、京沪、京哈等交通经济带，成为中国经济发展的主轴。随着全国经济的快速发展，交通基础设施建设出现了新的局面，国家规划了国家“五纵五横”综合运输大通道、铁路“八纵八横”主通道及“四纵四横”客运专线、7918 高速公路网，并将继续建设综合运输大通道和交通枢纽。随着交通网络规模的不断扩大，交通网络骨架网已基本建设完成。同时，社会需求的时效性加强，从传统的交通设施建设向各种运输网络资源的有效组合转化。

第五章　中国铁路运输与经济增长实证研究

第一节　铁路运输对国民经济促进作用

一、铁路投资与国民经济关系

铁路投资对国民经济的拉动主要分为两个方面。一方面，其基本投资建设活动本身对国民经济起到直接拉动作用；另一方面，伴随铁路线路建设运营会产生波及效应、开发效应，这是由于区域交通便利而形成的区位优势。此时，铁路沿线土地实现增值，促进周边产业发展，优化产业结构。从铁路投资变动情况与国内生产总值变动角度，选取 1985～2018 年的数据进行分析（见图 5-1）。

铁路投资同比增长率，说明当期发展水平与上年同期相比的增长率。从铁路运输投资的变化趋势可以看出，铁路运输投资力度与时代背景息息相关。

随着市场经济的逐步建立，1997 年 4 月 1 日，铁路开始第一次提速，铁路投资增多。在“七五”和“八五”期间，正处于计划经济向市场经济转型的过程，这期间，铁路投资进入第三个高潮期。但是，由于铁路投资的增速无法满足经济增长的需求，不断显现出“瓶颈效应”。这一时期，公路、民航等其他运输方式得到进一步发展，新增运量被分流。同时，铁路运输能力仍然受计划调节，使得铁路货运发展受限。

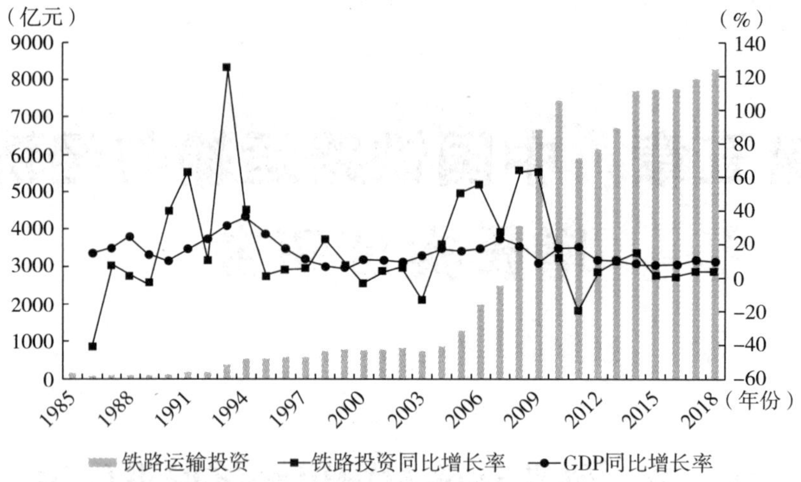

图 5-1 铁路运输投资与 GDP 增长之间的关系

注：由于数据获取原因，2018 年铁路运输投资额根据指数预测法得出。

资料来源：历年《中国交通年鉴》。

2003～2010 年，铁路投资呈现迅猛增长的态势。2010 年，铁路投资融资体制开始改革，由单一化投资模式向多元化投资体制发展。该期间，铁路实现高效增长，达到该阶段的最高值，铁路运输投资达 7441.5 亿元。2004 年发布了第一版《中长期铁路网规划》（于 2008 年进行修订），这一文件的实施，对促进我国铁路发展发挥了重要的带领作用，尤其体现在应对国际金融危机方面，铁路投资成为促发展拉内需的有效方式。

2010 年之后，投资增速放缓。虽然 2011 年出现负增长，但一直呈现较为平稳的增长态势。这主要与该期间处于铁路提高质量发展的阶段，以及前期铁路技术设施建设较为完善所打下的基础有关。

自 2016 年以来，铁路投资与 GDP 增长均呈现平缓变化。2018 年，铁路运输投资增长率仅 3.4%，而 GDP 同比增长率为 9.69%。铁路货物运输规模与国家经济建设程度呈正相关关系，铁路货物运输量反映一个国家的市场活跃度。同样，经济的发展又促进铁路的建设，对铁路运输的速度、安全性、准时性等服务质量提出更高要求。铁路运输与经济发展呈现相辅相成的关系，其对国民经济的各个部门均有较大的影响。其中，第二产业受铁路货运量、货运周转量的影响最大，其次为第三产业和第一产业。

二、铁路运输总收入与铁路货运收入关系

铁路运输是我国交通运输的主要方式之一，随着我国近年经济的快速发展，铁路运输收入伴随着客运量和货运量的增加而不断提高。铁路运输收入有效促进了我国经济的建设和铁路业的发展。

1985 年以来，国家铁路运输总收入和铁路货运总收入不断提高。1985～2018 年，铁路运输总收入从 233.9 亿元增长至 7428.9 亿元，铁路货运收入从 157.6 亿元增长至 3763.3 亿元。铁路货运收入占铁路运输总收入的比例主要受铁路总投资和六次铁路大提速的影响而波动明显。1990 年，铁路总投资 92.9 亿元，同比增长 39.2%，铁路货运收入占比从 1989 年的 0.5% 快速增长至 1990 年的 36%。1997 年，我国铁路开始第一次大提速，货运收入占比增至 13.4%，第五次铁路大提速对货运收入占比影响最显著，铁路货运收入 943.7 亿元，占比为 20.3%（见图 5–2）。

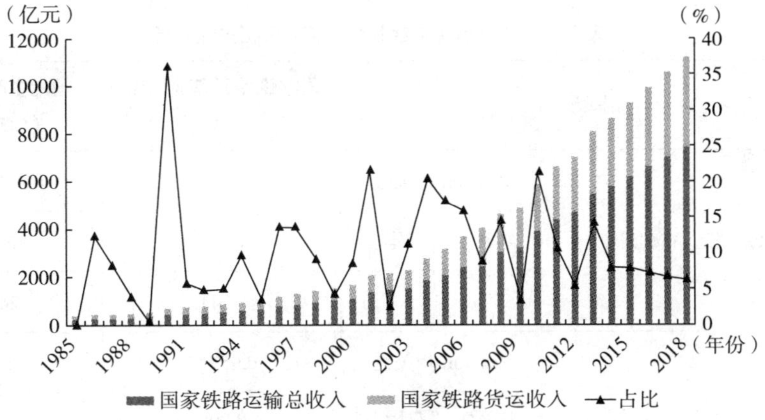

图 5–2　国家铁路运输收入变化

注：由于数据获取原因，2013 年以后的数据用指数法得出预测值。

资料来源：历年《中国交通年鉴》。

此外，铁路货运收入的增加还受铁路货运改革的影响。改革开放以来，随着我国交通运输体系的发展和完善，陆运、水运快速发展，打破了铁路货运的垄断地位，扩大了货运市场。同时，也反映出铁路发展缓慢、缺乏创新、服务能力低等问题。因此，实行铁路货运改革势在必行。2013 年 6 月

15日，中国铁路总公司进行铁路货运组织改革，规定铁路部门要做到“四个转变”。

第一，铁路货物运输要从以大宗货物为主向全方位物流转变。

第二，铁路运输组织从计划运输的生产模式向与市场经济相关的生产模式转变。

第三，铁路职工由等客上门的工作状态向主动服务转变。

第四，工作方式从传统习惯型工作向提高效能型工作转变。

铁路货运改革的一系列新观念、新政策，既有助于加快铁路市场化，又有助于铁路提高服务，更有助于铁路货运参与运输市场竞争。

三、铁路运输应缴税金与国内生产总值关系

铁路运输业作为推动经济发展的重要基础行业，铁路运价、货运量、经济政策、税收制度等都会对国内生产总值产生影响（见表5-1）。

表5-1 铁路运输应缴税金与GDP相关性分析

相关项		国家铁路运输应缴税金	国内生产总值（GDP）
国家铁路运输应缴税金	Pearson 相关性	1	0.957**
	显著性（双尾）	—	0.000
	N	24	24
国内生产总值（GDP）	Pearson 相关性	0.957**	1
	显著性（双尾）	0.000	—
	N	24	24

注：** 表示在置信度（双测）为0.01时，相关性是显著的。由于2008年后的铁路应缴税金未统计，因此只分析1985～2008年的数据。

通过SPSS 22.0软件的相关性分析方法，在1985~2008年，国家铁路运输应缴税金和GDP的相关性为0.957。1985年铁路应缴税金为10亿元，GDP为9098.9亿元，2008年铁路应缴税金达124.7亿元，GDP增至

319244.6 亿元。分析得出，铁路运输应缴税金和 GDP 之间存在较强的相关性。

1982 年，国家实行“工商统一税”，国家铁路运输所得的利润，除了依据企业基金制或利润分配制提取一部分利润外，剩余利润全部上缴国家。此外，铁路部门实行“税后利润递增包干”，即铁路部门向国家上缴营业税和所得税的同时，每年还要按照一定的利润基数向国家递增上缴。与此同时，在改革开放的大背景下，铁路运输应缴税金和 GDP 均有较大幅度增长。

1986 年，国务院批准了铁道部、中国人民银行、国家计委、财政部、国家经委五个部门提出的《关于铁道部实行经济承包责任制的方案》(以下简称《方案》)。《方案》提出之后，铁路部门将之前应缴的税后递增利润和所得税作为铁路建设基金，不上缴国家。铁路部门只缴纳营业税、城建税和教育费，税率总和为 3.3%。因此，《方案》提出后，铁路运输应缴税金缓慢递增，GDP 仍然快速增长。

总之，随着近年我国经济和铁路运输业的快速发展，GDP 和铁路运输应缴税金也相应提高，两者呈现相辅相成的关系，从而促进了国民经济和铁路运输业快速发展。

第二节　铁路运输对社会发展促进作用

一、铁路运输对客货运发展的影响

中华人民共和国成立 70 年来，我国国民经济不断增长、人民生活水平不断提升，促进我国客运需求持续增加。客运总量的变化与经济变化、交通基础设施能力变化有较强相关性。近年，我国客运网络不断优化，客运系统运输效率和运输能力不断提升，加强了我国各城市之间的经济联系（见图 5-3、图 5-4）。

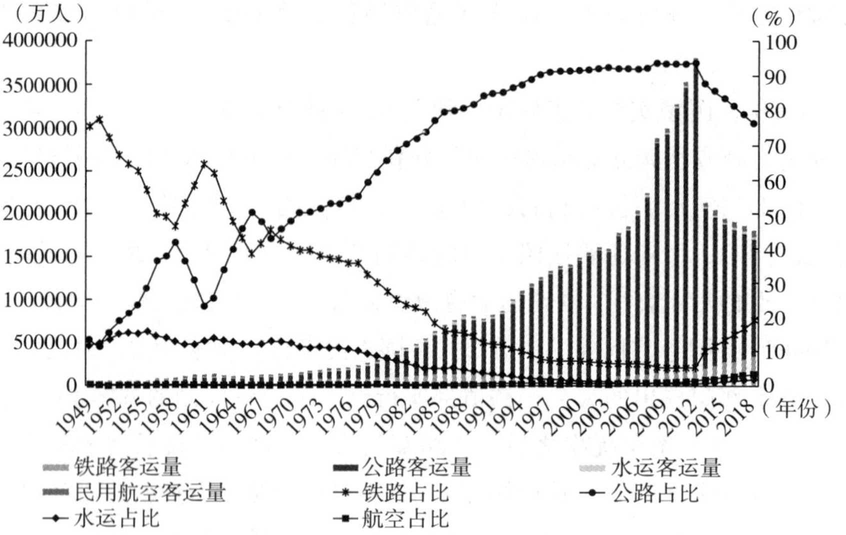

图 5-3　各类运输方式的客运量比较

资料来源：历年《中国交通年鉴》。

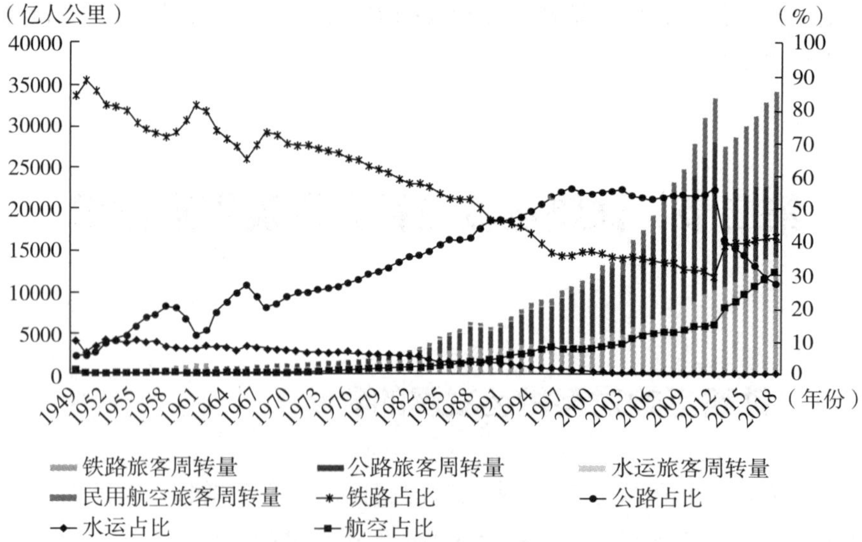

图 5-4　各类运输方式的客运周转量比较

资料来源：历年《中国交通年鉴》。

1949 年中华人民共和国成立初期，铁路得到迅速的投资建设，在所有交通方式中，铁路客运量占比超过 80%。从 1968 年开始，公路客运量占比反超铁路客运量，成为主要交通运输方式。1979～1992年是我国经济发展的初级阶段。我国客运量从1978年的25.40亿人增加到1985年的62.02亿人；1993～2001年是我国经济迅速发展阶段，我国客运量从1992年的9.963亿人增长到了2001年的153.41亿人，年平均增长率高达52.3%；2002~2007年，我国铁路客运量占比保持平稳；2008～2012年，我国客运量呈现急速上升的趋势，年平均增长率高达147.9%；2013年，我国客运量呈现断崖式下跌，年平均增长率为-44.19%；2014～2018年，铁路客运量及周转量实现回暖性增长，2018年铁路客运量达33.75万人，占比达18.81%。

1978年改革开放后，我国公路货运量迅速递增，而铁路货运量急剧递减。1980年，公路货物运输和铁路货物运输占比分别为69.9%和20.4%。随后，公路货运量基本保持在70%，在我国货物运输中占据主导地位。水运货运量比重在20世纪80年代初期有所下降，之后基本保持在10%。2008年，我国航空运输迅猛发展。2008年，航空运输达到407.6万吨，超过1952年我国货运总量，航空运输的年增长率达到12.5%。2018年，金融危机的潜在风险仍没有完全消除，导致近年我国客货运量呈现周期性的波动。

二、铁路运输效率不断提升

2017年，石家庄至济南高速铁路全线开通运营，我国高铁网“四纵四横”中的最后“一横”顺利完成，我国高铁运营里程达到2.5万公里，占世界高铁运营总里程的60%。

由于近年我国经济快速发展，铁路交通的问题越来越突出。铁路部门不断扩大运力，推动货物运量大幅度增长。为了保障国民经济快速稳定地发展，解决铁路运力的制约，最经济、现实的途径就是进行铁路的提速。1997～2007年，铁路实施客运火车速度调整战略，提供速度更快、服务更好的客货运输，这是铁路运输开始适应时代进步的步伐。通过六次铁路提速，将我国铁路主要干线的客车运行速度从80~100公里/小时提高到200~250公里/小时，铁路运力资源配置得到优化，运输组织方式实现创新，客货运输能力得到增强。

铁路一共进行过六次大提速。第一次铁路大提速仅提高了列车运行速度，第三次铁路大提速初步形成“四纵两横”的提速网络，第六次铁路大提速不仅实现了列车运行速度的大幅提高，还实现了铁路运能的提高，并且促进了区域之间的联动（见图 5-5）。

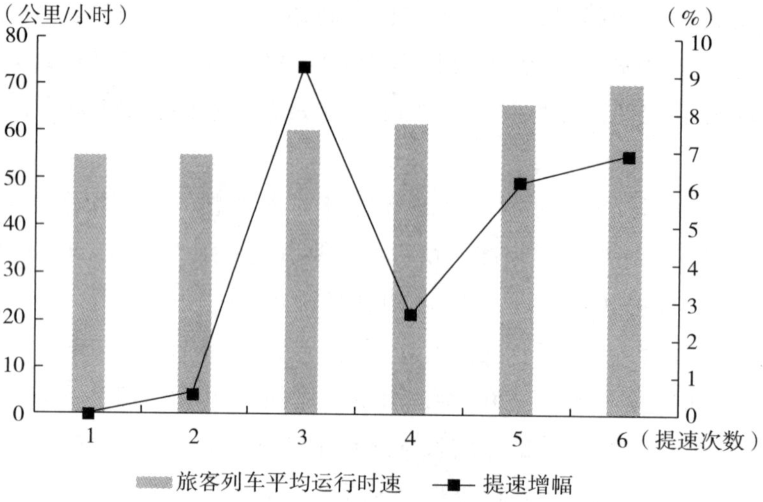

图 5-5　六次铁路大提速旅客列车平均运行时速对比

资料来源：历年《中国铁道年鉴》。

从铁路客运网络的角度看，铁路客运提速形成了空间网络的“时间收敛”，优化了客运系统。一方面，缩短了城市间的空间距离，使货物交换和旅客流动减少了时间，促进了城市间的经济发展和社会联系，有助于促进区域经济网络一体化。另一方面，由于铁路运输距离普遍较长，铁路客运的提速可以降低出行的时间成本，一些区域间形成了频繁的互动关系，从而提高了铁路竞争力，拓宽了其空间服务范围。同时，对解决铁路运力的制约、进一步增强铁路对我国社会发展的保障能力有重要的意义。

虽然铁路经过六次大提速，然而旅客列车平均时速的增长幅度并无明显规律，这是由铁路提速的系统性和复杂性所决定的。其中，第三次铁路大提速旅客列车平均时速的增长幅度最大，达 9.24%；第四次铁路大提速旅客列车平均时速的增长幅度最小，达 2.65%。

提速只是手段，通过提速改善运输资源的质量、提高客货运输的能力才是目的。通过铁路大提速扩大再生产，我国铁路客运能力增加 18%，货运能力增加 12%，全路的运输能力得到了大幅度提升。铁路运输与社会经济中各个部门有十分密切的关联，其对于整个社会、国民经济的促进超过了自身创造的效益。因此，在度量铁路运输业带来的社会经济效益时，不仅要考虑其造成的直接社会经济效益，还要考虑其服务于其他社会经济部门而创造出的间接社会经济效益。目前，铁路运输业创造的社会经济效益主要包括：

第一，铁路运输业的发展提高了货物运输能力，开发资源、买卖商品带来了区域经济的协同发展和社会经济结构的变化。

第二，铁路运输业的发展，吸引大量投资而使交通经济带沿线地价上升。

第三，铁路会增加就业人数，吸引外来人口，从而促进城市的快速发展。

第四，区位改善会对产业空间布局带来影响。这些效益都难以量化，但具有其他方式不可替代的区域影响力。

总之，铁路效率的提高创造了良好的社会效益和经济效益，对国民经济的发展起到了十分重要的作用，进一步满足了社会和国民经济的发展对铁路运输业高效、快速、舒适、便捷的客货运输的多样性需求。

三、铁路运输劳动生产率提高

劳动生产率是劳动者在一段时间内创造的劳动成果与其劳动消耗的比值，铁路运输业劳动生产率是铁路人员总工作量与人员投入的比值，工作量固定时，人员投入越多，劳动生产率越低。劳动生产率应在一定范围内波动，过高或者过低，都说明人员投入不合理。

党的十二大报告提出，从 1981 年至 2000 年，我国经济建设要不断提高经济效益，力争使全国工农业总产值翻两番。因此，为满足工农业生产发展的需要，铁路运输业劳动生产率也必须快速增长。

从 1985 年起，我国铁路劳动生产率整体有较大的提升，从 1985 年的 57.8 吨公里 / 人上升至 2013 年的 222.2 吨公里 / 人。劳动生产率增长率较稳定，

2004年达到最大，为12.9%。2010年，由于铁路总投资放缓，劳动生产率减至233.6吨公里/人，增长率降至–5.1%（见图5–6）。

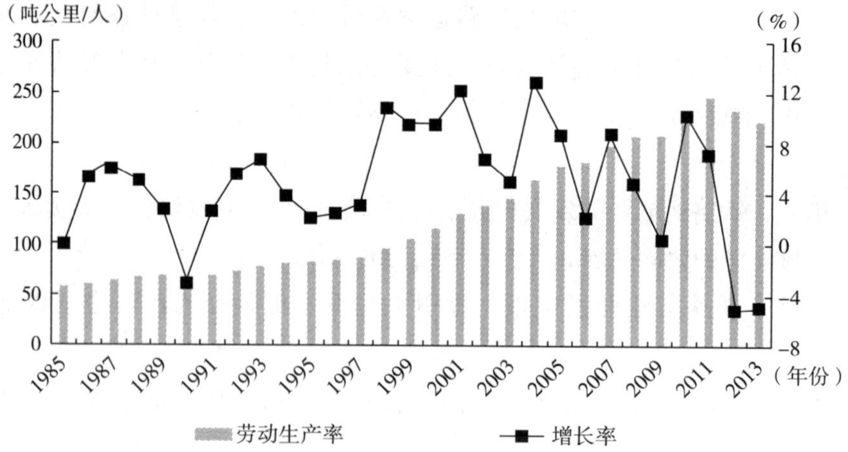

图5–6 铁路运输劳动生产率变化

资料来源：历年《中国交通年鉴》。

影响铁路运输劳动生产率的因素主要包括以下五个方面的内容。

第一，与铁路运量相关的因素：运量大小、运输结构、运距长短是主要因素。

第二，与人相关的因素：人员素质、劳动力投入总量、生产人员与非生产人员的比例会对劳动生产率产生直接影响。

第三，与资金投入有关的因素：铁路运输部门固定资产、流动资金占有、工资组织、劳动方法等。

第四，铁路运输业相关政策：国家对铁路投资情况、财政税收政策等会对劳动生产率产生长期影响。

第五，技术因素：运输组织管理技术、设备技术、生产和办公自动化水平、经营决策水平等会直接或间接影响到劳动生产率。

为保障国民经济对运输的需要，不断提高铁路运输的经济效益，制定提高劳动生产率的合理措施，主要应做好以下四个方面。

第一，合理管理员工量与劳动量关系：员工量与劳动量是铁路运输工作的基础，也是提高劳动生产率的关键措施。

第二，提高员工文化水平：根据联合国教科文组织的研究结果，劳动生产率和劳动者的文化程度呈现指数关系。同文盲对比，小学毕业、初中毕业、大学毕业的员工可分别提高劳动生产率 43%、108% 和 300%。

第三，增强员工业务素质：可影响到员工和铁路运输业的整体利益。

第四，提高技术水平：对铁路设备进行改造可保障铁路运输效率和安全，从而提高劳动生产率。

四、铁路运输缩短出行时间

随着我国铁路不断投资建设与改善，我国铁路已经历过多次的提速发展阶段，从动车普及再到全面进入“高铁时代”，我国已成为世界上高速铁路发展最快、规模最大的国家，总里程跃居世界第一位。我国高铁的飞速发展，不仅成为推动社会经济快速发展的巨大引擎，也成为维护国家安全的重要支撑。

铁路高速发展和服务质量的提升，使得高铁或动车已经成为舒适、速度的代名词，成为大众出行的主要交通方式。同时，铁路提速极大缩短了消费者的出行时间，为消费者出行提供了极大的便利，提高了人们的生活质量。

在区域交通方式之中，铁路时速不仅快于公路时速，且由于其安全可靠性，得到迅速发展。其中，我国高铁不断提高速度，扩大建设规模，逐步走向世界。2011 年 6 月 30 日，京沪高铁全线正式通车，铁路旅客出行时间从过去最快的 14 小时 55 分钟缩减到 4 小时 18 分钟。京沪高铁开通初期每天将开行动车组 90 对，实行时速 300 公里和 250 公里两种速度等级混跑的开行模式。2018 年，京沪高速铁路已开通运营七周年，当前运营速度为 350 公里 / 小时，共发送旅客 8.25 亿人次。

通过铁路的不断提速，火车运行速度不断提高，高铁与普通火车相比至少缩短 50% 的出行时间。开通运行快速轨道交通可提高城市间的可达性，自 2008 年开通第一条城际铁路开始，2018 年京津冀范围内共开通了六条高速铁路。该区域内的高铁线路从 120 公里扩展延伸至 1900 公里，初步形成区域快速轨道交通网络。京津冀作为全国重要的人口集聚区，承载大量的客流与货流，对交通网络建设的要求更为严格。2020 年，京津冀区域将再添九条城际线，总里程超过 1000 公里。京津石、京津保将基本实现 0.5~1 小时通勤圈。

等时间交通圈指从中心地出发，在一定时间阈值内能够到达的空间范围。中心城市交通圈的发展过程，具有一定阶段性特征。在交通运输发展的初期，中心城市交通圈的结构主要是围绕主干线扩展，城市间的可达区域未形成连片覆盖区域。其中，以北京为中心的京津冀城市群，周边城市围绕北京形成交通圈，而缺乏与其他城市的交通联系。1949 年，60% 的地区仍处于 4 小时交通圈范围以外，直到 1965 年才得以改善，81.7% 区域加入 4 小时中心城市交通圈。1965 年之后，京津地区首先形成 2 小时交通圈连片的区域，再朝着京石方向和京唐方向不断延展。2000 ~ 2014 年，中心城市 1 小时交通圈得到快速发展。2014 年 2 月，京津冀协同发展被提升为国家重大战略。2014 年，以北京为中心城市，京津方向的廊坊、天津和沧州首先形成 0.5 小时交通圈。另外，京石方向的保定、石家庄、邯郸和邢台也实现了 1 小时交通圈的全面覆盖。2018 年，京雄城际铁路正式开工建设，实现 30 分钟从北京城区到达雄安新区。按照《北京城市总体规划（2004–2020 年）》，以北京为核心的京津冀都市圈将按轨道交通线网服务水平划分为三个圈层（见表 5–2）。

表 5–2　京津冀都市圈的轨道交通三个圈层划分

圈层划分	范围	轨道交通实现方式
第一圈层	北京市中心城范围以及通州、顺义、亦庄、大兴、房山、昌平和门头沟七个近距离新城，其半径为 30 ~ 35 公里	以地铁轻轨系统为主，构建规划线网，约 1050 公里
第二圈层	怀柔、平谷、密云、延庆四个远距离新城以及燕郊、廊坊、涿州等东部及南部周边城市	轨道交通服务水平定位为 1 小时交通圈，旅行速度采用市郊铁路运输系统不低于 80 公里 / 小时
第三圈层	天津、保定、石家庄、秦皇岛、承德、张家口等京津冀都市圈主要城市	以城际铁路和高速铁路为主体规划线网

资料来源：《北京城市总体规划（2004–2020 年）》。

综上所述，随着铁路的快速发展，邻近省会城市形成 1~2 小时交通圈，省会与周边城市形成 0.5 ~ 1 小时交通圈。北京到全国绝大部分省会城市将形成 8 小时以内交通圈，不仅会缩短区域城市间的空间距离，对我国的产业空间布局及大城市圈也会产生影响。

第三节　铁路货物运输与区域经济关系

一、产业空间分布

我国各省间铁路货物运输量与各省的产业集聚存在一定的联系。运用区位熵（LQ）测量产业集群度，用以反映某地区某行业的产业规模。根据 1997 年和 2017 年工农业产品生产情况，对各省份的主要产业中产量排名前三位的产品进行分析，得到其区位熵指数（见表 5–3）。由于产业集聚的形成，工农业产品的生产情况发生了很大的变化，这也影响了各省间的货物到达量、发送量。

首先，从各省农业产业集群的比较排名中可以发现，各种粮食生产在全国较为分散。由于农产品对于自然条件要求严格，2017 年的农产品大省相比 1997 年的农产品大省排名较为稳定，排名第一的省份均无变化。油料作物主要集中在青海省、湖北省等。棉花主要集中在新疆维吾尔自治区、湖北省、河北省、河南省等。茶叶集中在福建省、浙江省、云南省。水果主要集中在福建省、陕西省、北京市、海南省。由此可以看出，这些非常分散的农产品分布是我国农业产业的一大特点。

其次，从各省工业产业集群的比较排名中可以发现，纺织业、其他轻工业的城市具有一定的区域性特征，即便排名有细微变化，但该省份的产业依旧具有较强竞争力，煤炭主要分布在内蒙古自治区、山西省、陕西省。纤维制品在浙江省、福建省、江苏省集中。造纸业在海南省、浙江省、山东省、陕西省集中。砂糖在广西壮族自治区、海南省、云南省集中；钢铁制品在河

表 5-3 各省份各产业集群度比较（LQ）

指标		1997 年			2017 年		
		第一位	第二位	第三位	第一位	第二位	第三位
农产品	粮食	西藏（1.34）	黑龙江（1.14）	重庆（1.14）	西藏（1.6）	黑龙江（1.29）	吉林（1.24）
	食用油	青海（3.77）	安徽（1.81）	湖北（1.74）	青海（6.73）	四川（2.1）	湖北（2.09）
	棉花	新疆（12.89）	湖北（2.43）	河南（2.26）	新疆（27.43）	天津（1.54）	河北（0.78）
	甜菜	新疆（13.4）	宁夏（7.91）	内蒙古（7.83）	新疆（16.22）	内蒙古（8.92）	甘肃（1.69）
	茶叶	福建（8.3）	浙江（5.5）	云南（3.54）	福建（15.76）	浙江（6.37）	云南（4.78）
	水果	福建（3.04）	陕西（2.84）	北京（2.09）	海南（3.68）	北京（3.41)	陕西（2.79）
纺织业	纤维	江苏（4.57）	浙江（3.72）	福建（2.54）	浙江（10.38）	福建（5.15）	江苏（3.71）
	布	浙江（3.7）	江苏（2.52）	湖北（2.03）	浙江（6.34）	福建（4.47）	山东（2.14）
其他轻工业	纸	浙江（2.41）	陕西（1.89）	河南（1.69）	海南（4.84）	浙江（3.75）	山东（2.55）
	砂糖	海南（20.75）	广西（15.97）	云南（6.84）	广西（26.09）	云南（5.49）	海南（2.86）
	啤酒	吉林（3.09）	福建（2.58）	北京（2.47）	黑龙江（6.86）	西藏（4.7）	吉林（2.86）
	香烟	云南（7.93）	贵州（5.81）	湖南（2.24）	云南（5.49）	湖南（2.78）	吉林（2.6）

续表

指标		1997年			2017年		
		第一位	第二位	第三位	第一位	第二位	第三位
电器	冰箱	广东（4.12）	安徽（3.09）	陕西（2.61）	安徽（9.0）	浙江（1.86）	山东（1.41）
	洗衣机	安徽（4.22）	浙江（3.19）	上海（2.57）	安徽（6.48）	浙江（4.03）	江苏（3.18）
	电视	广东（4.91）	四川（4.76）	福建（2.1）	广东（3.49）	北京（2.32）	福建（2.23）
能源	煤炭	山西（7.9）	贵州（4.6）	宁夏（3.49）	内蒙古（15.96）	山西（10.5）	陕西（7.94）
冶金建材	生铁	山西（4.08）	北京（2.62）	上海（2.37）	河北（2.81）	辽宁（2.78）	陕西（2.35）
	钢铁	上海（3.64）	北京（2.96）	内蒙古（2.22）	河北（2.56）	辽宁（2.5）	陕西（2.26）
	钢材	上海（3.36）	天津（2.7）	北京（2.63）	河北（2.61）	天津（2.29）	辽宁（1.98）
	水泥	西藏（2.26）	海南（1.77）	广西（1.7）	西藏（3.72）	海南（3.29）	贵州（2.17）
	玻璃	河北（1.85）	河南（1.69）	甘肃（1.69）	湖北（2.29）	福建（2.1）	天津（2.08）
化学工业	硫酸	云南（3.04）	甘肃（2.3）	安徽（1.99）	甘肃（5.4）	云南（5.34）	贵州（4.01）
机械	汽车	吉林（9.92）	重庆（7.69）	天津（5.46）	吉林（10.97）	北京（6.56）	上海（6.09）
	拖拉机	天津（6.94）	上海（6.12）	河南（3.98）	山东（5.01）	河南（4.85）	云南（3.42）

资料来源：历年《中国统计年鉴》。

北省、辽宁省、陕西省集中；生铁在河北省、辽宁省、陕西省、北京市集中；冰箱在安徽省、浙江省、山东省集中。

从以上的分析可以看出，我国钢铁产业在华北地区集中度较高；属于劳动密集型的纤维制品、化工产业及机械制造工业主要集中在长江下游地区；家电产品及高科技产品主要集中在长江及珠江下游地区。

（一）煤炭分布情况

近年来，随着我国经济的快速增长，工业化进程再次加快，明显推动了煤炭的生产量和消费量。我国煤炭资源占常规石化能源的90%以上，是现在和未来较长时期最经济、最可靠的主要能源。目前，我国能源结构出现由直接消耗煤炭向消耗电力转变。建材、电力、化工和冶金是国内消耗煤炭最多的四个行业。其中，电力行业消耗的煤炭占国内消耗总量的大部分，而且占比还在不断提高。

我国大型煤炭基地主要由山西、陕西、内蒙古等15个省份的14个煤炭基地即陕北、黄陇、神东、蒙东、宁东、新疆、晋北、晋中、晋东、云贵、冀中、鲁西、河南、两淮共102个矿区组成。基地遍布华北、西南、西北等地区，煤炭表现出西多东少、北富南贫的分布。煤炭消费区域主要集中在环渤海经济区、珠江三角洲、长江三角洲这些沿海区域，造成我国煤炭资源的流动呈现出北煤南运、西煤东输的格局。

（二）铁路煤炭运输OD表分析

铁路煤炭OD表由各省发送总量和各省到达总量组成，能够较为清晰地展现我国铁路煤炭的运送情况（见表5-4）。由于海南省、重庆市和西藏自治区统计方式不统一，考虑数据的完整性，将海南省与广东省的数据合并、重庆市与四川省的数据合并，去掉西藏自治区的数据，即将31个省份合并为28个省份进行分析。

表 5-4　我国各省铁路煤炭运输量所占比重及排名

单位：%

排名	发送量						到达量					
	1990 年		2005 年		2018 年		1990 年		2005 年		2018 年	
	省份	比重	省份	比重	省份	比重	省份	比重	省份	比重	省份	比重
1	山西	32.02	山西	37.10	山西	45.81	河北	15.15	河北	22.46	河北	30.77
2	黑龙江	9.79	内蒙古	8.89	内蒙古	17.55	辽宁	10.00	山东	9.49	山东	9.36
3	河南	8.33	河南	7.33	陕西	5.69	黑龙江	7.47	辽宁	8.81	辽宁	6.65
4	河北	5.97	黑龙江	7.19	安徽	5.31	山东	7.42	江苏	6.81	天津	6.50
5	辽宁	5.02	河北	5.98	天津	4.20	江苏	7.09	天津	6.26	安徽	5.16
6	内蒙古	4.86	安徽	5.47	河北	4.04	吉林	5.42	黑龙江	5.01	内蒙古	5.06
7	山东	4.78	山东	3.93	辽宁	2.08	湖北	4.76	湖北	4.71	黑龙江	4.16
8	安徽	3.78	辽宁	3.66	河南	1.76	河南	4.42	安徽	4.47	河南	3.73
9	四川	3.59	陕西	3.21	甘肃	1.76	安徽	4.05	吉林	3.64	吉林	3.50
10	吉林	2.97	四川	3.03	山东	1.58	山西	3.71	河南	2.99	湖北	3.50
11	陕西	2.77	贵州	2.97	广东	1.35	四川	3.45	四川	2.52	江苏	3.48
12	江苏	2.63	宁夏	1.48	黑龙江	1.34	北京	3.41	山西	2.48	江西	2.32
13	贵州	1.92	吉林	1.30	贵州	1.26	内蒙古	3.13	湖南	2.34	四川	2.28
14	湖南	1.88	甘肃	1.25	新疆	1.20	湖南	2.78	江西	2.29	陕西	1.67
15	宁夏	1.79	江西	1.25	宁夏	0.99	天津	2.48	广西	2.27	湖南	1.50
16	江西	1.33	湖南	1.07	广西	0.91	陕西	2.20	浙江	2.09	贵州	1.48

续表

排名	发送量						到达量					
	1990年		2005年		2018年		1990年		2005年		2018年	
	省份	比重	省份	比重	省份	比重	省份	比重	省份	比重	省份	比重
17	北京	1.11	云南	1.03	四川	0.66	广东	1.92	内蒙古	1.91	甘肃	1.47
18	云南	1.07	江苏	1.02	江西	0.55	甘肃	1.84	北京	1.88	山西	1.47
19	甘肃	1.03	广东	0.60	福建	0.53	江西	1.78	陕西	1.34	广西	1.35
20	广东	0.84	新疆	0.57	浙江	0.48	广西	1.43	广东	1.30	广东	0.90
21	广西	0.68	福建	0.49	江苏	0.27	浙江	1.34	甘肃	1.25	新疆	0.74
22	新疆	0.66	北京	0.43	北京	0.19	云南	1.08	云南	0.93	云南	0.65
23	福建	0.65	广西	0.32	湖南	0.18	福建	1.06	福建	0.80	宁夏	0.40
24	青海	0.17	青海	0.26	青海	0.12	贵州	0.86	贵州	0.63	浙江	0.22
25	上海	0.16	上海	0.07	吉林	0.10	宁夏	0.81	宁夏	0.61	福建	0.16
26	浙江	0.13	天津	0.06	云南	0.04	青海	0.44	新疆	0.30	青海	0.15
27	天津	0.04	浙江	0.04	湖北	0.04	上海	0.30	青海	0.26	北京	0.10
28	湖北	0.02	湖北	0.01	上海	0.00	新疆	0.30	上海	0.14	上海	0.00

注：由于数据获取原因，2018年铁路煤炭交流量根据指数预测法得出。

资料来源：历年《中国交通年鉴》。

1. 主要省份铁路煤炭发送情况

根据 1990~2018 年铁路煤炭发送量及发送排名，我国铁路煤炭主要的发送省有山西省、内蒙古自治区。

产煤大省山西省年均铁路煤炭发送量占该年铁路煤炭发送总量的 30% 以上，位居全国第一。山西省的煤炭运往河北省的量在山西省煤炭总发送量中的占比由 1990 年的 31.66% 上升到 2018 年的 60.87%，不仅发送量占比呈现快速上升趋势，而且实际发送量也大量增加，河北省成为山西省发送煤炭的主要省份之一。此外，山西省还将大量煤炭发送至山东省、天津市、山西省本省的煤炭转运和江苏省。山西省铁路煤炭发送呈现主要被发送省距山西省较近、发送量稳定的特点。

根据 29 年的年均铁路煤炭发送量数据，内蒙古自治区仅次于山西省，位居第二。其发送量占全国铁路煤炭发送量的百分比由 1990 年的 4.86% 上升到 2018 年的 17.55%，上升趋势显著。内蒙古自治区铁路煤炭发送量主要来自本省的煤炭转运，此外，还主要向东北三省、河北省发送煤炭。内蒙古自治区 29 年的煤炭发送占比针对不同的省份出现不同的趋势，运往本省和黑龙江省的占比随着时间的推移而减少，运往辽宁省和吉林省的煤炭占比随着时间的推移而增长。内蒙古自治区铁路煤炭发送省份主要为近距离的京津冀地区和东北地区，发送占比变化较为显著。

总体来看，我国主要的煤炭发送省份呈现以下特点：

第一，主要铁路煤炭发送省份都拥有煤田，而且产量较大。其中包括山西省的阳泉、屯留、晋城和柳林煤田，内蒙古自治区的东胜、桌子山煤田，黑龙江省的鹤岗煤矿，河南省的安阳、鹤壁、焦作产煤矿区，河北省的开滦煤田、峰峰矿区，安徽的淮北、淮南煤区等。

第二，发送量与发送距离密切相关，煤炭主要发往距离近的省份。

第三，铁路煤炭发送量大省主要集中于中原、东北地区，占全国总煤炭发送量的比重高。除以上几个省份外，其余各省都会向外省发送煤炭，但发送量占全国总发送量的比重小，对铁路煤炭流向的整体格局影响不大。

2. 主要省份铁路煤炭到达情况

从 1990~2018 年铁路煤炭到达量及到达排名来看，我国主要的铁路煤炭到达省有河北省、山东省、辽宁省、江苏省、天津市、黑龙江省。

1990年以来，河北省的铁路煤炭到达量一直处于全国煤炭到达量的第一位，从1990年的15.15%稳定增长至2018年的30.77%。其中，70%以上的煤炭来自于邻省山西省，本省煤炭转运量所占比例由1990年的27.5%下降至2018年的7.43%，来自内蒙古自治区的铁路煤炭由1990年的3.79%增长至2018年的13.86%，内蒙古自治区成为河北省主要供给煤炭的省份之一。

山东省煤炭主要来自于山西省，占煤炭到达量的50%以上。山东省本省煤炭的转运量已从1990年的71.14%下降至2018年的14.27%。此外，也有少量煤炭来自河北省、河南省。

总体来看，我国主要的煤炭到达省份呈现以下特点：

第一，主要煤炭到达省份均有消费煤炭的主导产业，以第二产业居多。其中，河北省和辽宁省有以机械、钢铁、造船、化工为主的重型工业基地；山东省有以电子、机械、石化等工业为主的轻型工业带；江苏省产业基础雄厚，装备制造、化工冶金等是其支柱产业；天津市有以石油化工、钢铁冶金、机械电子为主导的综合型工业聚集区；黑龙江省为彻底落实国家“一揽子”政策和计划，加快推进装备制造、石化等主导产业的发展。

第二，铁路煤炭到达省份的煤炭主要来自附近省份。

第三，铁路煤炭到达量较大的省份，大多拥有港口，可以利用铁水联运完成“西煤东输、北煤南运”任务。其中包括河北省的唐山港、黄骅港，辽宁省的大连港、锦州港，山东省的青岛港、日照港，江苏省的连云港港，天津市的天津港等。

第四，各省铁路煤炭到达量的差距不大，煤炭消费较为平均。

（三）铁路煤炭运输通道

由于我国煤炭生产与消费的不平衡，煤炭运输具有规模大、多种方式联合运输、距离长的特点。同时，也体现出煤炭运输对促进国民经济增长的重要作用。铁路成为其主要运输方式，并以水路、公路运输为辅助运输方式。以铁路为主要运输方式的煤流在不同的地区形成了煤炭运输的专用通道。通过对“三西”、东北、华东、中南、西南与西北地区的铁路运输通道进行分析，总结我国煤炭运输特点。

1.“三西”地区铁路煤炭运输通道

“三西”地区的煤炭运输以铁路为主，辅以下水港口，承担陕北、神东、晋北、晋中、晋东、宁东、黄陇、冀中八个煤炭基地的外运。不仅运送到铁路沿线的京津冀、山东省、江苏省，还通过北方沿海港口满足华东、东北、中南等地区的煤炭需求。

运输“三西”地区煤炭的主要铁路分为外运北通道、中通道和南通道，为我国专业运煤铁路（见表 5–5）。

表 5–5　“三西”地区铁路煤炭运输通道

外运北通道	朔黄线 京原线 丰沙大线 集通线 大秦线
外运中通道	邯长线 石太线
外运南通道	西康线 太焦线 侯月线 陇海线 宁西线
沿海下水港口	天津港 秦皇岛港 唐山港 黄骅港 日照港 青岛港 连云港港

资料来源：中债资信煤炭数据平台。

当前，“三西”煤炭运输通道存在的主要问题，一是部分铁路、港口由企业主管，存在重复建设问题；二是铁路运力配置不完善，对局部地区突发状况反应速度慢，运力分配不均匀。

2. 东北地区铁路煤炭运输通道

东北地区的铁路煤炭运输主要承担黑龙江省和内蒙古自治区东部煤炭外运、沿海港口的煤炭调运和关内煤炭调入（见表5-6）。东北地区煤炭运输的铁路主要包括12条线路。营口港、锦州港、丹东港和大连港组成了铁水联运系统。

表5-6 东北地区铁路煤炭运输通道

东北运煤通道	沈山线 滨绥线 哈大线 牡佳线 绥佳线 滨州线 滨北线 平齐线 集通线 通霍线 京通线 通让线
主要港口	营口港 锦州港 丹东港 大连港

资料来源：中债资信煤炭数据平台。

当前，东北地区铁路煤炭运输存在的问题，一是铁路设备较为落后、运行能力多数饱和，港口煤炭专用码头能力紧张；二是东北三省的煤炭调入量随着蒙东煤炭不断开采而逐步增加，铁路和港口布局对此现状尚未调整。

3. 华东地区铁路煤炭运输通道

运输华东地区煤炭的铁路线路主要承担鲁西和两淮地区的煤炭调运、港口煤炭运输及“三西”地区煤炭调入（见表5-7）。运输华东地区煤炭的铁路线路主要由9条线路组成。与铁路运输相辅的港口运输包括两个部分，即煤炭下水港和煤炭接卸港。

表 5-7　华东地区铁路煤炭运输通道

华东煤运通道	京沪线 京九线 新荷兖日线 邯济线 石德线 陇海线 浙赣线 武九线 西宁线
煤炭下水港	南京港 徐州港 芜湖港 枣庄港 济宁港
煤炭接卸港	宁波港 舟山港 上海港 温州港 福州港 厦门港 泉州港

资料来源：中债资信煤炭数据平台。

目前，华东地区铁路煤炭运输存在的问题，一是运力布局难以适应煤炭需求的变化，“海转铁”“海进江”倒流现象普遍；二是华东地区产煤量较小且煤炭储备体系不完善，安全保障程度低。

4. 中南地区铁路煤炭运输通道

运输中南地区煤炭的铁路线路主要承担河南省煤炭的调运，云贵基地和“三西”地区煤炭的调入（见表 5-8）。运输中南地区煤炭的铁路主要包括 8 条。与铁路运输相辅的港口运输包括两个部分，即煤炭下水港和煤炭接卸港。

表 5-8　中南地区铁路煤炭运输通道

中南煤运通道	京广线 焦柳线 宁西线 襄渝线 湘黔线 黔贵线 南昆线 昆贵线
煤炭下水港	枝城港 武汉港
煤炭接卸港	广州港 湛江港 深圳港 汕头港 北海港 防城港

资料来源：中债资信煤炭数据平台。

目前，中南地区铁路煤炭运输存在的问题，一是由于运力配置不合理，造成区内煤炭供应紧张；二是鄂湘粤桂江河密布，企业在江河沿岸建有专用码头，资源分布不合理；三是区域内未建立煤炭储备基地，易受自然灾害影响。

5. 西南与西北地区煤炭铁路运输通道

运输西南地区煤炭的铁路线路主要承担向外省的发送、云贵川渝地区的煤炭和部分煤炭的调入。运输西南地区煤炭的铁路主要包括 7 条。目前，西南地区铁路煤炭运输存在煤运重载，地处偏僻，铁水联运衔接不通畅，铁路建设滞后问题。运输西北地区煤炭的铁路线路主要承担新疆煤炭的外运功能。其线路主要由 5 条铁路组成。当前，新疆煤炭外运通道存在的主要问题是新疆煤炭的开发和外运通道缺乏总体规划，部分铁路运力饱和（见表 5-9）。

表 5-9　西南与西北地区铁路煤炭运输通道

西南煤运通道	黔贵线 湘黔线 南昆线 渝怀线 襄渝—汉丹 西康线 内昆线
西北煤运通道	兰新线 陇海线 兰青线 包兰线 干武线

资料来源：中债资信煤炭数据平台。

整体上看，未来煤炭运输的增量主要是为了满足沿海地区的发电、用煤的需要。铁路运输和铁水联运是我国煤炭跨省运输的基本方式。煤炭发送到京津冀、东北、华中等地区以铁路为主要方式，发送至东南沿海地区以铁水联运为主要方式。

综上所述，铁路运输首先在生产力布局方面对区域经济产生影响。在经济快速发展的现代社会，在工业生产中，原料地、工厂及消费地的距离越近，就拥有越多优势，而这三者的布局主要受到运输因素的影响。具有好的铁路条件可以提高商品在空间上的可达性，供应社会生产和人们日常生活用的砂石、煤炭、粮食等。在陆路运输中，大多采用铁路运输的方式。除了水力发电、冶金及一些其他特殊生产活动外，大多数企业都希望将工厂布局在铁路沿线附近，从而创造便利的运输条件。随着劳动力的涌入，企业的集聚，新业态的兴起，社会资源会重新被分配，区域经济布局也会随之而改变。铁路运输的影响表现在对途经城市和地区的交通需求强度和时空分布。在铁路建造完工后，必然会对途经城市和地区产生影响，对出行内在动因也会产生影响。其中，旅游线路的开辟，会刺激旅游出行的力度，与之相关的经济产业也会有相应的布局调整，最终会造成整个社会经济布局的改变。

二、铁路运输与空间经济耦合关系

（一）区域发展对铁路运输影响

1. 区域经济布局对铁路运输发展影响

我国区域经济与结构布局决定着铁路货运量的产生与演变方向，而铁路货运量是区域经济联系的物质载体和外在表现。由于我国各区域资源差异较大，各地区资源需求不同，进而衍生铁路货运联系。从我国现实情况来看，我国长三角城市群、珠三角城市群、京津冀城市群等经济发达的区域经济圈，相较中西部等地区，拥有更加发达的公路、水运、铁路、航空运输系统。经济发达区域经济圈各项基础设施建设更为完善，高速公路、高速铁路、大型港口、枢纽机场等物流基础设施更为完善。而区域间铁路货运量交流越频繁，经济关联越密切。同时，铁路货运量需求的不断增大，促进铁路网络不断优化、铁路基础设施不断完善，推动区域间铁路运输发展。

2. 区域经济对铁路运输发展影响

1978 年改革开放以来，我国居民生活水平不断提高，带动消费结构不断转型升级、产业结构不断调整，促进我国运输需求持续增长、运输结构不断变动。而区域经济结构的调整，促进我国铁路运输工业化、城镇化、网络化、国际化、市场化进程进一步加快，我国城乡之间差距不断缩小。城乡之间、各区域之间的人员、商品交流交换频繁，促进我国铁路需求不断增加。由于我国铁路运输发展较早且在中长距离运输中占据成本优势，故在我国各区域客货交流中起到先导、基础作用。因此，各区域铁路发展水平不仅影响各区域发展速度、质量，也直接影响到各区域对周边城市的辐射能力以及城市竞争力。同时，区域经济发展水平的不断提高、区域辐射范围的增大，对我国铁路提出了新要求。我国铁路运输面临新挑战，需要进一步促进我国铁路运输的完善和发展、促进铁路网络不断优化。区域经济的发展对铁路运输需求量起决定性作用。铁路作为区域物流业发展的基础设施，其建设、规划、布局均是为区域物流业发展提供服务。因此，铁路建设和布局取决于区域物流业需求，且其铁路建设和布局受制于区域物流业的发展水平和层次。

（二）铁路运输对区域发展的影响

铁路运输不仅拉近城乡之间的距离，也带动周边经济的发展。铁路运输对区域发展的影响从时间维度可分为三个方面，分别是短期影响、中期影响和长期影响。从长期来看，铁路运输对区域经济起到正面推动作用，短期内可能出现负面影响。

1. 短期影响

铁路运输与区域经济互动的直接效应，造成铁路运输对区域经济的短期影响。当前，虽然我国面临经济发展新常态，但仍处于经济平稳发展时期。尤其是近年来，我国 5G、人工智能、大数据等信息技术得到了飞速发展。相较于其他运输方式，铁路运输具有安全、高效、快捷、成本适中等优势，可以有效提升区域竞争力。同时，铁路运输要在各种运输方式中占据相对优势，高效引进铁路运输货源是其重要步骤。因此，需要通过现代信息技术帮助引进铁路运输货源。

（1）满足区域内客户需求。随着我国人均收入的不断提高，中等消费人群成为我国消费的主力。收入较高的人群选择更优质的服务，同时能接受较高的运输费用。而收入相对较低的人群通常对运价较为敏感，对时间价值不敏感。近年来，随着城市群区域发展战略的实施，区域经济发展更加迅速、区域间联系更加紧密，各地之间小商品货物流通、贵重易碎商品的运输逐渐增加。消费水平的提升，促使更多人选择铁路运输作为主要的运输方式。对于中长距离运输而言，铁路运输成本低于航空运输与公路运输成本，故铁路运输成为消费者较为理想的工具之一。

（2）提高区域可达性。铁路建设一般具有区域性，需要将铁路运输的地理优势向经济优势转变，从而改变区域格局。通过区域格局的改变，不断增强中心城市的经济辐射力和吸引力，强化区域优势。区域通达性的改变，有利于促进我国各区域经济大幅度增长，我国各地区贫富差距缩小。

（3）吸纳大量劳动力。铁路运输业可以吸纳大量劳动力，以确保社会稳定、经济增长。我国是人口大国，促进就业是确保社会稳定和经济发展的基础。铁路建筑业属于劳动密集型产业，吸纳劳动力的能力很强，铁路投资建设提供和带动的就业岗位数高于其他行业投资可提供的岗位数。我国铁路运输产业在不同历史时期均吸纳了大量的劳动力，职工人数均有不同程度的涨幅，运输全员劳动生产率也在逐渐提高。经过投入产出计算，每亿元铁路建设投资为铁路建筑业创造或保留 1140 个就业岗位，每亿元铁路建设投资关联带动就业岗位 5359 个，是铁路建筑业自身的 4.7 倍。平均每年铁路建设投资 540 亿元，每年为铁路建设队伍提供 6156 万个就业岗位，还可以为社会其他部门提供 28939 万个就业岗位。因此，铁路建设在促进就业、确保社会稳定和经济发展方面具有十分重要的作用。

2. 中期影响

从中观的产业层面上看，铁路运输对于促进我国各区域产业升级、带动铁路相关产业发展起到重要作用。在当前经济全球化大环境下，铁路运输不仅是一种交通工具。同时，在促进信息流动、促进区域经济发展、扩大资金流通范围等方面起到重要作用。

（1）影响区域产业结构。区域经济中各产业相互作用导致区域产业结构的形成，铁路运输对于区域产业结构有较大影响，区域产业结构随着铁路运输设施的不断变化而发生变化。一般来说，铁路网络较为完善、发达的区域，第二产业、第三产业较第一产业更为发达。铁路发展可带动相关产业及铁路沿线产业、城市发展，为相关产业提供市场需求，为沿海区域产业提供贸易契机。随着我国高速铁路的快速发展，已开通高速铁路的城市、沿线城市旅游业出现“井喷”式发展。特别是京津冀城市群中京津城际铁路的开通，极大地促进了北京、天津的商务、会展、旅游业的协同发展。2008 年，即京津城际铁路开通当年，天津市旅游客流量就增长了 35%。2010 年，我国郑西高速铁路正式投入运营后，持续推动我国陕西、河南两省旅游业快速发展。

根据对产业经济发展的理论分析，同时结合其他国家实际的发展历程，一个国家产业结构内部不同比例的构成变化将直接影响到这个国家运输业的发展变化，因为三个层次产业的变化对运输业的影响规律各不相同。

第一产业主要产品产生的货物运输需求较小，但随着经济的快速发展，对这些产品深加工的范围和程度在不断扩大。因为深加工可完善产业的配置要素，提高产业的生产能力，增强产业价值创造力，所以深加工的产品对运输需求作用明显，但由于产品本身的特点以及产品辐射区域的有限性，其对货物运输周转量的影响在一定的范围较小。

第二产业总体来讲对货物运输产生重大影响，从细分来看，其内部不同的类别对货物运输的影响程度各不相同。采掘业主要形成的产品是矿石、煤炭等基础性的原材料，这些产品对一个国家的经济发展起着基础性的作用。就我国的具体情况来看，自然资源的地理分布并不平衡，中西部地区占据较大的资源优势，这种资源结构势必对我国的货物运输产生重大的影响，即中长距离的原材料运输活动较多，在货物周转量指标上能够得到直接的反映。第二产业中的制造业主要是加工工业，其大多数产品属于最终产品，空间分布结构主要取决于地区发展的经济结构。其中，我国东部发达地区加工工业发达，势必会形成东部地区向中西部地区输出工业制成品的运输格局。而从产品本身的发展变化来看，随着我国加快发展高新产业，高附加值的产品会得到较快的增长。这些产品大多数体积小、重量轻、价值高，从产品销售的辐射特点看，应该是伴随着经济发展的程度而产生变化。其中，对同一类产品，经济较发达地区一定会比经济相对不发达地区先使用，或者使用的规模和程度更大。因此，从运输环节上看，基本上形成了由经济发达地区向其他地区辐射的特点。在货物周转量指标上，由于受距离与重量的因素影响，与第一产业的产品影响程度相差较大。第二产业中的建筑业对货物运输需求较大，其原因与采掘业相类似，这类产品的重量较大。同时，也具有较为明显的地理分布特征，因此对货物运输周转量的影响较大。

第三产业主要是服务业，对旅客运输的直接影响较大，服务业的发展变化影响到地区的人口发展状况以及布局结构，人们的衣食住行需要得到社会的保障。因此，必然会对货物产生运输需求，并且这种需求是与地区经济发展水平相适应的。

总体而言，产业结构的变化会对货物运输产生影响，随着经济发展程度的不断加深，产业中产品的变化特点均会对货物运输产生不同的影响，了解这些规律有利于准确把握未来货物运输的发展趋势和特点。

（2）影响区域经济空间结构。铁路的发展能够优化城市功能布局。目前，很多城市在发展过程中遇到了一些问题，这些问题表面看是由于人口过多造成的，实质是由于功能过多造成的。优化城市空间布局，优化城市功能，是解决城市发展问题的重要途径。铁路网络的建设和规划，能够促进优质医疗、教育、培训机构以及部分行政性服务机构向铁路沿线聚集，改变城市产业功能、社会公共服务功能和行政功能布局。同时，促进产业结构区域合理化与高度化，当经济空间结构状态良好时，铁路沿线产业结构就会密集。铁路网络的优化还能够优化城市和周边城市的空间布局，这是优化区域功能布局的重要支撑：第一，加强城市与周边城市的连通；第二，明确各城市与周边城市的功能定位；第三，实现城市与周边城市的产业互补。

（3）改善城市交通运输。促进城市群的协调发展首先必须建立发达的交通基础设施，而铁路是城市群综合交通的重要组成部分，在促进区域交通一体化、区域内部城市交通便捷化等方面具有重要作用。当前，我国“四纵四横”的快速铁路运输网络已基本形成，“四纵四横”网络连接我国环渤海经济圈、长江三角洲城市群、珠江三角洲城市群、长株潭城市群、成渝城市群以及长江中游城市群、武汉城市群、关中城镇群、海峡西岸经济圈等经济较为发达、人口密度较大的地区。同时，以“四纵四横”为主线，在区域内建设城际客货运系统，覆盖区域内主要城镇。因此，铁路网络建成后，部分省会城市将形成2小时交通圈、省会城市与周边各城市将形成1小时交通圈。以北京为起始点，8小时内可到达我国绝大部分省会城市，极大地缩短了我国各区域间的地理时空距离，对我国产业地理格局影响深远。

综上所述，铁路建设及铁路网络的不断完善，不仅可以缓解区域内的交通拥堵，还可以满足不同数量、层次的客货运需求，在我国各区域间建立综合交通运输体系。

3. 长期影响

（1）降低成本，提高城市竞争力。铁路建设促进交易成本降低。铁路运输主要降低运输过程成本，从运输交易过程看，铁路运输可降低合作企业之间的运输费用，促进企业保持长期合作，在长期合作企业之间建立信任关系、降低违约风险。同时，增加企业相互学习的机会，降低货主之间信息不对称的程度。

（2）优化城市环境，推进可持续发展。在我国经济高速发展、生活水平日益提高的同时，人均汽车保有量不断增加。人均汽车保有量的增加给城市交通运输体系、城市环境体系带来了很大的压力，使许多城市出现交通拥堵和环境污染。当前，环境污染造成的全球温室效应也是人类亟须解决的问题。铁路运输方式，在满足客货运基础上，有效减少货车的运输，不仅缓解城市交通压力，还能有效降低温室效应。

铁路运输具有环保、无污染的特点，符合经济可持续发展的要求。随着全球经济一体化的发展，世界已经进入资源消耗结构发生变化的时代，资源相对短缺与快速发展的经济增长形成强烈反差，可持续发展成为全球性问题。我国资源相对短缺，石油、耕地等人均占有量大大低于世界平均水平，存在着严重的人口及资源压力，尤其是石油资源将成为我国经济增长的重要制约因素。我国实施可持续发展战略，走新型工业化道路，必须选择资源节约型、环境友好型的经济发展模式，使能源、土地等资源得到合理利用。铁路与其他运输方式比，在能源消耗、土地占用、运输成本等方面具有明显的经济比较优势。在能耗方面，按单位运输量计算，公路是铁路的 6 倍，航空是铁路的 30 倍。在土地占用方面，按单位运输量计算，公路是铁路的 5 倍。在费用方面，铁路运输费用仅为汽车运输费用的 10%。

总之，根据我国土地资源和能源的情况，发展铁路这种占地少、能耗低的交通方式，对于国民经济的可持续发展具有十分重要的意义。铁路运输的规模优势、安全优势、价格优势、不受天气影响优势，对实现我国经济社会的可持续发展具有越来越重要和不可替代的独特作用。

（3）刺激就业市场发展。铁路建设、铁路运营等都将有效缓解区域就业问题。同时，铁路运输的发展也将带动其他产业的发展，刺激消费，有效解决区域就业问题。

（4）缩小城乡差距。我国高速铁路覆盖城镇、乡村，因此对缩小城乡之间、各区域之间差距具有重要作用。高速铁路的快速发展使我国西部地区更易到达、中部地区不再闭塞。与此同时，在高速铁路规划、筹备、建设、运营等多环节，需要大量人力、物力、财力的投入，不仅可以直接解决当地人民的就业问题、增加当地人民收入，而且能够使城乡联系更为紧密，为人才、资金、信息技术在城镇和乡村之间的双向流动创造有利前提条件。最终，铁路促进城市发展，吸引资本的投入，在城市中形成新的经济发展产业群，为我国信息化、工业化、城镇化提供新的发展契机。

（5）促进区域经济均衡增长。铁路可以改善地区间经济社会发展不平衡，促进区域经济均衡增长。铁路是改变资源分布和工业布局非均衡性的大动脉，承担了北煤南运、西煤东运、北木南运、北油南运、西油东运等任务，克服了我国资源分布和工业布局的非均衡性对国民经济发展的制约，为资源在更广阔空间范围的优化配置提供了最为有效的载体。经济落后地区的共性之一是交通不便，阻碍其与外部经济的联系。铁路运输具有巨大的正外部性，通过加强经济落后地区与外部经济环境的联系与交流，拉动落后地区的经济发展，对改善地区间经济社会发展的非均衡性有着极为重要的作用。

第四节　铁路货物运输与空间经济实证分析

选取 1979～2018 年共计 40 年各省份的铁路运输量与各省总货运量的比值，分析铁路运输对各省份的重要程度。根据各省的铁路运输占比，分成六个类别（见表 5-10）。

表 5-10　各省份铁路运输量与货运量占比分类

类别	1979 年		1989 年		1999 年		2009 年		2018 年	
第一类（≥ 50%）	—	—	—	—	—	—	山西	50%	—	—
第二类（40%~49%）	—	—	—	—	—	—	—	—	山西	40%

续表

类别	1979 年		1989 年		1999 年		2009 年		2018 年	
第三类（30%~39%）	广西	40%	宁夏	39%	山西	33%	内蒙古	38%	内蒙古	31%
	湖南	40%	山西	38%	宁夏	30%	黑龙江	31%	—	—
	云南	38%	黑龙江	35%	—	—	—	—	—	—
	河南	38%	内蒙古	30%	—	—	—	—	—	—
	贵州	38%	—	—	—	—	—	—	—	—
	北京	36%	—	—	—	—	—	—	—	—
	湖北	34%	—	—	—	—	—	—	—	—
	陕西	33%	—	—	—	—	—	—	—	—
	安徽	33%	—	—	—	—	—	—	—	—
	四川	33%	—	—	—	—	—	—	—	—
第四类（20%~29%）	辽宁	28%	吉林	25%	黑龙江	25%	青海	27%	陕西	24%
	山东	26%	陕西	24%	贵州	23%	天津	27%	黑龙江	21%
	福建	26%	河南	24%	吉林	21%	陕西	26%	—	—
	广东	24%	辽宁	20%	内蒙古	21%	甘肃	22%	—	—
	江苏	22%	河北	20%	—	—	吉林	22%	—	—
	—	22%	—	—	—	—	宁夏	20%	—	—
	—	—	—	—	—	—	贵州	20%	—	—
第五类（10%~19%）	浙江	16%	山东	19%	河南	16%	辽宁	15%	宁夏	18%
	天津	15%	天津	18%	河北	16%	新疆	14%	天津	18%
	新疆	13%	甘肃	18%	辽宁	16%	河北	13%	青海	17%
	—	—	贵州	16%	新疆	15%	云南	11%	新疆	13%
	—	—	青海	15%	安徽	14%	—	—	吉林	11%
	—	—	江西	13%	青海	14%	—	—	—	—
	—	—	广西	13%	甘肃	13%	—	—	—	—
	—	—	湖南	12%	陕西	13%	—	—	—	—
	—	—	安徽	12%	广西	13%	—	—	—	—

续表

类别	1979 年		1989 年		1999 年		2009 年		2018 年	
第五类（10%~19%）	—	—	新疆	11%	山东	13%	—	—	—	—
	—	—	湖北	11%	江西	13%	—	—	—	—
	—	—	—	—	四川	12%	—	—	—	—
	—	—	—	—	湖北	10%	—	—	—	—
第六类（≤ 9%）	西藏	0%	北京	9%	北京	9%	广西	9%	辽宁	9%
	—	—	四川	9%	天津	9%	北京	8%	甘肃	9%
	—	—	江苏	9%	湖南	9%	河南	8%	河北	8%
	—	—	福建	8%	福建	8%	湖北	8%	山东	7%
	—	—	云南	7%	广东	7%	山东	7%	贵州	5%
	—	—	广东	6%	重庆	6%	四川	6%	海南	5%
	—	—	海南	6%	海南	6%	江西	6%	河南	4%
	—	—	浙江	5%	云南	6%	福建	6%	四川	4%
	—	—	上海	5%	江苏	5%	安徽	6%	广西	4%
	—	—	西藏	0%	浙江	3%	广东	4%	云南	3%
	—	—	—	—	上海	2%	湖南	4%	江西	3%
	—	—	—	—	西藏	0%	江苏	4%	西藏	3%
	—	—	—	—	—	—	海南	3%	北京	3%
	—	—	—	—	—	—	重庆	3%	江苏	3%
	—	—	—	—	—	—	浙江	2%	福建	3%
	—	—	—	—	—	—	西藏	2%	湖北	2%
	—	—	—	—	—	—	上海	1%	广东	2%
	—	—	—	—	—	—	—	—	安徽	2%
	—	—	—	—	—	—	—	—	湖南	2%
	—	—	—	—	—	—	—	—	浙江	2%
	—	—	—	—	—	—	—	—	重庆	2%
	—	—	—	—	—	—	—	—	上海	0%

注：由于篇幅有限，仅展示 1979 年、1989 年、1999 年、2009 年以及 2018 年的数据。其他年份的数据在附录二中具体展示。

资料来源：历年《中国统计年鉴》。

1979～1984 年，铁路货运量占比大于 50% 的省份较多集中在中西部以及东北部资源集中型省份，主要包括山西省、宁夏回族自治区、辽宁省、内蒙古自治区等。随着各省份其他交通运输方式的增加，也出现海南省等地区铁路货运量减少的情况。可将 1985 年看成是一个转折点，在 1985 年后，第一、第二类的省份大幅度减少，仅山西省以及黑龙江省的铁路运输仍占总货运量的一半以上；其余省份逐渐变成第三、第四类；第五类和第六类省份数量明显增加。其中，上海市、福建省、江苏省、云南省等的铁路运输占比明显减少。

1985～2018 年，所有省份的铁路运输占总货运量的比重呈现显著降低的趋势，山西省、内蒙古自治区等省份由于资源丰富，铁路运输占比保持在 30% 以上。而第六类有 22 个省份的铁路运输占比均低于 10%，全国有 87% 的省份属于第五类和第六类，其铁路货物运输与总货运量占比低于 20%，这与其更全面地利用了多式联运或公路运输等方式有关。

为进一步分析地区铁路货运量与其经济发展的关系，对 2018 年我国 31 个省份的铁路货运量占总货运量比重、地区生产总值、第一产业增加值、第二产业增加值、第三产业增加值这五个指标变量进行聚类（见表 5–11）。

表 5–11　2018 年 31 个省份的聚类分析指标

省份	铁路货运量占总货运量比重（%）	地区生产总值（亿元）	第一产业增加值（亿元）	第二产业增加值（亿元）	第三产业增加值（亿元）
北京	2.86	30319.98	118.69	5647.65	24553.64
天津	17.71	18809.64	172.71	7609.81	11027.12
河北	7.86	36010.27	3338	16040.06	16632.21
山西	40.31	16818.11	740.64	7089.19	8988.28
内蒙古	31.18	17289.22	1753.82	6807.30	8728.1
辽宁	8.82	25315.35	2033.3	10025.10	13256.95
吉林	10.77	15074.62	1160.75	6410.85	7503.02
黑龙江	20.58	16361.62	3000.96	4030.94	9329.72
上海	0.45	32679.87	104.37	9732.54	22842.96

续表

省份	铁路货运量占总货运量比重（%）	地区生产总值（亿元）	第一产业增加值（亿元）	第二产业增加值（亿元）	第三产业增加值（亿元）
江苏	2.65	92595.4	4141.72	41248.52	47205.16
浙江	1.61	56197.15	1967.01	23505.88	30724.26
安徽	1.98	30006.82	2638.01	13842.09	13526.72
福建	2.57	35804.04	2379.82	17232.36	16191.86
江西	2.96	21984.78	1877.33	10250.21	9857.24
山东	6.57	76469.67	4950.52	33641.72	37877.43
河南	4.03	48055.86	4289.38	22034.83	21731.65
湖北	2.32	39366.55	3547.51	17088.95	18730.09
湖南	1.94	36425.78	3083.59	14453.54	18888.65
广东	2.23	97277.77	3831.44	40695.15	52751.18
广西	3.75	20352.51	3019.37	8072.94	9260.2
海南	4.85	4832.05	1000.11	1095.79	2736.15
重庆	1.53	20363.19	1378.27	8328.79	10656.13
四川	3.84	40678.13	4426.66	15322.72	20928.7
贵州	5.38	14806.45	2159.54	5755.54	6891.37
云南	3.31	17881.12	2498.86	6957.44	8424.82
西藏	2.88	1477.63	130.25	628.37	719.01
陕西	24.38	24438.32	1830.19	12157.48	10450.65
甘肃	8.65	8246.07	921.3	2794.67	4530.1
青海	17.03	2865.23	268.1	1247.06	1350.07
宁夏	18.40	3705.18	279.85	1650.26	1775.07
新疆	12.79	12199.08	1692.09	4922.97	5584.02

资料来源：2018年《中国统计年鉴》。

使用 SPSS 22.0 软件进行层次聚类，使用组间距离法得出聚类组合的谱系图（见图 5–7）。

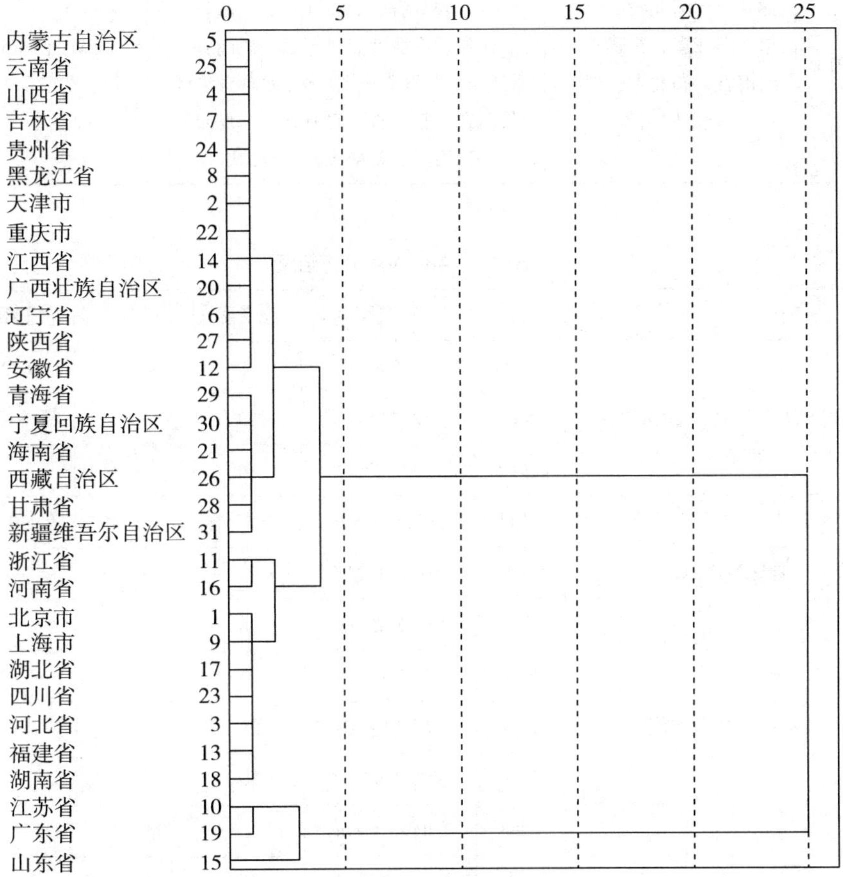

图 5–7 系统聚类谱系

使用层次聚类法，将 31 个省份分为三类（见表 5–12），并就分类结果进行 ANOVA 分析，以此探究五个分类指标是否存在显著差异。

以省份为自变量，以各省的铁路货运量占总货运量比重、地区生产总值、第一产业增加值、第二产业增加值、第三产业增加值这五项指标为因变量进行分析，结果如表 5–13 所示。

表 5-12　使用层次聚类的省份分类结果

年份	第一类	第二类	第三类
2018	北京市、河北省、上海市、浙江省、福建省、河南省、湖北省、湖南省、四川省	天津市、山西省、内蒙古自治区、辽宁省、吉林省、黑龙江省、安徽省、江西省、广西壮族自治区、海南省、重庆市、贵州省、云南省、西藏自治区、陕西省、甘肃省、青海省、宁夏回族自治区、新疆维吾尔自治区	江苏省、山东省、广东省

表 5-13　ANOVA 分析结果

		平方和	自由度	F	显著性
铁路货运量占总货运量比重	组间	629.817	2	4.054	0.028
	组内	2174.95	28	—	—
	总计	2804.767	30	—	—
地区生产总值	组间	15214434876	2	110. 407	0
	组内	1929247217	28	—	—
	总计	17143682093	30	—	—
第一产业增加值	组间	23501048.5	2	8. 838	0. 001
	组内	37228147.54	28	—	—
	总计	60729196. 04	30	—	—
第二产业增加值	组间	2849679996	2	74.323	0
	组内	536783511.1	28	—	—
	总计	3386463507.1	30	—	—
第三产业增加值	组间	4259085579	2	109. 521	0
	组内	544437255.6	28	—	—
	总计	4803522834.6	30	—	—

从表 5-13 中可以看出，在显著性水平为 0.05 的前提下，三类省份的铁路货运量占总货运量比重、地区生产总值、第一产业增加值、第二产业增加

值、第三产业增加值均存在显著性差异，由此可知三类省份的差异体现于这五个指标。通过比较均值法，更直观地分析三类省份的特点（见表 5–14）。

表 5–14　三种类别省份的比较均值法结果

组间连接		铁路货运量占总货运量比重（%）	地区生产总值（亿元）	第一产业增加值（亿元）	第二产业增加值（亿元）	第三产业增加值（亿元）
第一类	平均值	3. 05	39504. 17	2583. 89	15673.17	21247. 11
	标准偏差	2.11	8058. 22	1608.53	5520. 47	4505. 32
第二类	平均值	12.49	15411.95	1502.92	6298. 78	7610. 25
	标准偏差	10.87	8067. 27	938. 73	3778. 63	3866. 21
第三类	平均值	3.82	88780.94	4307.89	38528. 46	45944. 59
	标准偏差	2. 39	10915.9	577.75	4241.08	7516. 57
总计	平均值	8.91	29506. 69	2088. 2	12139. 38	15279.11
	标准偏差	9.67	23905.15	1422. 78	10624.6	12653. 75

由表 5–14 可知，仅有第二类省份的铁路货运量占总货运量比重高于均值，但在其他四类经济型指标方面，均低于全国均值水平。第一类省份、第三类省份的铁路货运量占总货运量比重平均值分别为 3.05% 和 3.82%，明显低于全国均值 8.91%。第三类省份的地区生产总值均值最高，其次为第一类省份、第二类省份。其中，第三类省份的第一、第二、第三产业增加值显著高于第一类和第二类省份。根据表 5–14 绘制雷达图，以便更形象地展示三类省份的特点（见图 5–8）。

综上所述，可得出以下结论：

第一类省份：北京市、河北省、上海市、浙江省等。该类省份经济发展水平较高，但铁路运量少。

第二类省份：山西省、内蒙古自治区、辽宁省等。作为资源型省份，铁路运输占比大，但其经济发展水平低。

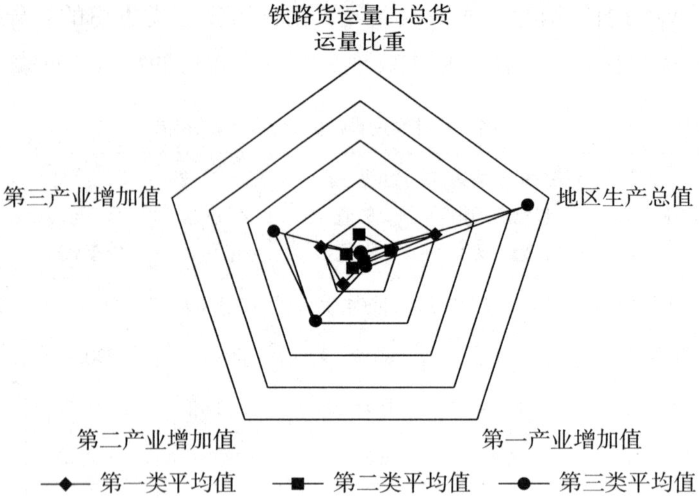

图 5-8　三类省份雷达图

第三类省份：广东省、江苏省、山东省。该类省份地区生产总值水平最高，其三产增加值高于全国平均水平。该类省份作为经济大省，铁路货物运输占比小，低于全国平均水平。可见，该类省份经济增长与铁路货物运输无显著关系，主要依靠公路等其他运输方式，其经济增长依靠三产产值增加得以实现。

综上所述，铁路运输应该适度超前发展。一方面要超前发展；另一方面要适度超前，铁路运输投资应在区域发展能承受的范围内。同时，铁路运输适度超前发展因地而异。对于区域发展水平较高、发展势头较快的地区，一定要适度超前发展，不仅要发挥交通运输对区域发展的基础、支撑作用，更要发挥其引导区域发展、刺激经济发展的功能，促进区域发展水平不断提高。对于区域发展水平相对滞后的地区，铁路运输发展政策应具有一定的弹性，可视其发展态势快慢来决定交通运输是超前还是适度。总之，铁路运输作为区域发展的支撑条件，要与区域发展相协调。

第六章　中国铁路货物运输空间分析

第一节　铁路货物运输流量流向分析

一、铁路货运运输 OD 表分析

从 1986 年开始，我国交通运输协会每年发行一部《中国交通年鉴》，此年鉴中显示了我国 28 个省份之间运输的到达量、发送量的数据，而且以矩阵的形式表达，这个表就是国家铁路货物交流表（Origin Destination，OD）。根据 OD 表，可以反映出各省份之间铁路货物运输的实际流动情况。通过 OD 表的使用，可以对每一个省份的铁路货物到达量、发送量的变化情况进行分析。

（一）铁路货物发送主要省份分析

分析 1985 ~ 2017 年的铁路货物发送量数据及占比排名，可知我国主要的铁路货物发送省份有山西省、辽宁省、内蒙古自治区、黑龙江省、河北省、山东省、河南省等（见表 6–1）。

山西省作为产煤大省，其年均铁路运输货物发送量占全国货物发送总量的 18% 以上，位列全国第一，高于排名第二位的省份近 11 个百分点。山西省货物除了在省内周转外，主要输送省份有河北省、山东省、江苏省、天津

表6-1 我国各省份铁路货物运输量所占比重及排名

单位：%

排名	发送量						到达量					
	平均值		1985年		2017年		平均值		1985年		2017年	
	省份	比重	省份	比重	省份	比重	省份	比重	省份	比重	省份	比重
1	山西	18.33	山西	12.62	山西	24.75	河北	14.02	辽宁	12.10	河北	20.67
2	辽宁	7.57	辽宁	10.89	内蒙古	12.75	辽宁	10.15	河北	9.03	辽宁	8.52
3	内蒙古	7.53	黑龙江	9.06	山东	6.18	山东	6.82	黑龙江	8.06	山东	7.48
4	黑龙江	6.95	河北	8.04	辽宁	5.42	黑龙江	5.67	河南	5.37	四川	5.70
5	河北	6.58	河南	5.80	河北	4.71	四川	4.96	吉林	5.14	内蒙古	4.85
6	山东	5.88	山东	5.02	陕西	4.45	江苏	4.53	山东	5.09	河南	4.32
7	河南	5.21	吉林	4.52	黑龙江	3.56	天津	4.19	湖北	4.64	天津	3.96
8	四川	3.91	内蒙古	4.31	新疆	3.30	河南	4.17	四川	4.50	黑龙江	3.62
9	安徽	3.46	四川	4.17	河南	3.20	湖北	3.91	江苏	4.44	安徽	3.14
10	吉林	3.21	安徽	3.49	安徽	3.06	吉林	3.87	北京	4.37	山西	2.99
11	广东	2.84	湖南	3.21	天津	2.99	内蒙古	3.41	天津	4.27	吉林	2.96
12	陕西	2.58	江苏	3.17	广东	2.83	广东	3.30	内蒙古	3.47	湖北	2.84
13	湖南	2.53	湖北	2.87	四川	2.57	湖南	3.09	安徽	3.34	湖南	2.81
14	江苏	2.46	广东	2.54	广西	2.27	安徽	3.08	湖南	3.23	云南	2.66
15	湖北	2.25	北京	2.38	甘肃	2.06	山西	3.01	山西	3.22	江苏	2.65
16	贵州	1.98	陕西	2.27	江苏	1.96	北京	2.65	广东	2.90	新疆	2.65

续表

排名	发送量						到达量					
	平均值		1985 年		2017 年		平均值		1985 年		2017 年	
	省份	比重	省份	比重	省份	比重	省份	比重	省份	比重	省份	比重
17	甘肃	1.91	甘肃	2.00	贵州	1.81	浙江	2.36	甘肃	2.40	广东	2.47
18	新疆	1.83	江西	1.83	吉林	1.64	广西	2.35	陕西	2.35	江西	2.43
19	江西	1.80	天津	1.76	江西	1.64	甘肃	2.26	江西	1.76	广西	2.27
20	广西	1.77	贵州	1.47	云南	1.51	江西	2.26	上海	1.74	贵州	2.24
21	天津	1.67	浙江	1.40	湖南	1.37	陕西	1.88	浙江	1.72	甘肃	2.18
22	云南	1.62	广西	1.38	湖北	1.30	云南	1.73	广西	1.50	陕西	2.11
23	福建	1.35	云南	1.30	浙江	1.19	福建	1.57	福建	1.28	浙江	1.43
24	北京	1.29	福建	1.20	福建	1.09	贵州	1.45	云南	1.27	福建	1.24
25	浙江	1.23	宁夏	1.10	青海	1.05	上海	1.16	贵州	1.04	青海	0.72
26	宁夏	1.10	上海	1.06	宁夏	0.94	新疆	1.09	新疆	0.65	北京	0.43
27	上海	0.61	新疆	0.90	北京	0.24	青海	0.54	宁夏	0.59	宁夏	0.42
28	青海	0.59	青海	0.26	上海	0.16	宁夏	0.52	青海	0.57	上海	0.25

资料来源：历年《中国交通年鉴》。

市。河北省是山西省铁路货物的主要输入省份，山西省运往河北的货物运输量逐年增加，占山西省铁路货物年均总发送量的40%以上，所占比例由1985年的25%增长到2017年的57%，呈现逐年递增趋势。1985～2017年，山西省铁路货物运至山东省的年均发送量占本省货物发送总量的12.62%，居于山西省货物发送省份的第二位。除此之外，山西省货物还主要发送至江苏省、天津市，但是其33年的年均所占运量比例均不足10%且呈现下降趋势。总结来看，山西省铁路货物主要发送至距离较近的省份，呈现发送范围广、发送量稳定的特点。

辽宁省33年间的年均铁路货物发送量占全国发送量的7.57%，仅次于山西省。其发送量占全国铁路货物发送量的百分比由1985年的10.89%下降至2017年的5.42%，下降趋势明显。辽宁省铁路货物主要用于本省的货物周转，占比68.3%，除此之外，主要向吉林省、黑龙江省输送货物。但是33年间辽宁省铁路货物对不同省份输送货物的比重呈现不同的趋势。运往本省的比重随着时间的推移呈现凹形抛物线状态，运往黑龙江省的比重随着时间的推移呈现下降趋势，运往吉林省的货物比重随着时间的推移而增长。总结来看，辽宁省铁路货物主要用于本省的货物转运，呈现发送范围小、发送量稳定的特点。

内蒙古自治区33年间的年均铁路货物发送量占全国铁路货物发送总量的7.53%，仅次于山西省、辽宁省，其发送量占比由1985年的4.31%上升至2017年的12.75%，上升趋势明显。内蒙古自治区的铁路货物发送主要用于本省的货物转运，占比32.48%。除此之外，还向河北省、辽宁省、吉林省输送货物，占比均超过10%。内蒙古自治区运往河北的年均发送量占比呈现上升趋势，由1985年的7.52%增长至2017年的19.06%。内蒙古自治区运往辽宁省的年均发送量占比由1985年的13.20%增长至2017年的15.12%。33年间内蒙古自治区运往吉林省的年均发送量占比由1986年的12.14%下降至12.08%，变化幅度较小。

黑龙江省33年间的年均发送量占全国铁路货物发送总量的6.95%，呈现下降趋势，由1985年的9.06%下降至2017年的3.56%。通过分析年鉴数据可以看出，黑龙江省的铁路货物主要输出省份为黑龙江本省、辽宁省、吉林省，分别占比为49.95%、21.30%、12.23%，其年均变化幅度较小。除此之外，其他省份年均发送量占比均低于3%。总结来看，黑龙江省的铁路货物发送具有区域性特征，其铁路货物主要接受地距发送省较近。

河北省33年间的铁路货物年均发送量占比为6.58%，全国排名第五，由1985年的8.04%下降至2017年的4.71%，年均占比呈现下降趋势。其铁路货物42.19%用于本省转运，剩余27%主要发送至天津市、北京市，虽然有部分货物发送至山东省、辽宁省，但发送比重不足5%。值得注意的是，河北省发送至天津市的货物占比在1998年、1999年连续两年出现历史低值，不足10%。发送至北京市的铁路货物占比呈现下降趋势。总之，河北省发送省份主要为京津冀地区及东北地区，发送比重变化较为明显。

山东省33年间铁路货物发送量年均占比5.88%，全国排名第六。其占比百分数较为稳定，围绕5.5%上下波动。山东省的铁路货物发送量主要转运于本省，占比45.99%。除此之外，主要输送省份有山西省、江苏省、河北省、河南省、浙江省、安徽省，但是其发送比重较为接近，均不足8%。总结来看，山东省的铁路货物发送量呈现发送范围广、发送比重稳定的特点。

河南省33年间铁路货物发送量年均占比5.21%，其占比自2002年后呈现下降趋势。河南省铁路货物发送省份为本省、湖北省、江苏省、湖南省。在本省内转运的占比呈现凹形抛物线，在2007年到达最低值17.85%。发送至湖北省、湖南省的占比分别在2013年及2014年到达最低值。发往湖北省的占比整体呈现先增长后降低趋势，发往湖南省的占比整体呈现增长幅度较小的上升趋势。发往江苏省的占比呈现凸形抛物线，在2003年达到最大值。总之，河南省铁路货物发送呈现出发送范围广的特点，除本省转运及发送至湖北的比重超过20%外，其他省份排名占比差别不大。

整体上看，我国铁路货物发送情况呈现以下特点：

第一，主要发送省份都有产量较大的煤田，煤炭的大量生产为铁路货物的运输提供了资源保障。①

第二，铁路货物发送量与省市距离有关，除了部分用于本省转运外，主要发送至距离较近的省份。

---

① 我国主要煤田：神府—东胜煤田（内蒙古）、大同煤田（山西省）、沁水煤田（山西省）、开滦煤田（河北省）、兖州煤田（山东省）、平顶山煤田（河南省）、六盘水煤田（贵州）。

第三，铁路货物发送量大省主要集中在中原地区及东北地区，占全国货物发送量的比重较高，煤炭、粮食、木材等产业分布与大宗运输有密切联系。除了以上分析的省份外，其余省份均有货物发送至外省，但是其发送量占比较小，不影响铁路货物运输流向的整体格局。

（二）铁路货物到达主要省份分析

从 1985～2017 年的铁路货物到达量、到达排名可以看出（见表 6–1），我国铁路货物到达的主要省份有河北省、辽宁省、山东省、黑龙江省、四川省、江苏省等。

1985～2017 年，河北省铁路货物年均到达量占全国铁路货物到达量的 14.02%，由 1985 年的 9.03% 增长到 2017 年的 20.67%，整体呈现增长趋势。河北省铁路货物到达量的 52.11% 来自于其邻省山西省，本省转运到达量比重由 1985 年的 39.17% 下降到 2017 年的 13.73%，而来自内蒙古自治区的铁路货物到达量由 1985 年的 3.59% 增长到 2017 年的 14.6%，成为河北省所需铁路货物的主要供给省份之一。

辽宁省在全国铁路货物运输到达量的省份排名居于第二位，占全国铁路货物到达量的 10.15%，其到达量年均变化较为平稳。辽宁省的本省铁路货物转运量占本省货物到达量的 49.42%，高于第二供给省份吉林省将近 35 个百分点，但是其年均占比整体呈现下降趋势。吉林省至辽宁省的铁路货物占比在 1985 年至 2004 年呈现上升趋势，2004 年达到 19.12%，在 2004 年之后进入下降阶段。同时，内蒙古自治区作为辽宁省铁路货物到达量排名第三的省份，其铁路货物到达量占比由 1985 年的 4.7% 上升至 2017 年的 28.51%，成为辽宁省主要的铁路货物来源省。另外，吉林省、山西省、河北省也是其主要的铁路货物来源省，吉林省所占辽宁省铁路货物到达总量比重整体呈现上升趋势，山西省、河北省所占比重逐渐减小。

33 年间山东省铁路货物到达量年均所占比重不足 7%，变化比较平稳。山东省铁路货物除了来源于本省转运的 40.39% 外，有 31.75% 来源于山西省。本省铁路货物转运量的比重逐渐减小，由 1985 年的 59.98% 下降至 2017 年的 30.49%。山西省发送至山东省的铁路货物占比由 1985 年的 18.48% 上升至 2017 年的 39.52%，整体呈现上升趋势。除此之外，也有少量铁路货物从河北省、河南省、内蒙古自治区、吉林省运至山东省。

黑龙江省铁路货物到达量占全国到达总量在 1985 年排名第三，随着时间的推移呈现下降趋势，到 2017 年已下降至全国第八，33 年间的年均到达量占全国到达总量的 5.67%。黑龙江省的铁路货物主要来源于本省转运、内蒙古自治区、辽宁省、吉林省，其年均到达量占比分别为 62.01%、15.16%、8.05%、5.57%，分别呈现下降、上升、下降、上升趋势。

1985 ~ 2017 年，四川省铁路货物到达量占全国货物总量的年均比重为 4.96%，其到达量占比变化较为平稳，33 年间围绕在 5% 上下波动。四川省铁路到达货物主要来自于本省转运，占比 52.35%。除本省转运外，发送量较大的省份为广东省、贵州省、云南省、陕西省、广西壮族自治区等地区，均不足 5%。总之，四川省铁路货物主要由本省及相距较近的省份供给，具备到达范围广、到达量稳定的特点。

我国每年有 4.53% 的货物到达江苏省，其铁路货物到达量在全国年均排名第六位。江苏省的铁路货物主要来自于山西省、本省转运、安徽省、河南省、山东省、陕西省等地区，它们发送至山东省的铁路货物到达量年均占比分别为 23%、17.24%、14.27%、9.38%、8.81%、6.37%。发送铁路货物至江苏的省份较多，但主要是邻近省份，且各省份的年均发送量并不悬殊。

整体上看，我国铁路货物到达情况呈现以下特点：

第一，主要到达省份均有以消费煤炭为主的主导产业，并且多以第二产业为主①。

第二，铁路货物到达省份的供给主要来源于邻近省份。

第三，33 年间，铁路货物运输到达量较多的省份，多拥有港口等多式联运资源，可以依托铁水联运完成铁路货物西→东、北→南的转运任务。②

① 河北、辽宁有以机械、钢铁、造船、化工为主的重型工业基地；山东有以电子、机械、石化等工业为主的轻型工业带；吉林有以装备制造、石化为主的重型工业基地；四川有以有色金属、电力、钢铁、装备制造、化工为主的轻型工业带；江苏有以装备制造、化工冶金为主的支柱产业。

② 河北港口：秦皇岛港、京唐港（曹妃甸）、黄骅港；辽宁港口：大连港、营口港、丹东港、锦州港；江苏港口：连云港港等。

第四，全国各省的年均铁路货物到达量的差距较小，货物消费量较为平均。

总结以上分析，可以大体描绘出全国铁路货物运输的流向：我国铁路货物交流主要集中在东北、华北和华南北部，中南、华南及西南地区间的铁路交流量小，交流较不频繁。另外，虽然以上分析了我国铁路货物流向的基本情况，但是1985～2017年，各省份的铁路货物发送量及到达量的变化及影响因素无法通过简单的二维图形展现出来。因此，为进一步对我国铁路货物运输及经济的关系进行分析，需要考虑时间、空间及指标的影响。基于以上分析，进一步选择1985～2017年共28个省份的铁路交流面板数据进行分析，从而控制数据的异质性、降低变量间的共线性。①

二、各省铁路货物发送量与到达量变化

1985～2017年，我国国家铁路行政区域间货物发送总量、到达总量均增长两倍以上。28个省份的货物发送量、到达量变化情况与国家经济及省份自身发展紧密相关，因此呈现不同的变化趋势。由于28个省份的33年数据较多，为提高分析的准确性，首先以全国货物发送量或到达量的变化趋势为基准，将28个省份按照区域间发送量和到达量分别分为三类（上升区、增长平缓区、下降区）；其次，利用聚类对发送量与到达量的六个类型进行更细致的分析，从而进一步区别出每一类的差异。

（一）算数平均法分类

利用算数平均法计算全国铁路货物发送量、到达量及各省份铁路货物发送量、到达量在1985～2017年共33年的平均变化率。将全国28个省份的铁路货物发送量、到达量分别分为三类（见表6-2）。

① 面板数据＝时间序列数据＋横截面数据。运用面板数据进行计量分析的优点包括：一是可以反映各经济主体之间的差异性，可以掌握特定地区的特殊情况；二是随着参考数据增加，自由度增加，推定结果的信赖程度也不断提高；三是运用动力学的原理可以对数据进行调整分析。

表 6-2　我国各地区铁路货物到达量和发送量变化率的比较　　单位：%

发送量			到达量		
	1985 ~ 2017 年平均变化率			1985 ~ 2017 年平均变化率	
上升区（平均 2.41% 以上）	青海	7.67	上升区（平均 2.62% 以上）	新疆	7.74
	新疆	7.17		河北	5.56
	内蒙古	6.58		贵州	5.33
	天津	5.10		云南	5.16
	陕西	5.03		广西	4.17
	山西	5.01		江西	4.10
	广西	4.42		内蒙古	4.00
	贵州	3.47		山东	3.99
	山东	3.40		青海	3.97
	云南	3.28		四川	3.49
	广东	3.23		天津	3.21
	甘肃	2.80		山西	2.82
	江西	2.54		福建	2.68
	福建	2.50	增长平缓区（平均值为 0 ~ 2.62%）	陕西	2.62
	宁夏	2.49		安徽	2.55
增长平缓区（平均值 0 ~ 2.41%）	安徽	2.34		甘肃	2.46
	浙江	2.33		浙江	2.35
	江苏	1.32		湖南	2.33
	四川	1.20		广东	2.32
	河北	1.11		河南	2.19
	河南	0.86		宁夏	1.92
	辽宁	0.52		辽宁	1.73

续表

发送量			到达量		
	1985～2017年平均变化率			1985～2017年平均变化率	
增长平缓区（平均值0～2.41%）	湖北	0.28	增长平缓区（平均值为0～2.62%）	江苏	1.25
	湖南	0.05		湖北	1.18
	黑龙江	0.01		吉林	1.06
下降区（平均值在0以下）	吉林	−0.10		黑龙江	0.33
	上海	−2.94	下降区（平均值在0以下）	上海	−3.00
	北京	−4.21		北京	−4.07

资料来源：历年《中国交通年鉴》。

（二）系统聚类分类

算数平均法分类受突变值影响较大，因此选择用SPSS系统聚类方法进一步对带有突变数值的省份重新进行二次分类，以此来修正误差。考虑发送量下降区及到达量下降区个体数较少，仅对其他四类划分区进行聚类。根据SPSS聚类结果，对发送量上升区、增长平缓区及到达量上升区、增长平缓区进行聚类分析。

1. 发送量上升区

发送量上升区聚类结果如图6–1所示。

第一类：青海省、内蒙古自治区、山西省、广西壮族自治区、甘肃省。

青海省、内蒙古自治区、山西省、甘肃省等省份由于煤炭资源储量丰富，煤炭产业成为该省份的主要支柱产业之一，此类省份铁路货物发送量大。以农业为主的青海因大量煤炭资源，在铁路基础设施建设上投入大量资金。广西壮族自治区发展以制糖业为主的食品加工产业及以炼油为主的石化产业等，通过铁路运输为其他省份提供物产资源。

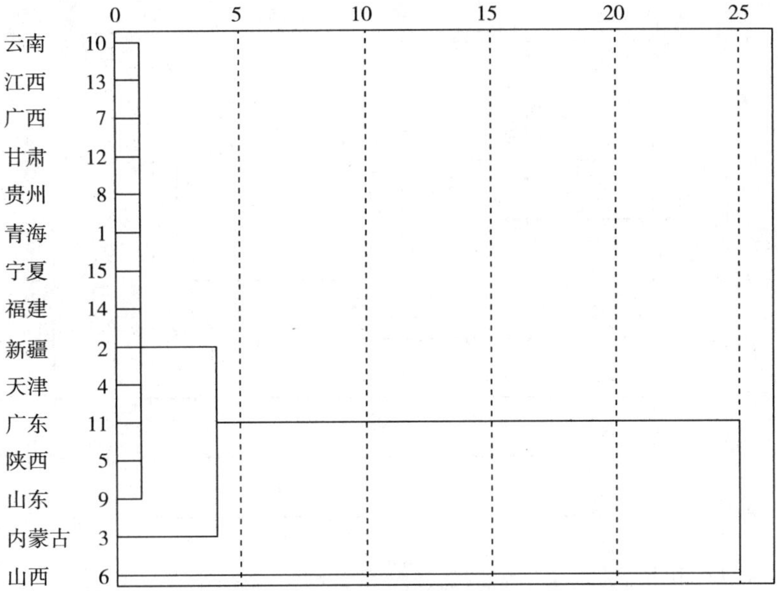

图 6-1　发送量上升区聚类结果

第二类：新疆维吾尔自治区、天津市、陕西省、贵州省、山东省。

新疆维吾尔自治区、陕西省、贵州省、山东省等省份因其大量探明煤炭储量，煤炭资源丰富，投资建设铁路基础设施，铁路货物发送量较大；以服务业为主的天津市，由于受区位因素影响及其煤炭资源的存储影响，成为铁水联运的枢纽，铁路货物发送量逐年提升。

第三类：云南省、广东省、江西省、福建省、宁夏回族自治区。

此类省份铁路货物发送量年均增速较小，云南省、江西省、福建省、宁夏回族自治区等煤炭资源丰富的省份，不仅转运煤炭供本省份消费，同时通过铁路运输为其他省份提供大量的煤炭供给；广东等部分省份虽然不是煤炭基地，但其区位优势明显，成为北煤南运的港口之一，每年通过港口向南方各省市发送的铁路煤炭数量较大。该类省份煤炭转运量较大，同时由于其自身发展需求，对铁路煤炭的需求量也较大。

2. 发送量增长平缓区

发送量增长平缓区聚类结果如图 6–2 所示。

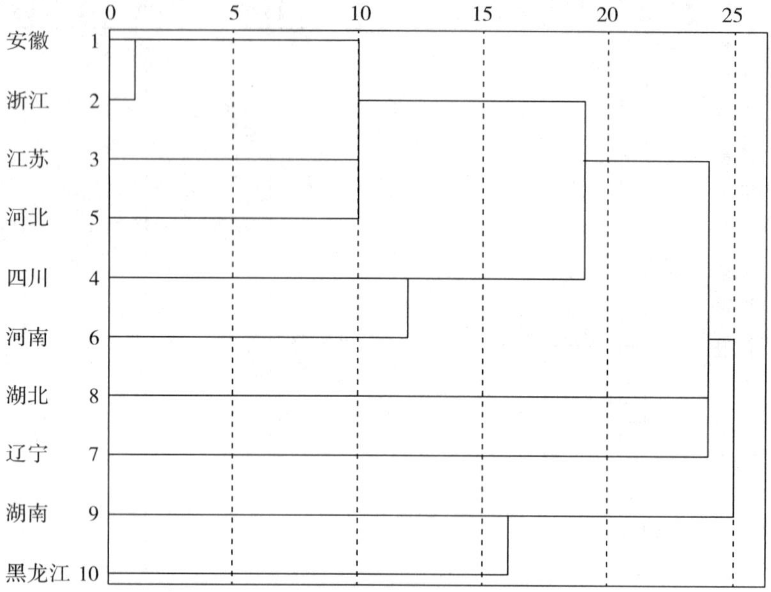

图 6-2 发送量增长平缓区聚类结果

第一类：安徽省、浙江省、江苏省、河北省。

此类省份铁路货物发送量增长趋势较为平缓，该类省份经济发展稳定，煤炭产量大且稳定，对铁路运输的投资建设力度也较大。但是受经济稳定发展影响，对煤炭的需求量呈现稳定现象。因此，各类省份的铁路货物对外发送量处于较为稳定水平。

第二类：四川省、河南省、辽宁省、湖北省、湖南省、黑龙江省。

此类省份铁路货物发送量较为稳定，但是量小。其中，随着东北振兴及重工业转型发展要求，辽宁省、吉林省等的产业结构朝着高附加值的轻工业转型，许多大型国有企业关闭，人口流失。因此，虽然其铁路货物发送量处于增长趋势，但是其年均增长率较小，处于平稳状态。河南省等农业大省，煤炭探明资源丰富，经济发展稳步提升，第三产业占比不断加大。因此，其铁路货物发送量处于增长幅度较缓的平稳状态。

3. 发送量下降区

第一类：吉林省。

东北基地 102 个矿区中，吉林省所占矿区数为 0。该类地区煤炭发送量虽然平稳，但量少。同时，随着吉林省产业结构的调整，铁路货物发送量占比不断减少，呈现下降趋势。

第二类：上海市、北京市。

此类城市不具有大型煤矿，产煤量较小。部分煤炭经过北京转运，随着环渤海区域下水港的发展，经由北京市转运的铁路货物进一步减少。上海市是服务全国、面向国际的现代服务业中心，航运服务业已成为其重要的行业之一，华北煤炭主要通过环渤海的诸多港口，经上海市运往华东各个区域，并且第二产业市场份额逐年减少，故铁路货物的发送量呈现逐年递减趋势。

4. 到达量上升区

到达量上升区聚类结果如图 6-3 所示。

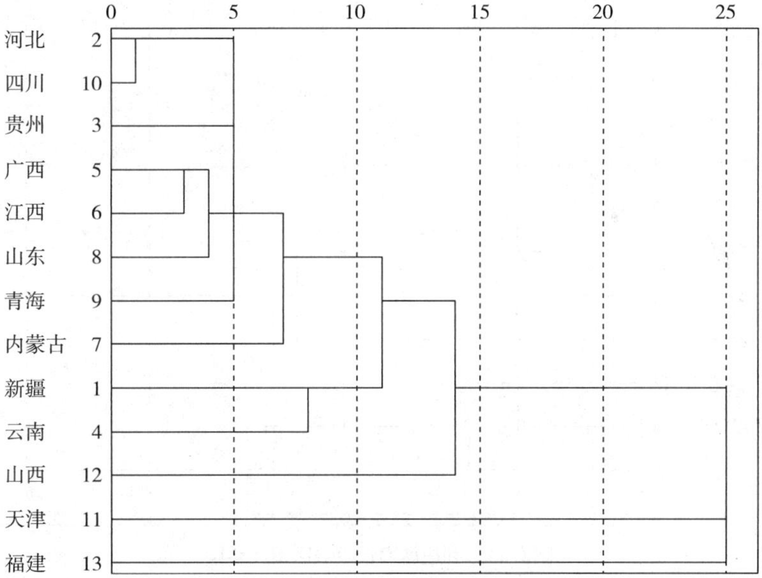

图 6-3　到达量上升区聚类结果

第一类：河北省、四川省、贵州省、广西壮族自治区、江西省、山东省、青海省、内蒙古自治区。

该类省份以钢铁、冶金、装备制造等高耗能行业为支柱产业。随着经济的发展，各地方政府大力推动支柱型产业的发展，使得铁路货物到达量逐年提高。另外，虽然该类省份是我国重要的煤炭基地，有较大的煤炭储量，但是由于其煤炭消费量明显大于其生产量，因此该类省份铁路货物到达量呈现逐年上升趋势。

第二类：新疆维吾尔自治区、云南省、山西省、天津市、福建省。

这类省份既包括经济发展较快的东部城市，又包括发展相对薄弱的西部内陆省，虽然经济发展水平参差不齐，但这几个省份近年来都着力发展以煤炭消耗为主的产业，特别是冶金行业，成为煤炭到达量激增的一类省份。

5. 到达量增长平缓区

到达量增长平缓区聚类结果如图 6-4 所示。

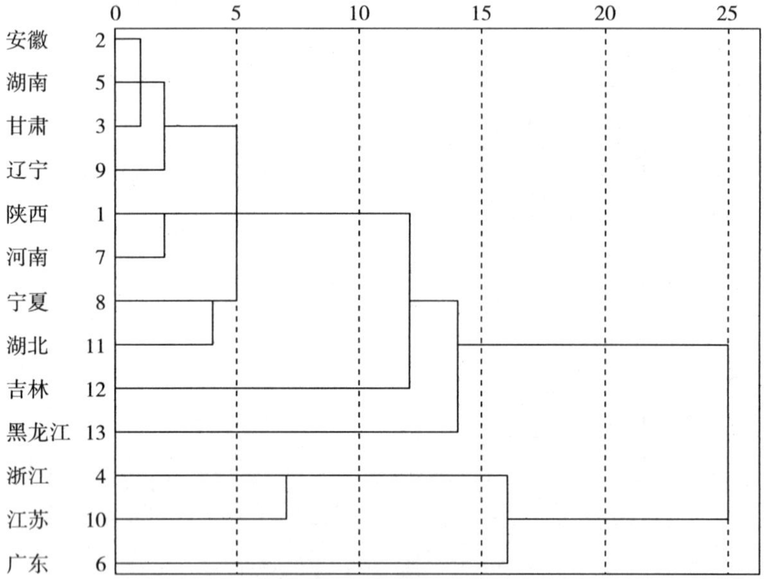

图 6-4 到达量增长平缓区聚类结果

第一类：安徽省、湖南省、甘肃省、辽宁省、陕西省、河南省、宁夏回族自治区、湖北省。

该类省份中辽宁属于东北地区，随着产业结构的改变，辽宁的大型国有耗能企业减少。同时，由于当地原有煤炭资源供给充足，因此，对省外铁路货物需求较少。安徽省、湖南省、甘肃省、陕西省、河南省、宁夏回族自治区、湖北省等省份，煤炭、石油、天然气等矿产资源丰富，随着经济的转型发展，逐步由高耗能的粗放式发展转型为新能源、新材料等战略性新兴产业。其对外省的铁路货物需求量较小，年均增长较为稳定。

第二类：吉林省、黑龙江省、浙江省、江苏省、广东省。

吉林省的装备制造、化工冶金等需要消耗大量煤炭资源，但由于自身煤炭资源丰富，因此对外省铁路货物资源需求呈现较缓的增长趋势。浙江省、江苏省、广东省等省份区位优势明显，煤炭等大宗货物资源可以通过水运完成转运任务。同时，由于其以渔业、轻工业、加工制造业等为主要发展产业，其主要耗能产业并非其支柱产业。因此，该类省份对铁路货物的外省需求较小，波动较为平缓。

6. 到达量下降区

到达量下降区城市：上海市、北京市。

北京市经济已呈现出后工业经济时代的特点，重点发展金融、文化创意、会展旅游、总部经济等高端服务业，突出了北京市现代服务业中心的功能。高污染、高消耗等消耗煤炭的行业，由于污染严重，逐步迁离北京市，导致北京市铁路货物到达量呈现下降趋势。

上海市依托航运资源，完成本省与其他省份及国际的货物交流，主要发展信息、金融、商贸等现代化产业，第二产业市场份额逐年减少，呈现下降趋势。因此，铁路货物到达量呈现逐年递减趋势。

总之，通过铁路货物运输流量流向分析，可以总结如下内容：

第一，从各省份的发送量以及到达量所显示出的OD表来看，存在铁路货物运输增长及下降的省份，铁路运输在各省份所出现的位置各不相同。

第二，对各省份的到达量及发送量的变化率进行分类，各自分为三个集团，对每一个集团当中特征最明显的省份进行了分析，从各省份的铁路整备、产业分布、经济规模等不同的角度，对铁路货物运输量的变化进行分析，可以得到以下两点假设：

A. 到达量的变化情况由该省的经济状况反映出来。

B. 发送量的变化情况由该省的产业状况反映出来。

第二节　铁路货物发送量与到达量影响因素分析

从我国经济指标和铁路货物运输量的关系可以看出，由于外资的引入，第二、第三产业得到了迅速的发展。特别是以上海市、广东省为中心的东南沿海地区，经济发展速度较快，属于经济发达地区。另外，东北、华北以煤炭生产基地为中心，属于铁路货物运输量较大地区。上节对 28 个省份的到达量、发送量、年均变化率进行了计算，得到主要省份的铁路货物运输与该省份的基础设施建设以及该省份的产业分布、经济状况存在很大的关联性的假设推理。本节将在以上分析的基础上构建计量模型，进一步对铁路运输与产业结构、经济的关系进行具体分析。

一、运输手段

首先，由于新线的建设及铁路网络的不断扩大，再加上铁路复线率、电气化率的提高，使得我国铁路营业里程不断增加，铁路货物运输的效率得以提高，对铁路货物运输也产生了较大的影响。因此，筛选出各省份的铁路运输距离作为变量，明确铁路线路的增加对铁路货物运输量产生的影响。另外，因为我国公路里程远远大于铁路，公路运输企业数量不断提升，所以有必要分析公路运输对铁路货物运输产生的影响。综合考虑这些因素，选定公路运输距离与铁路运输距离作为说明变量。

其次，根据模型中各系数的符号，对各种运输方式间存在哪些关系及假设情况进行说明。由于铁路与公路的平均运输距离存在很大差异，铁路承担着中长距离运输，公路承担着短距离运输。对于各省份的省外发送量，铁路和公路存在着互补性。也就是说，各省份之间的干线运输由铁路承担，各省份内的末端运输由公路来承担。因此，对于省外发送量来说，两者呈正相关的关系。而对于省内的货物运输量来说，两者存在着替代的关系，铁路距离与公路距离的符号在计量模型中应该相反。

二、经济发展

在研究中，以各省份的第一、第二、第三产业 GDP 为说明变量。同时，为了便于理解，使用了产业集群表（Location Quotient，LQ）来分析各省份的经济产业情况。如果各省份 GDP 增加，势必要增加生产所需要的原材料，并且生产过程中也要增加投入。这意味着流入到本省份的货物如果通过铁路进行运输，该省份的铁路货物到达量与各省份 GDP 的变化呈正相关关系。另外，各省份 GDP 的增加还会使最终产品的供给量增多，从该省份到其他地区的流出量增加，如果用铁路进行货物运输的话，从该省份发往其他省份的铁路货物发送量与各省份 GDP 的变化也呈正相关关系。

同时在分析时，需要考虑以下情况：

首先，第一产业 GDP。因为第一产业所包含的农产品较多，而且大部分属于易腐蚀货物，所以铁路运输以短距离的运输为主，一次性大量的货物运输的可能性较小。因此，铁路货物运输量与第一产业 GDP 的变化呈正相关关系。

其次，第二产业 GDP。如果该省份产业结构以精密仪器、半导体等高附加值的产业为主，其运输量的吨数势必减小，运输货物的价值势必上升，导致铁路货物运输量与第二产业 GDP 的变化呈负相关关系。

最后，第三产业 GDP。第三产业包含了以铁路、公路、水路运输为中心的运输行业以及物流行业，而这些行业当中有很大一部分都是民营企业，如果该省份的运输业所占比重较高，那么铁路货物运输量与第三产业 GDP 的变化情况，省内为负相关关系，省间为正相关关系。

不同时期，第一、第二、第三产业的经济增长贡献度、铁路货物运输量的变化率以及实际 GDP 增长率之间，存在一定的相关性。从图 6–5 中可以看出，铁路货物运输量随着经济状况的变化而改变，两者发展趋势基本平行。另外，从各产业的贡献度来看，除 1989 年和 1990 年以外，第二产业发展较快，特别是以邓小平 1992 年“南方谈话”为契机[①]，1992 ~ 1993 年我国第二产业得到迅猛发展。第二产业对我国的经济增长起着决定性作用，由于第二产业的发展，推动了建筑业、制造业的发展，激活了生产、投资、消费等经济活动，使得货物运输需求量不断增加。再者，伴随着经济的增长，产业结构发生了变化，钢铁、机械等重工业向精密仪器、半导体等高附加值产业进行转移，使得运输的重量开始下降，运输货物的价值不断上升。

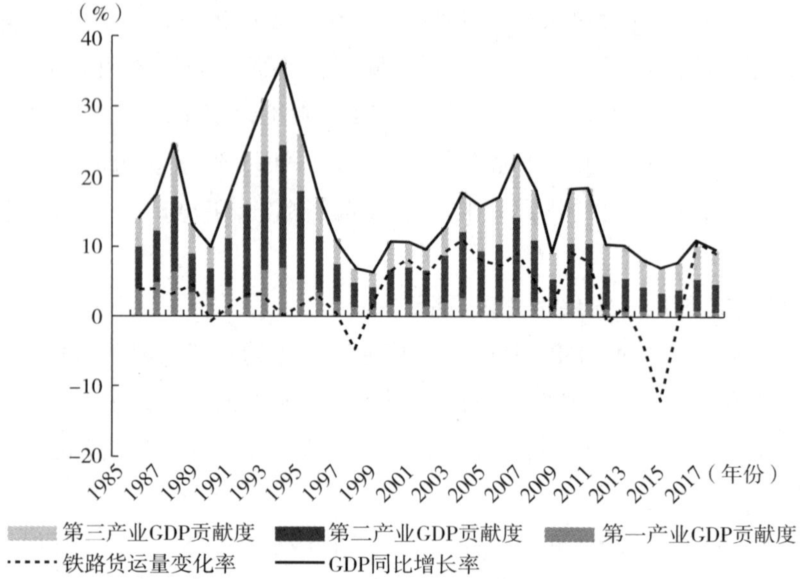

图 6-5 我国经济发展状况与铁路货运量的比较

资料来源：历年《中国统计年鉴》《中国交通年鉴》。

三、基础设施建设

1978 年改革开放以来，我国交通领域基础设施建设的投资力度不断加大，路网密度大幅度提升，为我国经济的快速发展奠定了良好的基础。

① 1992 年，邓小平视察武汉、深圳、珠海、上海以后，进行了“南方谈话”，提出坚持改革开放、加速经济增长。

以下对 1985～2017 年各省份货物运输到达量及发送量与铁路、公路的建设情况的关系进行分析（见图 6–6 至图 6–9）。

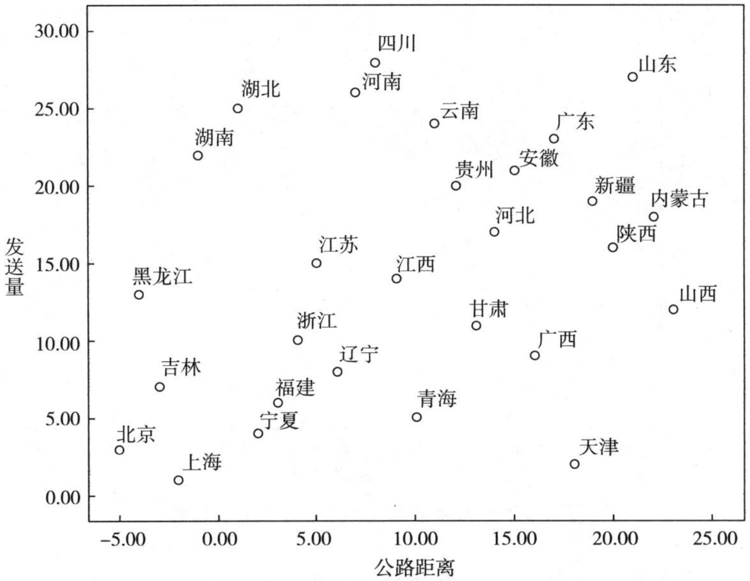

图 6–6　公路运输距离与铁路货物发送量的关系

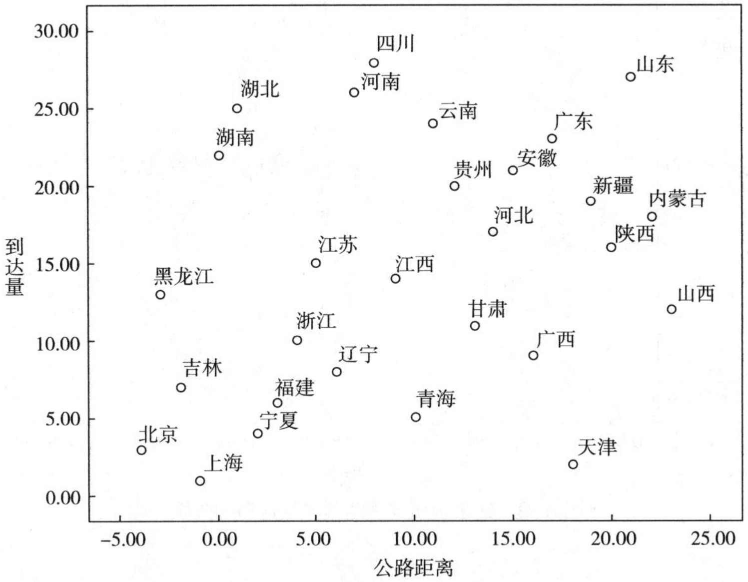

图 6–7　公路运输距离与铁路货物到达量的关系

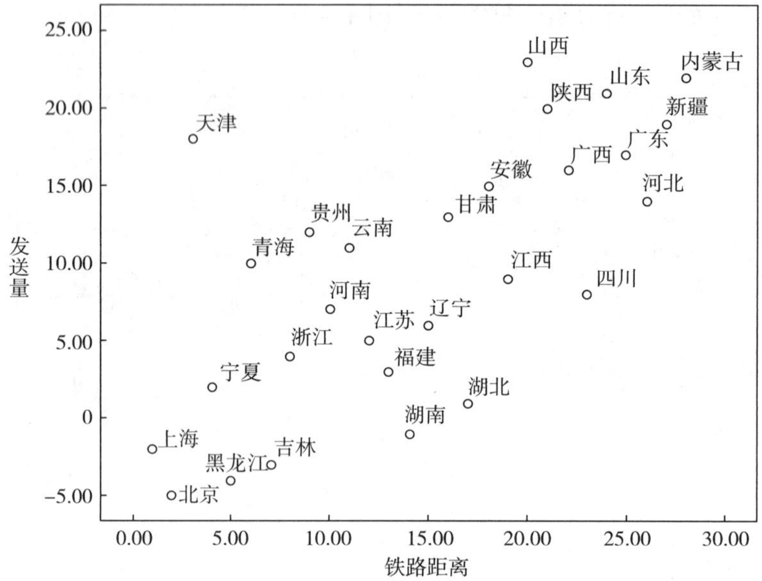

图6-8　铁路距离与铁路货物发送量的关系

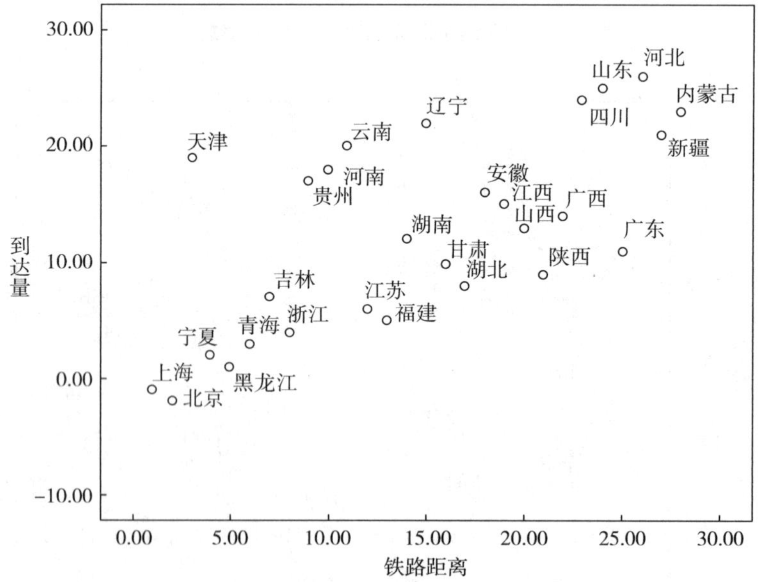

图6-9　铁路距离与铁路货物到达量的关系

从图 6–6 至图 6–9 中可以看出，铁路或者公路基础设施整备较好的省份，其货物运输到达量及发送量处于增加的趋势，也就是说基础设施的整备，促进了区域经济的发展，使货物到达量及发送量不断增加。另外，以东南沿海城市为中心，高速公路建设不断推进，汽车拥有量不断增加，这些城市周围的其他城市之间短距离货物运输的需求不断增加，末端配送的需求也不断增加，造成其货物运输量呈现上升趋势。道路建设与铁路建设在交通运输系统中处于互补的关系，由于运输能力的改善，发送量及到达量处于上升的趋势。

四、人口变化

对 1985 ~ 2017 年各省份人口变化与铁路货物到达量及发送量的关系进行梳理。从图 6–10、图 6–11 中可以看出，人口较多的省份到达量的增长率高于发送量的增长率。分析我国人口变化的趋势，总结出以下三个特点：

第一，地区间人口流动加速。

第二，人口流入比较集中的省份包括上海、北京、广东等。

第三，人口流出的地区也比较集中。由于人口的增加导致经济规模扩大，生产活动能力加强，促进了工业生产的进步。同时，由于工业产业的发展为当地提供新的就业机会，而且其购买力也不断增强，对其他各省份货物的需求量不断增加。由此可以看出，人口的变化与货物发送量及到达量的变化之间存在一定的关系。

同时，根据以上分析，发现人口与货物运输量呈现正相关的规律：

第一，各省份的人口规模大小体现了该省对货物、金融的需求程度，人口规模较大会激发其货物流入量，如果用铁路进行运输，那么人口与到达量呈现正相关的关系。

第二，各省份的人口规模与本省份的劳动力人口、消费人口成正比，人口规模较大的省份，其生产规模也较大，消费能力较强，如果生产的货物商品由铁路进行运输，那么人口与发送量也呈现正相关的关系。

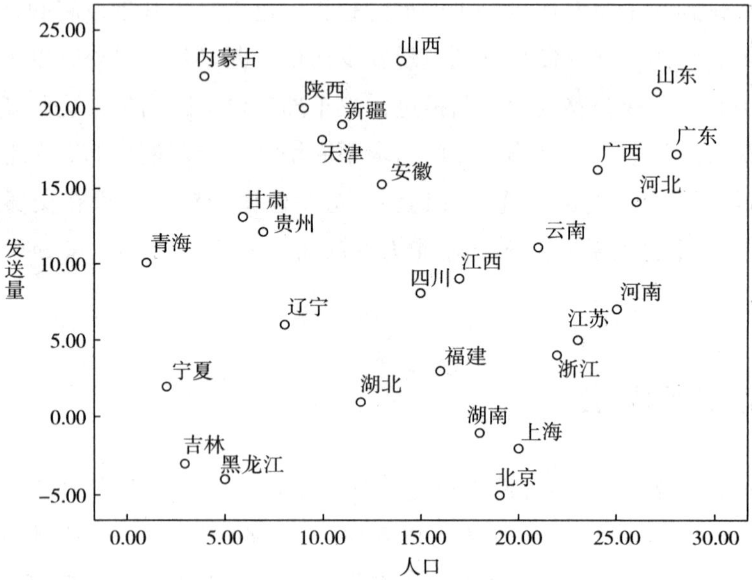

图 6-10 人口与铁路发送量的关系

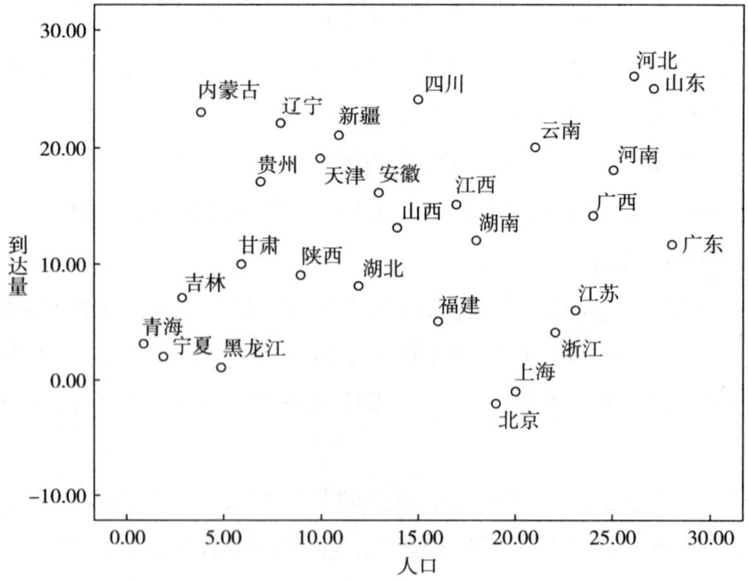

图 6-11 人口与铁路到达量的关系

五、煤炭产量

在我国铁路运输中，能源类物资（主要是煤、焦煤等“黑货”）的货运量占铁路货运总量的比重保持在 50% 以上。煤炭是我国的主要能源，其正常供应是我国经济、社会稳定发展不可缺少的活动，煤炭运输在铁路货运总量中占有非常重要的位置。内蒙古自治区、山西省、陕西省、新疆维吾尔自治区等省份都出产原煤，但是浙江省、广东省、上海市、西藏自治区、海南省等省份不出产原煤。①

从以上分析中可以看出，煤炭运输在我国铁路运输中所占比重较大。从产运系数来看②，煤炭的生产量及消费量与铁路货物运输量的增加具有直接的密切联系。煤炭生产诱发的其他货物的流入情况较少，但是煤炭消费量的增加带动了相关产业的发展。另外，对于某些煤炭生产大省，存在省内煤炭需求。因此，煤炭需求与省内货物到达量可能呈现正相关的关系。

第三节　铁路货物发送量与到达量回归分析

多年以来，铁路运输一直是我国的主要运输方式。在我国南北、东西之间的货物运输交流中发挥着骨干作用。本节参考福格尔的研究方法，对我国

① 海南省、天津市不出产原煤。1985 年，上海退出产煤领域，但是上海在江苏徐州拥有 1 个大型的煤矿；1994 年，西藏退出产煤领域；2006 年，广东退出产煤领域；2013 年，浙江退出产煤领域。

② 产运系数是指对货物的运输量与生产量两者之间的变化进行比较，根据这一系数可以掌握该货物生产量与运输量的关系，产运系数 = 货物运输量 / 货物生产量，我国煤炭产运系数为 59.5（1985 年）、59.4（1986 年）、58.5（1987 年）、57.6（1988 年）、57.8（1989 年）、58.2（1990 年）、57.6（1991 年）、57.4（1992 年）、56.8（1993 年）、53.1（1994 年）、49.5（1995 年）、51.6（1996 年）、51.3（1997 年）、51.3（1998 年）、61.8（1999 年）、68.7（2000 年）、66.1（2001 年）、59.3（2002 年）、52.8（2003 年）、49.8（2004 年）、48.6（2005 年）、47.0（2006 年）、48.3（2007 年）、48.1（2008 年）、44.6（2009 年）、48.2（2010 年）、48.9（2011 年）、61.8（2012 年）、58.6（2013 年）、59.2（2014 年）、54.3（2015 年）、54.9（2016 年）、62.6（2017 年）。

铁路运输与空间产业结构发展进行分析，并对我国铁路运输的空间经济影响进行梳理总结。

一、数据分析

（一）省内省外全省铁路货物发送量与到达量分析

为了细化对各省份、各地区到达量及发送量关系的研究，对我国28个省份的到达量及发送量按照到达地及发送地的不同，分为全省、省内、省外，提取出全省到达量、省内到达量、省外到达量、全省发送量、省内发送量、省外发送量六个目的变量。其中，省内到达量与省内发送量都处于OD表中45度斜线位置，即省内到达量等于省内发送量，由此最后确定出全省到达量、省外到达量、全省发送量、省外发送量、省内到达量（省内发送量）五个被说明变量作为研究对象。从1985年起，各省的省外到达量、省外发送量超过了省内到达量、省内发送量，而且以极快的速度增长（见图6-12）。其中，大部分省份由于省外货物运输的增强使得该省份的货运量不断增加（见图6-13）。

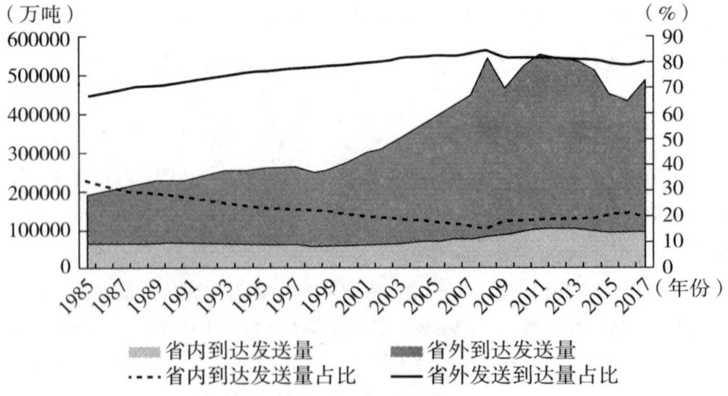

图6-12 各省省内、省外货物到达发送量变化

资料来源：历年《中国统计年鉴》《中国交通年鉴》。

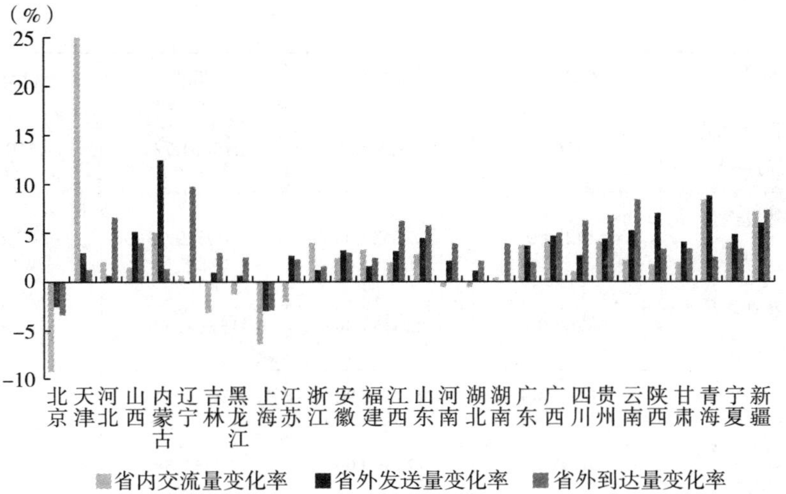

图 6-13　各省省内、省外货物到达发送量变化率比较

资料来源：历年《中国统计年鉴》《中国交通年鉴》。

（二）面板数据

由于地域环境不同，不同省份的省内、省外、全省货物运输发送量及到达量的影响因素各不相同，使用面板数据分析出的结构也不同。因此，对各省份的省内、省外、全省货物运输到达量、发送量分别进行计算与分析。另外，提取各省的第一产业 GDP、第二产业 GDP、第三产业 GDP、人口、煤炭消费量、铁路营业距离、公路营业距离对全国及四个地区的五个目标变量及七个说明变量进行计算分析（见表 6-3 至表 6-7）。

表 6-3　全国铁路运输空间分析描述统计量

	极小值	极大值	均值	标准差
全省发送量（万吨）	112776.00	262803.00	169572.21	48417.64
全省到达量（万吨）	125626.00	319018.00	204286.73	64614.87

续表

	极小值	极大值	均值	标准差
全省交流量（万吨）	54416.00	99157.00	70061.73	15101.03
省外发送量（万吨）	51422.00	175429.00	100519.08	36756.69
省外到达量（万吨）	64268.00	226454.00	135345.60	52646.88
人口（万人）	103909.00	213786.22	130860.62	28138.20
铁路距离（千米）	53600.00	121300.00	73157.58	20192.16
公路距离（千米）	917299.00	4554592.41	2224179.63	1381622.41
第一产业 GDP（亿元）	2470.92	59146.15	22340.63	18675.19
第二产业 GDP（亿元）	4190.92	356952.90	112491.27	119910.65
第三产业 GDP（亿元）	2115.08	439112.74	103754.79	126286.13
煤炭消费量（万吨）	78255.84	414097.61	214108.88	121616.03

资料来源：历年《中国统计年鉴》《中国交通年鉴》。

表 6-4　东北地区铁路运输空间分析描述统计量

	极小值	极大值	均值	标准差
全省发送量（万吨）	27470.00	43936.00	35311.94	4124.53
全省到达量（万吨）	33033.00	61477.00	41475.27	8039.08
全省交流量（万吨）	16255.00	24095.00	19330.15	2333.00

续表

	极小值	极大值	均值	标准差
省外发送量（万吨）	10616.00	20615.00	15978.36	2643.69
省外到达量（万吨）	13896.00	67726.00	23349.97	10296.33
人口（万人）	11302.00	13700.00	12753.88	697.95
铁路距离（千米）	12200.00	17600.00	13906.06	1521.09
公路距离（千米）	104821.00	405912.34	218106.22	117910.29
第一产业 GDP（亿元）	227.22	6723.63	2455.03	2187.96
第二产业 GDP（亿元）	956.04	35383.35	13079.33	12097.34
第三产业 GDP（亿元）	357.53	49226.19	13279.90	15003.60
煤炭消费量（万吨）	16758.11	48970.00	30503.12	10492.96

资料来源：历年《中国统计年鉴》《中国交通年鉴》。

表 6-5　中部地区铁路运输空间分析描述统计量

	极小值	极大值	均值	标准差
全省发送量（万吨）	27414.00	86191.00	48558.58	19309.11
全省到达量（万吨）	27799.00	68302.00	41712.52	14329.06
全省交流量（万吨）	11716.00	27806.00	17177.85	5484.92
省外发送量（万吨）	12937.00	85357.00	32557.79	16887.36

续表

	极小值	极大值	均值	标准差
省外到达量（万吨）	13329.00	40628.00	24528.68	9101.56
人口（万人）	29509.00	39504.00	34717.42	2494.47
铁路距离（千米）	15300.00	35600.00	21254.55	6143.14
公路距离（千米）	236974.00	1342006.59	621128.90	425082.42
第一产业 GDP（亿元）	744.16	17633.55	6675.60	5598.16
第二产业 GDP（亿元）	722.78	79558.70	23397.98	26988.79
第三产业 GDP（亿元）	433.97	80761.75	18253.00	22659.16
煤炭消费量（万吨）	19056.05	113524.80	55340.99	35175.52

资料来源：历年《中国统计年鉴》《中国交通年鉴》。

表 6-6　东部地区铁路运输空间分析描述统计量

	极小值	极大值	均值	标准差
全省发送量（万吨）	33862.00	72437.00	48610.03	11915.00
全省到达量（万吨）	44424.00	131069.00	85086.58	28477.58
全省交流量（万吨）	14716.00	29810.00	18939.00	5233.52
省外发送量（万吨）	18466.00	45108.00	29529.70	7729.75
省外到达量（万吨）	29031.00	105086.00	66005.55	24492.93

续表

	极小值	极大值	均值	标准差
人口（万人）	35437.00	123301.00	50308.24	23884.01
铁路距离（千米）	10700.00	29600.00	16627.27	5856.63
公路距离（千米）	239467.00	1151215.90	594155.06	346401.55
第一产业 GDP（亿元）	966.13	20981.37	8335.17	6567.50
第二产业 GDP（亿元）	1923.30	185289.38	58227.11	60598.08
第三产业 GDP（亿元）	957.18	237915.06	56455.37	68900.24
煤炭消费量（万吨）	27064.13	164958.22	82993.65	49671.27

资料来源：历年《中国统计年鉴》《中国交通年鉴》。

表 6-7 西部地区铁路运输空间分析描述统计量

	极小值	极大值	均值	标准差
全省发送量（万吨）	18952.00	61541.00	37091.67	15289.13
全省到达量（万吨）	18936.00	61238.00	36012.36	15067.21
全省交流量（万吨）	10646.00	22264.00	14614.73	3809.97
省外发送量（万吨）	8040.00	40854.00	22453.24	11537.72
省外到达量（万吨）	8012.00	40384.00	21461.41	11343.53
人口（万人）	27661.00	37652.00	33081.09	2555.59

续表

	极小值	极大值	均值	标准差
铁路距离（千米）	15300.00	38500.00	21369.70	6746.23
公路距离（千米）	336037.00	1655457.58	790789.46	494086.06
第一产业 GDP（亿元）	533.41	14624.81	4874.83	4353.63
第二产业 GDP（亿元）	588.80	62515.24	17786.85	20691.48
第三产业 GDP（亿元）	366.40	71209.75	15766.52	19819.90
煤炭消费量（万吨）	15377.55	93338.00	45271.12	26519.35

资料来源：历年《中国统计年鉴》《中国交通年鉴》。

（三）固定效果模型

梳理我国铁路行政区间货物交流 1985 ~ 2017 年共计 33 年 28 个省份的面板数据，总结各省份铁路货物流动规律及影响因素。通过分析人口、经济状况、基础设施建设、煤炭消费量等要素对铁路货物到达量及发送量的影响，推定出铁路到达量、发送量的计量模型。

在研究中，对模型有以下两种推定：

第一，时间存在一定影响的固定效果模型。

第二，时间不存在影响的固定效果模型。

不考虑时间因素影响的模型，只考虑各自变量对到达量及发送量的影响。另外，由于在考虑时间因素影响时，各变量可能受外部环境因素影响；而对铁路货物运输的到达量及发送量进行分析时，可能造成另外层次的影响。因此，具体的研究方法为在模型中加入时间虚拟变量，由此可以分析出时间对铁路货物运输所产生的影响，对实证分析的结果进行综合判断可以看出，考虑到时间因素影响的模型的说明力度较强。使用的固定效果模型如下所示：

$$y_{it}=\alpha_i+\sum_{k=1}^{7}\beta_k x_{kit}+u_{it}$$

其中，y_{it} 为被说明变量，i 省（$i=1$，…，28）t 年份（$t=1985$，…，2017）省内、省外、全省货物到达量或发送量；x_{kit} 为说明变量，i 省 t 年份人口、铁路距离、公路距离、煤炭消费量、第一产业 GDP、第二产业 GDP、第三产业 GDP；α_i 为 i 省的虚拟变量；β_k 为参数；u_{it} 为误差系数。

如果在固定效果模型中加入时间效果，模型按以下公式定义：

$$y_{it}=\alpha_i+c_{it}+\sum_{k=1}^{7}\beta_k x_{kit}+u_{it}$$

其中，c_{it} 为 i 省时间效果的虚拟变量。

（四）四类地区划分

由于我国各省份的经济规模、消费水准、发展水平、产业结构、能源分布、基础设施建设等情况各不相同，各省份区域开发的基本情况也存在很大差异，导致发展水平产生差异，特定的省份之间存在很大的偏离。通过对各省份货物运输发送量和到达量的影响因素进行回归分析，进而分析其影响因素及影响程度。各省份的货物运输到达量及发送量因各省份的特性不同而存在很大的差异，应该根据不同省份的特性进行分类，明确同类地区影响其货物到达量及发送量的共同要素。各省份货物运输到达量及发送量的影响要素因地区不同而不同，因此对不同地区进行分类并总结出共同要素非常重要。

总结来看，我国行政地理区分有四种方法：

第一，根据各地的地理位置、自然和人文特点的不同，将我国划分为四大地理区域，即北方地区、南方地区、西北地区和青藏地区。

第二，1949 年 10 月 1 日中华人民共和国成立后，为了加强政府集中统一领导，全国先后设立华北、东北、西北、华东、中南、西南六大行政区。

第三，按照自然地理分区原则，将我国划分为华东、华北、华中、华南、西南、西北及东北七个行政区域。

第四，按照我国经济发展情况，将我国分为东部地区、东北地区、中部地区和西北地区共四个区域。

同时，考虑四大区域自然资源及经济发展基础，将其经济发展内容分别定位为西部开发、东北振兴、中部崛起、东部率先发展。由于铁路运输与经济发展之间存在密切关系，因此为进一步对我国行政区间铁路货物交流进行分析，选择以经济划分区域的方法将 28 个省份进一步区分，分为以下四个组：

第一，东北地区（黑龙江省、吉林省、辽宁省、内蒙古自治区）。东北地区地处我国东北平原，是我国最早的重工业生产基地。在该地区形成了我国最早的工业发展格局，国有企业所占比重较高，交通运输网络较密集。但是，由于早期的工业属于粗放式、高能耗的发展，随着市场经济的导入，东北地区因落后的产业结构明显处于不利状态。同时，随着市场竞争压力的增加，国有企业处于低迷发展期，该地区的下岗职工人数较多，也就进一步制约了该地区的经济发展。

第二，中部地区（山西省、河南省、湖北省、湖南省、江西省、安徽省）。中部地区历史厚重，资源丰富，交通便利，经济发达，工农业基础雄厚，现代服务业发展迅速，是中国经济发展的第二梯队。中部地区是我国铁路重要的枢纽地区，河南省会郑州和湖北省会武汉均为我国十大铁路枢纽之一，承担着我国铁路运输的重要任务。中部崛起战略的提出与实施，不仅促进了我国的东西融合、南北对接，更加促进了自身的产业结构调整与经济发展。

第三，东部地区（北京市、天津市、河北省、山东省、江苏省、上海市、浙江省、福建省、广东省）。东部地区位于东亚大陆东缘、太平洋西岸，并包括中国东部和南部的海域。东部地区拥有京津冀、长江三角洲、珠江三角洲、海峡经济区四大城市群，其经济发展的示范有效地促进了我国经济发展方式的转变。在其经济发展中，吸引了大量的劳动力聚集，发展形成众多产业集群。

第四，西部地区（四川省、广西壮族自治区、贵州省、云南省、陕西省、甘肃省、宁夏回族自治区、新疆维吾尔自治区、青海省）。西部地区处于高原地区，该地区与内陆沿海距离较远，能够利用的内陆河流较少。同时，由于该地区处于发展中地区，经济规模较小，收入水平较低，加工业与生产制造业的生产率较低，因此该地区主要发展以农业及矿业等初级产业为主的支柱产业。

二、铁路货物交流量分析

模型的验算按照各表当中的 R^2 及 Prob 检验来测定。① R^2 的值越大，说明模型拟合效果越好，推定结果越符合现实情况。各参数通过 Prob 的显著性检验，代表该影响因素对因变量有正或负的影响，若无法通过检验，则证明对因变量无影响。

（一）全国整体情况

1985～2017 年，我国铁路货物全省发送量由 1985 年的 127514 万吨增长至 2017 年的 291704 万吨，同比增长 128%；铁路货物全省到达量由 1985 年的 127546 万吨增长至 2017 年的 291147 万吨，增长 128%。对我国 28 个省份在 1985～2017 年的铁路货物交流五个因变量与七个影响自变量进行 EViews 的时间序列回归分析（见表 6–8）。从表 6–8 中可以看出，28 个省份 33 年间的全省发送量回归分析结果显示，模型调整后的 R^2 为 0.767，D–W 值为 0.125，说明模型的整体拟合优度不理想。② 因此，对全国 28 个省份的铁路货物全省发送量回归分析不合理。同理，对铁路货物全省到达量、省内交流量、省外发送量、省外到达量的回归分析均不合理。

也就说明，由于我国地域辽阔，全国各省份铁路货物情况不一，影响因素也不同。因此，不能对全国 28 个省份进行统一的回归分析，需要将我国划分为东北地区、中部地区、东部地区、西部地区，进行铁路货物运输的空间分析。

---

① Prob 是 t 统计量的伴随概率 P– 值。实际上是检验统计量超过（大于或小于）具体样本观测值的概率。如果 P– 值小于所给定的显著性水平，则认为原假设不太可能成立。如果 P– 值大于所给定的标准，则认为没有充分的证据否定原假设。当 P– 值小于 0.05 时，表示接受检验。

② 快速检验拟回归：比较 R^2 与 D–W 统计值的大小。若 R^2 大于 D–W 统计值，则所得回归结果不可信（参考《计量经济学软件——EViews 的使用》）。

表 6-8　全国铁路货物交流量回归分析推定结果

影响因素	全省发送量		全省到达量		省内交流量		省外发送量		省外到达量	
	C	Prob	C	Prob	C	Prob	C	Prob	C	Prob
人口	0.037	0.200	0.084	0.021	0.020	0.054	0.009	0.779	0.060	0.075
铁路距离	0.887	0.000	1.430	0.000	0942	0.000	–0.026	0.811	0.515	0.000
公路距离	–0.012	0.001	–0.025	0.000	0.008	0.000	–0.004	0.312	–0.017	0.000
第一产业GDP	–3.533	0.000	1.787	0.000	–0.166	0.102	3.454	0.000	1.926	0.000
第二产业GDP	–0.797	0.000	0.302	0.017	0.123	0.001	–0.919	0.000	0.211	0.071
第三产业GDP	0.274	0.000	–0.438	0.000	–0.128	0.000	0.398	0.000	–0.334	0.000
煤炭消费量	1.335	0.000	0.462	0.000	0.090	0.000	1.258	0.000	0.373	0.000
R^2	0.767	—	0.462	—	0.581	—	0.665	—	0.335	—
D–W	0.125	—	0.038	—	0.057	—	0.248	—	0.165	—

资料来源：历年《中国统计年鉴》《中国交通年鉴》。

（二）东北地区

由于东北地区地处我国东北平原，煤炭、木材、粮食等物产资源丰富，该地区有良好的工业发展基础，是我国最早的重工业生产基地。因此，该地区形成了我国最早的工业发展格局，国有企业所占比重较高，交通运输网络较密集。但是，由于市场经济的导入、竞争压力的增加，东北地区因落后的工业体制及产业结构明显处于不利状态，再加上国有企业的低迷状况，该地区的下岗职工人数处于全国首位，失业贫困人口的不断增加，制约了该地区的经济发展。

对东北地区的四个省份 33 年间铁路货物交流情况进行回归分析。由表 6–9 可以看出，东北地区铁路货物全省发送量、全省到达量、省内交流量的 R^2 分别为 0.905、0.903、0.786，其 D–W 值分别为 0.624、0.331、0.207，由于 R^2> D–W 的值。因此，全省发送量、全省到达量、省内交流量的回归模型不理想。东北地区的省外发送量、省外到达量的 R^2 分别为 0.769、0.555，其 D–W 值分别为 1.904、1.777，说明模型的整体拟合优度比较理想。

根据以上推定结果，对东北地区的铁路货物交流进行分析，可以得到以下结论：

第一，人口对东北地区的省外发送量产生负的影响，对省外到达量产生正的影响。也就说明，人口的消费带动了省外货物到达量的增加，对省外发送量的增加产生负向促进作用。

第二，铁路距离对东北地区铁路货物省外发送量无影响，对省外到达量产生负的影响。公路距离对东北地区的铁路货物省外发送量与到达量均产生影响。从侧面说明，当对东北地区的四个省份进行集中分析时，铁路距离对铁路货物到达量的增加产生抑制作用。

第三，在经济发展状况与铁路运输的关系分析中，第一产业 GDP 对东北地区铁路货物省外发送量、到达量均产生影响；第二产业 GDP 对铁路货物发送量无影响，对铁路货物省外到达量产生促进作用；第三产业 GDP 对铁路货物省外发送量产生负影响，对铁路货物省外到达量无影响。这说明，当对东北地区四个省份进行分析时，东北地区第二产业生产原料部分来源于省外供给。因此，第二产业 GDP 对该地区铁路货物省外到达量产生正向促

表 6-9 东北地区铁路货物交流量回归分析推定结果

影响因素	全省发送量		全省到达量		省内交流量		省外发送量		省外到达量	
	C	Prob	C	Prob	C	Prob	C	Prob	C	Prob
人口	0.592	0.001	4.415	0.000	1.972	0.000	-1.384	0.000	2.754	0.000
铁路距离	0.475	0.014	-1.365	0.000	-0. 482	0.000	0.549	0.057	-1.234	0.000
公路距离	0.007	0.657	-0.022	0.059	-0. 005	0.552	0.041	0.065	-0.010	0.639
第一产业GDP	-2. 938	0.017	-2. 422	0.013	-3.045	0.000	-0. 611	0.736	0.830	0.648
第二产业GDP	0.304	0.136	0.791	0.000	0.073	0.562	0.182	0. 548	1.080	0.001
第三产业GDP	-0.670	0.022	0.323	0.163	0.451	0.013	-1.354	0.002	-0.580	0.184
煤炭消费量	1.144	0.000	0.500	0.000	0.377	0.000	0.909	0.000	0.172	0.128
R^2	0.905	—	0.903	—	0.786	—	0.769	—	0.555	—
D-W	0.624	—	0.331	—	0.207	—	1.904	—	1.777	—

资料来源：历年《中国统计年鉴》《中国交通年鉴》。

进作用。

第四，煤炭消费量对东北地区铁路货物的省外发送量产生正向促进作用，对省外到达量无影响。东北地区煤炭、木材等资源丰富，主要发展装备制造、钢铁等重型工业，为我国其他省份的工业生产提供支持作用。因此，东北地区煤炭消费量的增加对东北地区的铁路货物省外发送量产生正向促进作用。

（三）中部地区

对中部地区的六个省份 33 年间铁路货物交流情况进行回归分析。从表 6-10 中可以看出，中部地区铁路货物全省发送量、全省到达量、省内交流量、省外发送量的 R^2 分别为 0.952、0.810、0.264、0.954，其 D-W 值为 0.508、0.424、0.109、0.520，由于 $R^2 >$ D-W 的值，全省发送量、全省到达量、省内交流量、省外发送量的回归模型不理想。中部地区的铁路货物省外到达量的 R^2 为 0.984，其 D-W 值为 1.604，说明模型的整体拟合优度比较理想。

根据以上推定结果，对中部地区的铁路货物交流进行分析，可以得到以下结论：

第一，人口对中部地区铁路货物到达量起正向促进作用。

第二，铁路运输、公路运输对中部地区铁路货物交流量产生的效果不显著。

第三，经济状况对中部地区货物交流量产生不同的影响，第一产业 GDP、第二产业 GDP 对中部地区铁路货物省外到达量产生影响效果不显著，第三产业 GDP 对中部地区铁路货物省外到达量产生负向影响。

第四，煤炭消费量对中部地区的省外货物到达量产生正向促进作用。也就证明，中部地区主要发展的装备制造等高耗能产业原材料需要通过铁路运输供给。

（四）东部地区

对东部地区的九个省份 33 年间铁路货物交流情况进行回归分析。从表

表 6-10 中部地区铁路货物交流量回归分析推定结果

影响因素	全省发送量		全省到达量		省内交流量		省外发送量		省外到达量	
	C	Prob	C	Prob	C	Prob	C	Prob	C	Prob
人口	-1.601	0.000	0.476	0. 000	0.183	0. 001	-1.783	0.000	0.341	0.008
铁路距离	4.920	0.000	0.472	0.005	0.498	0.000	4.421	0. 000	-0. 170	0.487
公路距离	0.003	0.738	0.035	0. 000	0. 007	0.006	-0. 004	0. 662	0.004	0.201
第一产业GDP	-7.404	0.000	-1.554	0.001	-1.406	0. 000	-5.999	0.000	0.217	0.547
第二产业GDP	-0. 184	0.564	0.422	0. 000	0. 332	0. 000	-0.519	0.090	0.004	0. 960
第三产业GDP	-0. 367	0.141	-0.425	0.000	-0.220	0.002	-0. 146	0.539	-0.184	0.028
煤炭消费量	1.532	0.000	0.032	0.077	0.012	0.410	1.520	0.000	0.281	0.000
R^2	0.952	—	0.810	—	0.264	—	0.954	—	0.984	—
D-W	0.508	—	0.424	—	0.109	—	0.520	—	1.604	—

资料来源：历年《中国统计年鉴》《中国交通年鉴》。

6–11 中可以看出，东部地区铁路货物全省发送量、全省到达量、省内交流量、省外发送量、省外到达量的 R^2 分别为 0.875、0.784、0.816、0.827、0.696，其 D–W 值为 0.194、0.116、0.176、0.197、0.088，由于 R^2 > D–W 的值，说明东部地区铁路货物交流的全省发送量、全省到达量、省内交流量、省外发送量及省外到达量的回归模型均不理想。即无法实现对东部地区的九个省份进行合并分析。

（五）西部地区

对西部地区的九个省份 33 年间铁路货物交流情况进行回归分析。从表 6–12 中可以看出，东部地区铁路货物全省发送量、全省到达量、省内交流量、省外发送量、省外到达量的 R^2 分别为 0.892、0.914、0.851、0.742、0.852，其 D–W 值为 0.377、0.141、0.201、0.308、0.125，由于 R^2 > D–W 的值，说明西部地区铁路货物交流的全省发送量、全省到达量、省内交流量、省外发送量及省外到达量的回归模型均不理想，即无法实现对西部地区的九个省份进行合并分析。

三、铁路货物交流量总结

通过以上研究，对我国铁路货物运输空间结构进行了分析，通过大量的资料数据，利用实证分析解释了影响我国铁路货物运输的各个要素。在此，对本节的主要研究内容进行简单的归纳：

（一）铁路货物运输地域特征

运用 OD 表对各省铁路货物的到达量、发送量进行了分析，把各省份的到达量、发送量的变化率按从大到小排列并进行分类，对各集团中的省份进行详细分析，从铁路线路的建设、产业分布、经济状况等角度对铁路货物运输量的变化进行了解释。通过上述的分析，得到以下两个非常重要的结论：

第一，到达量的变化由该省份的经济状况反映出来。

表 6-11　东部地区铁路货物交流量回归分析推定结果

影响因素	全省发送量		全省到达量		省内交流量		省外发送量		省外到达量	
	C	Prob	C	Prob	C	Prob	C	Prob	C	Prob
人口	0.040	0.002	-0.033	0.422	0.008	0.252	0.032	0.001	-0. 041	0.323
铁路距离	2.085	0.000	4. 882	0.000	1. 066	0.000	1.030	0.000	3.827	0.000
公路距离	-0. 002	0.707	-0.056	0.000	-0.006	0.007	0.004	0.227	-0.051	0.000
第一产业 GDP	-1.711	0.000	-0.853	0.444	-0. 200	0.312	-1.532	0.000	-0.671	0.554
第二产业 GDP	0. 059	0.387	-0.176	0.405	-0.018	0.637	0.088	0.060	-0.147	0.495
第三产业 GDP	-0.153	0.000	-0.279	0.028	-0.054	0.017	-0. 103	0.000	-0.229	0.076
煤炭消费量	0.376	0.000	0.886	0.000	0.127	0.000	0.252	0.000	0.762	0.000
R^2	0.875	—	0.784	—	0.816	—	0.827	—	0.696	—
D-W	0.194	—	0.116	—	0.176	—	0. 197	—	0.088	—

资料来源：历年《中国统计年鉴》《中国交通年鉴》。

表 6-12　西部地区铁路货物交流量回归分析推定结果

影响因素	全省发送量		全省到达量		省内交流量		省外发送量		省外到达量	
	C	Prob	C	Prob	C	Prob	C	Prob	C	Prob
人口	−0.008	0.714	0.452	0.000	0.234	0.000	−0.239	0.000	0.223	0.000
铁路距离	1.058	0.000	0.364	0.000	0.164	0.000	0.881	0.000	0.185	0.000
公路距离	−0. 007	0.000	0.010	0.000	0.003	0.006	−0. 010	0.000	0.008	0.000
第一产业 GDP	−0. 031	0.708	0.612	0. 000	−0. 185	0.000	0.140	0.094	0.781	0.000
第二产业 GDP	0.430	0.000	0.453	0.000	0.096	0.012	0.326	0.000	0.345	0. 000
第三产业 GDP	−0.639	0.000	−0.281	0.000	−0. 122	0.002	−0.512	0.000	−0.153	0.018
煤炭消费量	0.510	0.000	−0.024	0.470	0.059	0.001	0.455	0.000	−0.080	0.006
R^2	0.892	—	0.914	—	0.851	—	0.742	—	0.852	—
D-W	0.377	—	0.141	—	0.201	—	0.308	—	0.125	—

资料来源：历年《中国统计年鉴》《中国交通年鉴》。

第二，发送量的变化由该省份的产业布局及交通运输建设情况反映出来。

（二）各省份铁路货物运输交流分析

分析我国区域经济状况、产业结构、基础设施的状况对铁路货物运输发送量、到达量的影响，以省份为单位（分为四个区），运用面板数据，建立模型。从交通手段、经济状况、人口、煤炭生产量等要素分析了对铁路货物发送量、到达量的影响情况，分别对四个地区进行了说明。根据这一分析，可以得出以下两个结论：

第一，对于我国全国的铁路货物运输的到达量、发送量，不可能找出共同的影响要素。

第二，东北地区：省内到达量及发送量主要由东北地区的外部要素决定，省外到达量及发送量主要由该地区的经济状况来决定。中部地区：人口因素对省外到达量产生了增强效应。第一产业 GDP 对省外的发送量产生了增强效应。东部地区：铁路货物运输的作用与该地区的货物流通有直接的关系。此外，由于该地区的水运较发达，铁路与水运之间产生了良性的竞争关系。西部地区：铁路运输与公路运输在省内处于互补促进关系。另外，由于该地区的煤炭供应力较强，对商品的需求量较大，虽然基础设施落后，流出量较小，但其货物到达需求仍较大。

第七章　各省份铁路货物运输空间分析

根据上章内容，对我国 28 个省份的面板数据进行了分析，进一步明确影响我国不同省份的铁路货物发送量和到达量的决定因素。对于模型的推算在 28 个省份进行，按照四个地区，对各省份推算结果进行详细的解释。

第一节　各省份铁路货物交流分析

一、东北地区各省份铁路货物交流分析

（一）黑龙江省

对黑龙江省 33 年的铁路货物交流面板数据进行回归分析，黑龙江省铁路货物全省发送量、全省到达量、省内交流量、省外发送量、省外到达量的 R^2 分别为 0.913、0.813、0.720、0.736、0.942，其 D–W 值分别为 1.492、0.814、0.678、0.805、1.244（见表 7–1）。由此说明，黑龙江省铁路货物交流回归模型的整体拟合优度比较理想。对其推定结果进行分析（见表 7–2），可以得到以下结论：

表 7-1 黑龙江省铁路货物交流量回归分析推定结果

影响因素	全省发送量		全省到达量		省内交流量		省外发送量		省外到达量	
	C	Prob	C	Prob	C	Prob	C	Prob	C	Prob
人口	3.036	0.060	–0.417	0.857	–0.482	0.737	3.522	0.089	0.068	0.947
铁路距离	–0.552	0.632	0.893	0.602	0.933	0.381	–1.491	0.320	–0.044	0.953
公路距离	0.006	0.530	0.009	0.542	0.004	0.635	0.002	0.899	0.005	0.461
第一产业 GDP	–0.011	0.993	3.958	0.041	1.174	0.312	–1.370	0.399	2.790	0.002
第二产业 GDP	0.627	0.019	–0.045	0.905	–0.146	0.529	0.772	0.024	0.100	0.544
第三产业 GDP	–1.533	0.001	–2.204	0.001	–1.197	0.004	–0.281	0.599	–1.010	0.001
煤炭消费量	0.812	0.000	1.052	0.001	0.599	0.001	0.222	0.340	0.453	0.001
R^2	0.913	—	0.813	—	0.720	—	0.736	—	0.942	—
D–W	1.492	—	0.814	—	0.678	—	0.805	—	1.244	—

资料来源：历年《中国统计年鉴》《中国交通年鉴》。

表 7-2　黑龙江省铁路货物交流量影响因素分析

影响因素	全省发送量	全省到达量	省内交流量	省外发送量	省外到达量
人口	×	×	×	×	×
铁路距离	×	×	×	×	×
公路距离	×	×	×	×	×
第一产业 GDP	×	+	×	×	+
第二产业 GDP	+	×	×	+	×
第三产业 GDP	−	−	−	×	−
煤炭消费量	+	+	+	×	+

注：“×”表示无相关影响；“+”表示正向促进作用；“−”表示负向促进作用（下同）。
资料来源：历年《中国统计年鉴》《中国交通年鉴》。

第一，人口对黑龙江省铁路货物交流影响的显著性效果不明显。

第二，铁路距离及公路距离对黑龙江省铁路货物交流无影响。

第三，在经济发展状况与铁路及铁路运输的关系分析中，第一产业 GDP 对全省到达量及省外到达量均产生正向影响作用；第二产业 GDP 对全省货物发送量及省外发送量均产生正向影响作用；第三产业 GDP 对全省货物发送量、全省到达量、省内交流量及省外到达量均产生负向促进作用。

第四，煤炭消费量对黑龙江省铁路货物全省发送量、全省到达量、省内交流量、省外到达量均产生正向影响作用。

总之，黑龙江省森林矿产资源丰富，主要发展以石油、机械、汽车为主的支柱产业，其石油制品、天然气及车辆的生产量处于全国首位。作为矿产资源大省，第一产业 GDP 的增长主要对其铁路货物到达量产生影响，即黑龙江省内第一产业生产所需的化肥、工具等原料部分需要依赖外省供给。作为矿产资源大省，其第二产业的发展为其他省份发展需要提供了输出支持。其第三产业的发展对铁路货物交流主要产生负向促进作用，说明黑龙江省的第三产业发展主要运输方式不依靠铁路运输。另外，虽然作为煤炭生产大省，但是黑龙江省的煤炭消费依然有部分依靠省外市场交流。因此，煤炭消费量的增加对黑龙江省的发送量及到达量均产生正向促进作用。

（二）吉林省

对吉林省 33 年的铁路货物交流面板数据进行回归分析，吉林省铁路货物全省发送量、全省到达量、省内交流量、省外发送量、省外到达量的 R^2 分别为 0.868、0.934、0.924、0.930、0.985，其 D–W 值分别为 1.681、2.018、1.917、1.813、1.898（见表 7–3）。由此说明，吉林省铁路货物交流回归模型的整体拟合优度比较理想。对其推定结果进行分析（见表 7–4），可以得到以下结论：

第一，人口对吉林省铁路货物的全省发送量、省外发送量、省外到达量均产生正向影响作用，对省内交流量产生负向促进作用。

第二，铁路距离对吉林省铁路货物省内交流量产生正向促进作用，对省外发送量、省外到达量均产生负向促进作用。公路距离对吉林省铁路货物交流无影响。

第三，在经济发展状况与铁路及铁路运输的关系分析中，第一产业 GDP 及第三产业 GDP 除了对吉林省省外发送量影响效果不明显之外，对其余货物交流量均产生负向促进作用；第二产业 GDP 对全省发送量、全省到达量、省内交流量及省外到达量均产生正向影响作用。

第四，煤炭消费量对吉林省铁路货物全省发送量、全省到达量、省内交流量、省外到达量均产生正向影响作用。

总之，吉林省是我国重要的工业发展基地，主要发展以农产品、汽车、石化为主的加工制造业。作为大米、玉米之乡，吉林省的第一产业 GDP 对吉林省铁路货物交流主要产生负向促进作用，分析来看，第一产业的生产发展供给运输不是以铁路运输为主。其第二产业 GDP 对铁路货物交流均产生正向促进作用，可以说明吉林省作为工业发展基地，对我国工业发展的交流供给等主要依靠铁路运输方式进行。其第三产业的发展对铁路货物交流主要产生负向促进作用，说明吉林省的第三产业发展主要运输方式不依靠铁路运输。另外，虽然作为煤炭生产大省，但是吉林省的煤炭消费依然有部分依靠

表 7-3　吉林省铁路货物交流量回归分析推定结果

影响因素	全省发送量		全省到达量		省内交流量		省外发送量		省外到达量	
	C	Prob	C	Prob	C	Prob	C	Prob	C	Prob
人口	2.059	0.002	0.628	0.358	-1.414	0.002	3.473	0.000	2.040	0.000
铁路距离	-0.277	0.463	1.043	0.017	1.788	0.000	-2.064	0.000	-0.743	0.007
公路距离	0.003	0.788	0.018	0.092	0.009	0.141	-0.006	0.380	0.009	0.182
第一产业 GDP	-3.752	0.000	-4.682	0.000	-2.810	0.000	-0.944	0.079	-1.874	0.000
第二产业 GDP	1.077	0.000	2.009	0.000	0.936	0.000	0.140	0.431	1.072	0.000
第三产业 GDP	-1.485	0.000	-2.041	0.000	-1.432	0.000	-0.054	0.727	-0.608	0.000
煤炭消费量	0.660	0.000	0.468	0.001	0.155	0.040	0.504	0.000	0.313	0.000
R^2	0.868	—	0.934	—	0.924	—	0.930	—	0.985	—
D-W	1.681	—	2.018	—	1.917	—	1.813	—	1.898	—

资料来源：历年《中国统计年鉴》《中国交通年鉴》。

省外市场交流。因此，煤炭消费量的增加对吉林省的发送量及到达量均产生正向促进作用。

表 7-4 吉林省铁路货物交流量影响因素分析

影响因素	全省发送量	全省到达量	省内交流量	省外发送量	省外到达量
人口	+	×	−	+	+
铁路距离	×	×	+	−	−
公路距离	×	×	×	×	×
第一产业 GDP	−	−	−	×	−
第二产业 GDP	+	+	+	×	+
第三产业 GDP	−	−	−	×	−
煤炭消费量	+	+	+	×	+

资料来源：历年《中国统计年鉴》《中国交通年鉴》。

（三）辽宁省

对辽宁省 33 年的铁路货物交流面板数据进行回归分析，辽宁省铁路货物全省发送量、全省到达量、省内交流量、省外发送量、省外到达量的 R^2 分别为 0.846、0.979、0.873、0.655、0.483，其 D–W 值分别为 1.641、2.311、1.676、1.414、2.534（见表 7–5）。由此说明，辽宁省铁路货物交流回归模型的整体拟合优度比较理想。对其推定结果进行分析（见表 7–6），可以得到以下结论：

第一，人口对辽宁省铁路货物的全省发送量、全省到达量、省内交流量、省外到达量均不产生显著影响，对省外发送量产生正向促进作用。

第二，铁路距离对辽宁省铁路货物全省发送量、省内交流量产生正向影响作用，对其他因变量无显著影响。公路距离对辽宁省铁路货物交流无影响。

第三，在经济发展状况与铁路及铁路运输的关系分析中，第一产业 GDP 对辽宁省铁路货物全省发送量、全省到达量、省内交流量及省外发送量产生

表 7-5　辽宁省铁路货物交流量回归分析推定结果

影响因素	全省发送量		全省到达量		省内交流量		省外发送量		省外到达量	
	C	Prob	C	Prob	C	Prob	C	Prob	C	Prob
人口	0.158	0.845	–0.108	0.897	–0.431	0.490	0.578	0.043	–2.816	0.672
铁路距离	2.197	0.009	1.035	0.211	1.798	0.006	0.410	0.135	1.243	0.848
公路距离	0.028	0.199	–0.020	0.375	0.033	0.052	–0.005	0.485	0.254	0.155
第一产业 GDP	–6.546	0.003	–7.022	0.002	–4.535	0.006	–2.019	0.006	10.395	0.526
第二产业 GDP	1.055	0.000	1.570	0.000	0.705	0.000	0.352	0.000	0.639	0.658
第三产业 GDP	–0.683	0.032	–1.023	0.003	–0.514	0.036	–0.173	0.103	–4.109	0.109
煤炭消费量	0.560	0.011	1.780	0.000	0.415	0.014	0.145	0.047	0.405	0.811
R^2	0.846	—	0.979	—	0.873	—	0.655	—	0.483	—
D–W	1.641	—	2.311	—	1.676	—	1.414	—	2.534	—

资料来源：历年《中国统计年鉴》《中国交通年鉴》。

负向促进作用；第二产业GDP对省外到达量无明显影响，除此之外，对其余四个因变量均产生正向影响作用；第三产业GDP对全省发送量、全省到达量、省内交流量均产生负向促进作用。

第四，煤炭消费量对辽宁省铁路货物全省发送量、全省到达量、省内交流量、省外发送量均产生正向影响作用。

表7-6 辽宁省铁路货物交流量影响因素分析

影响因素	全省发送量	全省到达量	省内交流量	省外发送量	省外到达量
人口	×	×	×	+	×
铁路距离	+	×	+	×	×
公路距离	×	×	×	×	×
第一产业GDP	–	–	–	–	×
第二产业GDP	+	+	+	+	×
第三产业GDP	–	–	–	×	×
煤炭消费量	+	+	+	+	×

资料来源：历年《中国统计年鉴》《中国交通年鉴》。

总之，辽宁省是我国重要的老工业基地，早期以发展铁路运输为主。同时，依托其水运资源，其水路连通也为东北地区的经济发展提供了交通支持。辽宁省的第一产业GDP对铁路货物交流主要产生抑制作用，说明辽宁省的第一产业生产、运输等需要的资源供给不是依托铁路运输。第二产业GDP的发展对辽宁省的铁路货物交流主要产生正向促进作用，作为老工业基地，其工业生产原料的供给及产品的输出依托铁路运输实现省内、省间的交流。第三产业GDP对全省发送量、全省到达量、省内交流量均产生负向促进作用，说明铁路运输的发展对该省第三产业的发展并无积极促进作用。同时，辽宁省作为煤炭生产大省及工业发展大省，主要发展装备制造业、冶金、石化、农产品四大产业，前三产业的发展需要消耗大量的煤炭资源。受市场经济调控，辽宁省煤炭消耗部分来源于省外交流。因此，煤炭消费量的增加对辽宁省铁路货物交流主要产生正向促进作用。

（四）内蒙古自治区

对内蒙古自治区 33 年的铁路货物交流面板数据进行回归分析，内蒙古自治区铁路货物全省发送量、全省到达量、省内交流量、省外发送量、省外到达量的 R^2 分别为 0.975、0.969、0.971、0.813、0.907，其 D-W 值分别为 1.654、1.539、1.353、2.264、2.262（见表 7-7）。由此说明，内蒙古自治区铁路货物交流回归模型的整体拟合优度比较理想。对其推定结果进行分析（见表 7-8），可以得到以下结论：

第一，人口对内蒙古自治区铁路货物的全省发送量、全省到达量、省内交流量、省外发送量均无显著影响，仅对省外到达量产生正向促进作用。

第二，铁路距离对内蒙古自治区铁路货物交流无明显影响。公路距离对内蒙古自治区铁路货物的省外发送量及省外到达量均产生正向促进作用。

第三，在经济发展状况与铁路及铁路运输的关系分析中，第一产业 GDP 对内蒙古自治区的全省到达量与省外到达量均产生负向影响；第二产业 GDP 对内蒙古自治区全省发送量、全省到达量及省内交流量均产生正向促进作用；第三产业 GDP 对内蒙古自治区铁路货物的交流均无明显的影响。

第四，煤炭消费量对内蒙古自治区铁路货物省外发送量无明显影响，除此之外，对其他铁路货物交流因变量均产生正向促进作用。

总之，内蒙古自治区是中国最大的草原牧区，其草原、森林及人均耕地面积排名中国第一位。同时，其稀土资源储量丰富，居世界首位。内蒙古自治区主要发展能源、冶金、化工、机械制造、农畜产品加工等支柱产业。铁路的发展对该地的经济发展提供了运输支持。内蒙古自治区公路的发展为该省对外铁路货物交流提供了协同发展支持。第一产业的发展对内蒙古自治区的铁路货物省外到达量产生负向促进作用，说明外省到达该地的货物交流不仅仅依靠铁路运输。第二产业的生产及发展为内蒙古自治区的整体铁路运输发展提供了需求支持，促进了该自治区内货物的交流。煤炭消费量的增加为内蒙古自治区的机械制造、冶金、化工等产业发展提供了资源支持，同时对内蒙古自治区铁路货物交流提出了运输要求。

表 7-7　内蒙古自治区铁路货物交流量回归分析推定结果

影响因素	全省发送量		全省到达量		省内交流量		省外发送量		省外到达量	
	C	Prob	C	Prob	C	Prob	C	Prob	C	Prob
人口	4.590	0.153	1.598	0.092	0.827	0.295	4.227	0.617	0.773	0.002
铁路距离	−1.253	0.309	0.168	0.638	0.184	0.544	−3.732	0.259	−0.016	0.857
公路距离	0.001	0.984	0.001	0.947	−0.006	0.590	0.235	0.049	0.007	0.042
第一产业 GDP	5.628	0.344	−3.931	0.030	−2.656	0.078	22.313	0.165	−1.280	0.005
第二产业 GDP	2.176	0.005	0.519	0.019	0.452	0.017	1.870	0.335	0.067	0.205
第三产业 GDP	−0.385	0.818	0.535	0.280	0.500	0.235	−4.241	0.348	0.036	0.768
煤炭消费量	0.528	0.011	0.170	0.006	0.133	0.010	−0.156	0.763	0.037	0.013
R^2	0.975	—	0.969	—	0.971	—	0.813	—	0.907	—
D-W	1.654	—	1.539	—	1.353	—	2.264	—	2.262	—

资料来源：历年《中国统计年鉴》《中国交通年鉴》。

表 7-8 内蒙古自治区铁路货物交流量影响因素分析

影响因素	全省发送量	全省到达量	省内交流量	省外发送量	省外到达量
人口	×	×	×	×	+
铁路距离	×	×	×	×	×
公路距离	×	×	×	+	+
第一产业 GDP	×	−	×	×	−
第二产业 GDP	+	+	+	×	×
第三产业 GDP	×	×	×	×	×
煤炭消费量	+	+	+	×	+

资料来源：历年《中国统计年鉴》《中国交通年鉴》。

二、中部地区各省份铁路货物交流分析

（一）山西省

对山西省 33 年的铁路货物交流面板数据进行回归分析，山西省铁路货物全省发送量、全省到达量、省内交流量、省外发送量、省外到达量的 R^2 分别为 0.989、0.931、0.814、0.989、0.932，其 D–W 值分别为 0.799、1.539、0.941、0.846、1.986（见表 7–9）。由此说明，由于全省发送量及省外发送量的 R^2 > D–W 值，这两个模型的整体拟合优度不理想。对其推定结果进行分析（见表 7–10），可以得到以下结论：

第一，人口对山西省铁路货物交流影响的显著性效果不明显。

第二，铁路距离及公路距离对山西省铁路货物交流无影响。

第三，在经济发展状况与铁路及铁路运输的关系分析中，第一产业 GDP、第三产业 GDP 对山西省铁路货物交流无明显影响。第二产业 GDP 对铁路货物全省到达量、省内交流量及省外到达量均产生正向促进作用。

第四，煤炭消费量对山西省铁路货物的省内交流量产生负向促进作用，对铁路货物全省到达量及省外到达量均无明显影响。

表 7-9 山西省铁路货物交流量回归分析推定结果

影响因素	全省发送量		全省到达量		省内交流量		省外发送量		省外到达量	
	C	Prob	C	Prob	C	Prob	C	Prob	C	Prob
人口	1.427	0.534	1.355	0.050	0.643	0.053	0.783	0.723	0.708	0.151
铁路距离	4.225	0.126	0.251	0.749	0.398	0.298	3.824	0.151	-0.137	0.811
公路距离	0.087	0.066	0.011	0.394	0.012	0.062	0.074	0.099	-0.001	0.917
第一产业 GDP	-17.490	0.036	-2.051	0.380	-1.650	0.148	-15.854	0.047	-0.428	0.800
第二产业 GDP	4.927	0.000	1.461	0.000	0.402	0.004	4.520	0.000	1.062	0.000
第三产业 GDP	-1.595	0.176	-0.603	0.082	-0.107	0.510	-1.487	0.191	-0.497	0.051
煤炭消费量	0.611	0.001	-0.066	0.173	-0.071	0.004	0.682	0.000	0.004	0.905
R^2	0.989	—	0.931	—	0.814	—	0.989	—	0.932	—
D-W	0.799	—	1.539	—	0.941	—	0.846	—	1.986	—

资料来源：历年《中国统计年鉴》《中国交通年鉴》。

表 7-10　山西省铁路货物交流量影响因素分析

影响因素	全省发送量	全省到达量	省内交流量	省外发送量	省外到达量
人口	/	×	×	/	×
铁路距离	/	×	×	/	×
公路距离	/	×	×	/	×
第一产业GDP	/	×	×	/	×
第二产业GDP	/	+	+	/	+
第三产业GDP	/	×	×	/	×
煤炭消费量	/	×	−	/	×

注："/"表示影响因素对因变量的影响分析未通过显著性检验，因此不对其进行影响效果分析（下同）。

资料来源：历年《中国统计年鉴》《中国交通年鉴》。

总之，山西省是我国煤炭生产大省，煤炭资源丰富，供给我国各省份的工业生产需要。在山西省，第二产业的发展所需的原材料及成品不仅在本省内通过铁路运输进行交流，而且部分来源于省外的铁路供给，其经济的发展带动了该地铁路货物的到达。但是，山西省的煤炭消费量对本省的铁路货物交流产生负向促进作用，说明山西省的省内煤炭消费对铁路的依赖性较低。

（二）河南省

对河南省 33 年的铁路货物交流面板数据进行回归分析，河南省铁路货物全省发送量、全省到达量、省内交流量、省外发送量、省外到达量的 R^2 分别为 0.932、0.965、0.550、0.879、0.989，其 D–W 值分别为 1.384、1.224、1.093、1.212、2.035（见表 7-11）。由此说明，河南省铁路货物交流的回归模型的整体拟合优度理想。对其推定结果进行分析（见表 7-12），可以得到以下结论：

第一，人口对河南省铁路货物的全省发送量及省外发送量产生正向促进作用。

第二，铁路距离对河南省铁路货物的全省到达量、省内交流量及省外到

表 7-11 河南省铁路货物交流量回归分析推定结果

影响因素	全省发送量		全省到达量		省内交流量		省外发送量		省外到达量	
	C	Prob	C	Prob	C	Prob	C	Prob	C	Prob
人口	0.775	0.000	0.250	0.074	0.041	0.666	0.731	0.000	0.211	0.005
铁路距离	-0.266	0.392	1.241	0.001	0.840	0.001	-1.103	0.014	0.397	0.024
公路距离	-0.005	0.367	-0.001	0.901	-0.003	0.395	-0.001	0.893	0.003	0.327
第一产业 GDP	0.478	0.409	-2.411	0.001	-1.704	0.001	2.210	0.009	-0.703	0.032
第二产业 GDP	-0.462	0.004	1.100	0.000	0.507	0.000	-0.982	0.000	0.592	0.000
第三产业 GDP	-0.181	0.063	-0.635	0.000	-0.325	0.000	0.147	0.258	-0.310	0.000
煤炭消费量	0.519	0.000	0.090	0.237	0.044	0.409	0.475	0.000	0.044	0.248
R^2	0.932	—	0.965	—	0.550	—	0.879	—	0.989	—
D-W	1.384	—	1.224	—	1.093	—	1.212	—	2.035	—

资料来源：历年《中国统计年鉴》《中国交通年鉴》。

达量产生促进作用，对省外发送量产生负向促进作用。公路距离对铁路货物交流的影响效果不明显。

第三，在经济发展状况与铁路及铁路运输的关系分析中，第一产业GDP、第三产业GDP对河南省的全省到达量、省内交流量及省外到达量均产生负向促进作用，第一产业GDP对省外发送量产生正向促进作用。第二产业GDP对河南省铁路货物全省发送量及省外发送量均产生负向促进作用，对全省到达量、省内交流量、省外到达量均产生正向促进作用。

第四，煤炭消费量对河南省铁路货物的全省发送量及省外发送量均产生正向促进作用。

河南作为农业大省，主要以农业、纤维、食品生产为主，其小麦、烟草、棉花的生产量处于全国前列。其农业除了供给本省发展需要外，部分通过铁路运输输送至省外。改革开放后，河南的工业取得了一定进展，但主要产品还是依赖于省外输送。其第三产业发展较为缓慢，主要对河南省的铁路货物交流产生负向促进作用。从人口方面分析，近年来，越来越多的劳动者选择到沿海大城市工作，人口的流动对河南省的铁路货物发送量主要产生正向促进作用。

表 7-12　河南省铁路货物交流量影响因素分析

影响因素	全省发送量	全省到达量	省内交流量	省外发送量	省外到达量
人口	+	×	×	+	×
铁路距离	×	+	+	−	+
公路距离	×	×	×	×	×
第一产业GDP	×	−	−	+	−
第二产业GDP	−	+	+	−	+
第三产业GDP	×	−	−	×	−
煤炭消费量	+	×	×	+	×

资料来源：历年《中国统计年鉴》《中国交通年鉴》。

（三）湖北省

对湖北省33年的铁路货物交流面板数据进行回归分析，湖北省铁路货物全省发送量、全省到达量、省内交流量、省外发送量、省外到达量的R^2分别为0.885、0.933、0.444、0.866、0.939，其D-W值分别为1.917、2.039、0.852、1.584、2.125（见表7-13）。由此说明，湖北省铁路货物交流的回归模型的整体拟合优度理想。对其推定结果进行分析（见表7-14），可以得到以下结论：

第一，人口对湖北省铁路货物的全省发送量、全省到达量及省内交流量均起到正向促进作用。

第二，铁路距离对湖北省铁路货物交流无明显影响。公路距离对铁路货物交流均产生正向影响作用。

第三，在经济发展状况与铁路及铁路运输的关系分析中，第一产业GDP对湖北省铁路货物交流无明显影响。第二产业GDP对湖北省铁路货物省内交流产生正向促进作用，对湖北省的省外到达量产生负向促进作用。第三产业GDP对湖北省铁路货物全省发送量、全省到达量、省内交流量及省外发送量均产生负向促进作用。

第四，煤炭消费量对湖北省铁路货物的全省到达量、省外发送量及省外到达量均产生正向促进作用。

总之，湖北省具有大规模的采矿业及冶铜业基础，是中国的三大钢铁基地之一，主要发展以汽车、钢铁、光电子信息为主的支柱产业。其农业资源丰富，是我国重要的农产品生产基地，一直有“鱼米之乡”的美誉，其农副食品的生产及加工具有极大的发展市场。湖北省的公路运输不仅为经济发展提供了极大动力，同时也促进了湖北省的铁路货物交流。但是，其第三产业的发展对铁路货物交流主要产生负向促进作用，说明第三产业的发展不依赖于铁路运输。如何发挥该地区铁路运输的更大动力，实现公转铁的进一步发展是湖北省可持续发展必须考虑的问题。

表 7-13 湖北省铁路货物交流量回归分析推定结果

影响因素	全省发送量		全省到达量		省内交流量		省外发送量		省外到达量	
	C	Prob	C	Prob	C	Prob	C	Prob	C	Prob
人口	0.673	0.000	0.739	0.003	0.443	0.000	0.232	0.078	0.355	0.093
铁路距离	−0.378	0.426	0.390	0.615	−0.555	0.084	0.173	0.686	0.751	0.280
公路距离	0.017	0.000	0.025	0.000	0.008	0.000	0.010	0.000	0.018	0.000
第一产业GDP	−0.103	0.831	0.825	0.302	−0.605	0.067	0.494	0.264	1.399	0.055
第二产业GDP	0.087	0.541	−0.320	0.174	0.248	0.013	−0.163	0.209	−0.528	0.016
第三产业GDP	−0.348	0.000	−0.316	0.013	−0.144	0.006	−0.203	0.005	−0.181	0.099
煤炭消费量	0.073	0.107	0.157	0.038	−0.021	0.471	0.095	0.025	0.169	0.014
R^2	0.885	—	0.933	—	0.444	—	0.866	—	0.939	—
D-W	1.917	—	2.039	—	0.852	—	1.584	—	2.125	—

资料来源：历年《中国统计年鉴》《中国交通年鉴》。

表 7-14　湖北省铁路货物交流量影响因素分析

影响因素	全省发送量	全省到达量	省内交流量	省外发送量	省外到达量
人口	+	+	+	×	×
铁路距离	×	×	×	×	×
公路距离	+	+	+	+	+
第一产业 GDP	×	×	×	×	×
第二产业 GDP	×	×	+	×	−
第三产业 GDP	−	−	−	−	×
煤炭消费量	×	+	×	+	+

资料来源：历年《中国统计年鉴》《中国交通年鉴》。

（四）湖南省

对湖南省 33 年的铁路货物交流面板数据进行回归分析，湖南省铁路货物全省发送量、全省到达量、省内交流量、省外发送量、省外到达量的 R^2 分别为 0.911、0.953、0.542、0.806、0.921，其 D-W 值分别为 1.112、0.993、1.557、1.429、1.182（见表 7-15）。由此说明，湖南省铁路货物交流的回归模型的整体拟合优度理想。对其推定结果进行分析（见表 7-16），可以得到以下结论：

第一，人口对湖南省铁路货物的全省发送量、省内交流量及省外发送量均产生正向促进作用。

第二，铁路距离对湖南省铁路货物交流无明显影响。公路距离对铁路货物的全省发送量、全省到达量、省外发送量、省外到达量均产生正向影响作用。

第三，在经济发展状况与铁路及铁路运输的关系分析中，第一产业 GDP 对湖南省铁路货物省外发送量及省外到达量产生正向促进作用。第二产业 GDP 对湖南省铁路货物的全省发送量及省外发送量均产生负向促进作用。第三产业 GDP 对湖南省全省到达量、省内交流量产生负向促进作用。

第四，煤炭消费量对湖南省铁路货物的全省发送量及全省货物到达量产生正向促进作用。

表 7-15 湖南省铁路货物交流量回归分析推定结果

影响因素	全省发送量		全省到达量		省内交流量		省外发送量		省外到达量	
	C	Prob	C	Prob	C	Prob	C	Prob	C	Prob
人口	0.729	0.000	0.359	0.079	0.214	0.035	0.518	0.001	0.145	0.560
铁路距离	−0.348	0.063	0.047	0.924	0.299	0.220	−0.661	0.060	−0.248	0.685
公路距离	0.010	0.000	0.023	0.001	0.000	0.960	0.010	0.028	0.023	0.007
第一产业GDP	0.033	0.872	0.480	0.388	−1.402	0.000	1.424	0.001	1.885	0.011
第二产业GDP	−0.188	0.033	−0.008	0.971	0.426	0.001	−0.621	0.001	−0.435	0.135
第三产业GDP	−0.071	0.201	−0.319	0.039	−0.198	0.011	0.132	0.205	−0.121	0.518
煤炭消费量	0.146	0.003	0.255	0.040	0.096	0.108	0.049	0.551	0.158	0.295
R^2	0.911	—	0.953	—	0.542	—	0.806	—	0.921	—
D-W	1.112	—	0.993	—	1.557	—	1.429	—	1.182	—

资料来源：历年《中国统计年鉴》《中国交通年鉴》。

表 7-16　湖南省铁路货物交流量影响因素分析

影响因素	全省发送量	全省到达量	省内交流量	省外发送量	省外到达量
人口	+	×	+	+	×
铁路距离	×	×	×	×	×
公路距离	+	+	×	+	+
第一产业GDP	×	×	−	+	+
第二产业GDP	−	×	+	−	×
第三产业GDP	×	−	−	×	×
煤炭消费量	+	+	×	×	×

资料来源：历年《中国统计年鉴》《中国交通年鉴》。

总之，湖南省矿产资源丰富，是中国有名的“有色金属之乡”和“非金属之乡”。湖南省主要发展工程机械、电子信息及新材料、石油化工等产业。公路的发展对湖南省的铁路货物交流产生促进作用，也证明了湖南省的公路发展拓展了铁路运输范围，促进了湖南省铁路经济的发展。另外，作为农业大省，湖南省与外省的货物交流也依托铁路完成运输。因此，湖南省经济的发展也促进了该地铁路运输的发展。

（五）江西省

对江西省 33 年的铁路货物交流面板数据进行回归分析，江西省的铁路货物全省发送量、全省到达量、省内交流量、省外发送量、省外到达量的 R^2 分别为 0.927、0.964、0.933、0.895、0.962，其 D–W 值分别为 0.946、0.888、1.464、0.936、0.968（见表 7–17）。由此说明，江西省铁路货物交流的回归模型模拟效果不理想。对其推定结果进行分析（见表 7–18），可以得到以下结论：

第一，人口对江西省铁路货物交流无明显影响。

第二，铁路距离对江西省铁路货物交流无明显影响。公路距离对铁路货

表 7-17 江西省铁路货物交流量回归分析推定结果

影响因素	全省发送量		全省到达量		省内交流量		省外发送量		省外到达量	
	C	Prob	C	Prob	C	Prob	C	Prob	C	Prob
人口	0.136	0.526	−0.041	0.891	0.178	0.053	−0.042	0.788	−0.179	0.465
铁路距离	−0.014	0.972	−0.123	0.829	−0.042	0.800	0.024	0.934	−0.130	0.778
公路距离	0.016	0.008	0.015	0.076	0.003	0.186	0.013	0.003	0.012	0.078
第一产业GDP	1.330	0.128	3.700	0.005	−0.375	0.295	1.705	0.010	3.981	0.000
第二产业GDP	−0.522	0.033	−0.075	0.820	0.096	0.328	−0.623	0.001	−0.159	0.552
第三产业GDP	−0.061	0.800	−0.797	0.025	−0.149	0.143	0.092	0.598	−0.632	0.028
煤炭消费量	0.642	0.005	0.869	0.006	0.304	0.002	0.337	0.033	0.552	0.028
R^2	0.927	—	0.964	—	0.933	—	0.895	—	0.962	—
D-W	0.946	—	0.888	—	1.464	—	0.936	—	0.968	—

资料来源：历年《中国统计年鉴》《中国交通年鉴》。

物的全省发送量及省外发送量均产生正向促进作用。

第三，在经济发展状况与铁路及铁路运输的关系分析中，第一产业GDP对江西省铁路货物省外发送量及省外到达量均产生正向促进作用。第二产业GDP对全省发送量及省外发送量均产生负向促进作用。第三产业GDP对省外货物到达量产生负向促进作用。

第四，煤炭消费量对江西省铁路货物的全省发送量、省内交流量及省外发送量、省外到达量均产生正向促进作用。

表7-18 江西省铁路货物交流量影响因素分析

影响因素	全省发送量	全省到达量	省内交流量	省外发送量	省外到达量
人口	×	/	×	×	×
铁路距离	×	/	×	×	×
公路距离	+	/	×	+	×
第一产业GDP	×	/	×	+	+
第二产业GDP	–	/	×	–	×
第三产业GDP	×	/	×	×	–
煤炭消费量	+	/	+	+	+

资料来源：历年《中国统计年鉴》《中国交通年鉴》。

总之，江西省水运资源丰富，农业生产以稻子、小麦为主，工业发展以有色冶金、煤炭、钢铁、机械制造、化肥等为主。江西省的公路发展促进了铁路运输的发展。江西省的工业发展带动了本地的经济发展，但是其发展需要大量的资源供给，因此，江西省的第二产业发展对江西省的铁路货物发送量主要产生负向促进作用。

（六）安徽省

对安徽省33年的铁路货物交流面板数据进行回归分析，安徽省铁路货

表 7-19　安徽省铁路货物交流量回归分析推定结果

影响因素	全省发送量		全省到达量		省内交流量		省外发送量		省外到达量	
	C	Prob	C	Prob	C	Prob	C	Prob	C	Prob
人口	0.355	0.056	0.495	0.004	0.107	0.411	0.250	0.049	0.389	0.000
铁路距离	-1.138	0.084	-0.704	0.222	-0.039	0.932	-1.101	0.017	-0.667	0.014
公路距离	0.011	0.090	0.013	0.036	0.005	0.288	0.006	0.155	0.008	0.006
第一产业 GDP	-1.916	0.095	-2.581	0.014	-2.596	0.003	0.693	0.367	0.017	0.969
第二产业 GDP	0.042	0.807	0.234	0.130	0.327	0.012	-0.287	0.019	-0.092	0.182
第三产业 GDP	-0.913	0.000	-0.493	0.009	-0.538	0.001	-0.373	0.010	0.045	0.572
煤炭消费量	1.364	0.000	0.878	0.000	0.695	0.000	0.665	0.000	0.183	0.025
R^2	0.981	—	0.975	—	0.963	—	0.966	—	0.960	—
D-W	1.215	—	1.209	—	1.142	—	1.290	—	1.628	—

资料来源：历年《中国统计年鉴》《中国交通年鉴》。

物全省发送量、全省到达量、省内交流量、省外发送量、省外到达量的 R^2 分别为 0.981、0.975、0.963、0.966、0.960，其 D–W 值分别为 1.215、1.209、1.142、1.290、1.628（见表 7–19）。由此说明，安徽省的铁路货物交流回归模型的模拟效果理想。对其推定结果进行分析（见表 7–20），可以得到以下结论：

第一，人口对安徽省铁路货物全省到达量及省外发送量、省外到达量均产生正向促进作用。

第二，铁路距离对安徽省铁路货物的省外发送量、省外到达量均产生负向促进作用。公路距离对全省到达量有正向促进作用。

第三，在经济发展状况与铁路及铁路运输的关系分析中，第一产业 GDP 对铁路货物的全省到达量、省内交流量均产生负向促进作用。第二产业 GDP 对省内交流量产生正向促进作用，对省外发送量产生负向促进作用。第三产业 GDP 对铁路货物的全省发送量、全省到达量、省内交流量、省外发送量均产生负向促进作用。

第四，煤炭消费量对安徽省的铁路货物交流均产生正向促进作用。

表 7–20　安徽省铁路货物交流量影响因素分析

影响因素	全省发送量	全省到达量	省内交流量	省外发送量	省外到达量
人口	×	+	×	+	+
铁路距离	×	×	×	–	–
公路距离	×	+	×	×	+
第一产业 GDP	×	–	–	×	×
第二产业 GDP	×	×	+	–	×
第三产业 GDP	–	–	–	–	×
煤炭消费量	+	+	+	+	+

资料来源：历年《中国统计年鉴》《中国交通年鉴》。

总之，安徽省耕地资源丰富，是中国重要的农产品生产，能源、原材料和加工制造业基地。安徽省的交通运输主要以公路、铁路、水运为主。公路的发展促进了外省对安徽省本地资源的供给。同时，其经济的发展对安徽的资源需求提出了更多的要求，其铁路运输供给不断增加。

三、东部地区各省份铁路货物交流分析

（一）北京市

对北京市 33 年的铁路货物交流面板数据进行回归分析，北京市铁路货物全省发送量、全省到达量、省内交流量、省外发送量、省外到达量的 R^2 分别为0.944、0.962、0.949、0.913、0.966，其D–W值分别为1.310、1.132、1.189、1.315、1.305（见表 7–21）。由此说明，北京市的铁路货物交流回归模型的模拟效果理想。对其推定结果进行分析（见表 7–22），可以得到以下结论：

第一，人口对北京市铁路货物省内交流量产生负向促进作用。

第二，铁路距离对北京市铁路货物全省发送量、省内交流量及省外发送量均产生正向促进作用。公路距离仅对铁路货物的省外发送量产生正向促进作用。

第三，在经济发展状况与铁路及铁路运输的关系分析中，第一产业GDP、第二产业 GDP 均对北京市铁路货物的全省发送量及省内交流量产生负向促进作用。第三产业 GDP 对省外到达量产生负向促进作用。

第四，煤炭消费量对北京市铁路货物的全省到达量及省外到达量均产生正向促进作用。

总之，北京市是电子器械设备、汽车、家电等产业集聚中心，特别是以计算机产业为支柱产业。随着北京市经济的发展，对高附加值产品的需求量不断增加，北京市与周围省份货物的配送量逐渐增加，为了适应这一市场需求的变化，公路运输的比率开始上升。随着北京市生产的进一步专业化，以及产业结构的变化、物流的高效化、流通规模的扩大，公路运输的比率逐年增加。另外，北京市郊的几个大型物流园区起到了货物的集聚及分散作用。

表 7-21　北京市铁路货物交流量回归分析推定结果

影响因素	全省发送量		全省到达量		省内交流量		省外发送量		省外到达量	
	C	Prob	C	Prob	C	Prob	C	Prob	C	Prob
人口	−0.372	0.103	−0.627	0.085	−0.261	0.040	−0.104	0.444	−0.361	0.183
铁路距离	2.907	0.000	1.779	0.066	1.712	0.000	1.182	0.003	0.070	0.921
公路距离	0.037	0.327	−0.008	0.897	−0.021	0.312	0.057	0.018	0.013	0.775
第一产业GDP	−9.110	0.021	−10.149	0.099	−6.284	0.005	−2.832	0.223	−3.904	0.389
第二产业GDP	−0.826	0.035	−0.011	0.985	−0.449	0.036	−0.363	0.120	0.444	0.327
第三产业GDP	0.080	0.280	−0.144	0.224	0.081	0.052	−0.003	0.940	−0.226	0.015
煤炭消费量	0.328	0.208	2.137	0.000	0.125	0.378	0.206	0.194	2.010	0.000
R^2	0.944	—	0.962	—	0.949	—	0.913	—	0.966	—
D-W	1.310	—	1.132	—	1.189	—	1.315	—	1.305	—

资料来源：历年《中国统计年鉴》《中国交通年鉴》。

表 7-22　北京市铁路货物交流量影响因素分析

影响因素	全省发送量	全省到达量	省内交流量	省外发送量	省外到达量
人口	×	×	-	×	×
铁路距离	+	×	+	+	×
公路距离	×	×	×	+	×
第一产业 GDP	-	×	-	×	×
第二产业 GDP	-	×	-	×	×
第三产业 GDP	×	×	×	×	-
煤炭消费量	×	+	×	×	+

资料来源：历年《中国统计年鉴》《中国交通年鉴》。

（二）天津市

对天津市 33 年的铁路货物交流面板数据进行回归分析，天津市铁路货物全省发送量、全省到达量、省内交流量、省外发送量、省外到达量的 R^2 分别为 0.971、0.907、0.928、0.983、0.891，其 D-W 值分别为 1.261、1.858、1.269、1.716、1.617（见表 7-23）。由此说明，天津市的铁路货物交流回归模型的模拟效果理想。对其推定结果进行分析（见表 7-24），可以得到以下结论：

第一，人口对天津市铁路货物交流无明显影响。

第二，铁路距离对天津市铁路货物交流无明显影响。公路距离仅对天津市铁路货物交流的省外发送量产生正向影响作用。

第三，在经济发展状况与铁路及铁路运输的关系分析中，第一产业 GDP 对天津市铁路货物全省发送量、省外发送量均产生负向促进作用。第二产业 GDP 对天津市的全省发送量、省内交流量、省外发送量产生正向促进作用，对省外到达量产生负向促进作用。第三产业 GDP 对天津市的全省到达量、

表 7-23 天津市铁路货物交流量回归分析推定结果

影响因素	全省发送量		全省到达量		省内交流量		省外发送量		省外到达量	
	C	Prob	C	Prob	C	Prob	C	Prob	C	Prob
人口	0.475	0.454	0.581	0.565	0.393	0.560	0.148	0.463	0.240	0.786
铁路距离	1.413	0.344	−0.690	0.771	1.733	0.278	−0.329	0.488	−2.431	0.247
公路距离	−0.035	0.618	−0.008	0.946	−0.091	0.227	0.054	0.021	0.081	0.411
第一产业GDP	−23.232	0.003	−9.034	0.427	−10.498	0.172	−12.553	0.000	1.803	0.856
第二产业GDP	1.099	0.000	−0.265	0.429	0.505	0.030	0.616	0.000	−0.755	0.015
第三产业GDP	−0.162	0.223	−0.807	0.001	0.340	0.021	−0.511	0.000	−1.154	0.000
煤炭消费量	0.751	0.127	3.618	0.000	−0.145	0.778	0.868	0.000	3.742	0.000
R^2	0.971	—	0.907	—	0.928	—	0.983	—	0.891	—
D-W	1.261	—	1.858	—	1.269	—	1.716	—	1.617	—

资料来源：历年《中国统计年鉴》《中国交通年鉴》。

省外发送量、省外到达量产生负向促进作用，对省内交流量产生正向促进作用。

第四，煤炭消费量对天津市铁路货物的全省到达量、省外发送量及省外到达量均产生正向促进作用。

表 7-24　天津市铁路货物交流量影响因素分析

影响因素	全省发送量	全省到达量	省内交流量	省外发送量	省外到达量
人口	×	×	×	×	×
铁路距离	×	×	×	×	×
公路距离	×	×	×	+	×
第一产业 GDP	−	×	×	−	×
第二产业 GDP	+	×	+	+	−
第三产业 GDP	×	−	+	−	−
煤炭消费量	×	+	×	+	+

资料来源：历年《中国统计年鉴》《中国交通年鉴》。

总之，天津市水运、矿产资源丰富，其农业主要为城郊型农业，是京津冀经济发展区域中主要的蔬菜、畜产品、水产品供给地区。天津市的支柱产业为航空航天、石油化工、装备制造、电子信息等。工业发展促进了天津市对他省的工业供给，带动了天津市的铁路发送量的增加。另外，天津市的工业发展也需要消耗大量的煤炭资源，加速了天津市与相邻省份的煤炭交流。

（三）河北省

对河北省 33 年的铁路货物交流面板数据进行回归分析，河北省铁路货物全省发送量、全省到达量、省内交流量、省外发送量、省外到达量的 R^2

表 7-25　河北省铁路货物交流量回归分析推定结果

影响因素	全省发送量		全省到达量		省内交流量		省外发送量		省外到达量	
	C	Prob	C	Prob	C	Prob	C	Prob	C	Prob
人口	1.533	0.001	2.162	0.055	0.565	0.087	0.961	0.001	1.616	0.108
铁路距离	1.303	0.082	-0.199	0.916	0.749	0.188	0.559	0.230	-0.999	0.560
公路距离	-0.014	0.351	0.033	0.393	0.014	0.244	-0.027	0.008	0.019	0.579
第一产业GDP	-3.380	0.035	-8.516	0.041	-0.170	0.886	-3.179	0.003	-8.364	0.028
第二产业GDP	2.662	0.000	7.558	0.000	0.803	0.046	1.845	0.000	6.727	0.000
第三产业GDP	-1.681	0.000	-3.768	0.000	-0.310	0.241	-1.371	0.000	-3.433	0.000
煤炭消费量	-0.283	0.079	0.030	0.942	-0.329	0.011	0.045	0.651	0.370	0.319
R^2	0.900	—	0.989	—	0.851	—	0.853	—	0.990	—
D-W	1.175	—	1.912	—	1.101	—	1.511	—	1.867	—

资料来源：历年《中国统计年鉴》《中国交通年鉴》。

分别为 0.900、0.989、0.851、0.853、0.990，其 D–W 值分别为 1.175、1.912、1.101、1.511、1.867（见表 7–25）。由此说明，河北省的铁路货物交流回归模型的模拟效果理想。对其推定结果进行分析（见表 7–26），可以得到以下结论：

第一，人口对河北省铁路货物全省发送量及省外发送量均产生正向促进作用。

第二，铁路距离对河北省铁路货物交流无明显影响。公路距离对河北省的省外发送量产生负向促进作用。

第三，在经济发展状况与铁路及铁路运输的关系分析中，第一产业 GDP、第三产业 GDP 对河北省铁路货物全省发送量、全省到达量、省外发送量及省外到达量均产生负向促进作用。第二产业 GDP 对河北省铁路货物交流产生正向促进作用。

第四，煤炭消费量对河北省铁路货物交流的省内交流量产生负向促进作用。

表 7–26　河北省铁路货物交流量影响因素分析

影响因素	全省发送量	全省到达量	省内交流量	省外发送量	省外到达量
人口	+	×	×	+	×
铁路距离	×	×	×	×	×
公路距离	×	×	×	–	×
第一产业 GDP	–	–	×	–	–
第二产业 GDP	+	+	+	+	+
第三产业 GDP	–	–	×	–	–
煤炭消费量	×	×	–	×	×

资料来源：历年《中国统计年鉴》《中国交通年鉴》。

总之，河北省作为首都连通全国各地的交通枢纽，已经形成陆海空综合交通运输网络。河北省铁路、公路货物周转量居中国首位。目前，河北省已经形成以冶金、煤炭、建材、石化为主的矿业经济体系，其工业的发展主要依赖该省的铁路运输网络进行。河北省农业发展主要以粮棉为主，不依赖铁路运输。因此，河北省的第一产业 GDP 的发展对铁路运输产生负向影响。

（四）山东省

对山东省 33 年的铁路货物交流面板数据进行回归分析，山东省铁路货物全省发送量、全省到达量、省内交流量、省外发送量、省外到达量的 R^2 分别为 0.973、0.981、0.929、0.974、0.983，其 D–W 值分别为 1.107、0.990、1.697、1.319、0.892（见表 7–27）。由此说明，山东省的铁路货物交流回归模型的模拟效果不理想。对其推定结果进行分析（见表 7–28），可以得到以下结论：

第一，人口对山东省的全省发送量、全省到达量、省内交流量均产生正向促进作用。

第二，铁路距离、公路距离对山东省铁路货物交流无明显影响。

第三，在经济发展状况与铁路及铁路运输的关系分析中，第一产业 GDP 对山东省铁路货物交流无明显影响。第二产业 GDP 对铁路货物交流产生正向促进作用。第三产业 GDP 主要对山东省铁路货物的全省发送量、全省到达量、省外发送量产生负向促进作用。

第四，煤炭消费量对山东省的全省发送量、省内交流量产生负向促进作用。

总之，山东省是人口第二大省，是中国经济发展最快的省份之一，素有“中国温带水果之乡”的称号。山东省工业发达，形成了钢铁、化工、冶金等主要产业体系。山东省聚集了大量的大型企业，其工业的发展部分依靠铁路运输进行，对山东省的铁路运输发展形成了促进作用。

表 7-27　山东省铁路货物交流量回归分析推定结果

影响因素	全省发送量		全省到达量		省内交流量		省外发送量		省外到达量	
	C	Prob	C	Prob	C	Prob	C	Prob	C	Prob
人口	1.015	0.001	0.809	0.006	0.670	0.000	0.340	0.083	0.135	0.523
铁路距离	0.905	0.389	1.384	0.219	−0.052	0.916	0.967	0.216	1.440	0.100
公路距离	−0.014	0.144	−0.008	0.438	−0.004	0.331	−0.009	0.180	−0.003	0.671
第一产业GDP	−0.837	0.401	−0.996	0.348	−0.397	0.399	−0.432	0.555	−0.588	0.470
第二产业GDP	1.643	0.000	1.304	0.002	0.427	0.015	1.208	0.000	0.874	0.005
第三产业GDP	−0.843	0.000	−0.799	0.000	−0.060	0.373	−0.782	0.000	−0.738	0.000
煤炭消费量	−0.317	0.018	−0.065	0.629	−0.151	0.018	−0.164	0.090	0.086	0.414
R^2	0.973	—	0.981	—	0.929	—	0.974	—	0.983	—
D-W	1.107	—	0.990	—	1.697	—	1.319	—	0.892	—

资料来源：历年《中国统计年鉴》《中国交通年鉴》。

表 7-28 山东省铁路货物交流量影响因素分析

影响因素	全省发送量	全省到达量	省内交流量	省外发送量	省外到达量
人口	+	+	+	×	/
铁路距离	×	×	×	×	/
公路距离	×	×	×	×	/
第一产业GDP	×	×	×	×	/
第二产业GDP	+	+	+	+	/
第三产业GDP	–	–	×	–	/
煤炭消费量	–	×	–	×	/

资料来源：历年《中国统计年鉴》《中国交通年鉴》。

（五）江苏省

对江苏省 33 年的铁路货物交流面板数据进行回归分析，江苏省铁路货物全省发送量、全省到达量、省内交流量、省外发送量、省外到达量的 R^2 分别为 0.773、0.768、0.710、0.937、0.758，其 D–W 值分别为 0.599、0.535、0.623、0.921、0.422（见表 7–29）。由此说明，江苏省的铁路货物交流回归模型的模拟效果不理想。①

总之，江苏省水运资源发达，公路密度居中国首位，其经济的发展主要依靠水运、公路进行。虽然江苏省的发展以制造业为主，但是随着经济结构的调整，江苏省的第三产业规模已经超过了第二产业的规模。江苏省对外来劳动力的吸引力逐渐下降，人口增长速度也逐渐低于全国水平。

（六）上海市

对上海市 33 年的铁路货物交流面板数据进行回归分析，上海市铁路货

① 28 个省份中，仅江苏省回归效果不理想，无影响因素分析。

表 7-29　江苏省铁路货物交流量回归分析推定结果

影响因素	全省发送量		全省到达量		省内交流量		省外发送量		省外到达量	
	C	Prob	C	Prob	C	Prob	C	Prob	C	Prob
人口	0.572	0.000	0.632	0.006	0.255	0.000	0.317	0.000	0.377	0.129
铁路距离	0.669	0.350	3.334	0.023	0.470	0.118	0.201	0.672	2.867	0.077
公路距离	-0.025	0.036	0.003	0.903	-0.011	0.023	-0.014	0.084	0.014	0.579
第一产业GDP	-1.024	0.116	0.558	0.654	-0.635	0.022	-0.396	0.355	1.193	0.400
第二产业GDP	0.448	0.056	-0.119	0.788	0.027	0.775	0.419	0.009	-0.147	0.770
第三产业GDP	-0.262	0.032	-0.269	0.243	0.013	0.789	-0.274	0.002	-0.282	0.280
煤炭消费量	0.064	0.481	0.188	0.297	0.024	0.529	0.042	0.495	0.164	0.419
R^2	0.773	—	0.768	—	0.710	—	0.937	—	0.758	—
D-W	0.599	—	0.535	—	0.623	—	0.921	—	0.422	—

资料来源：历年《中国统计年鉴》《中国交通年鉴》。

表 7-30 上海市铁路货物交流量回归分析推定结果

影响因素	全省发送量		全省到达量		省内交流量		省外发送量		省外到达量	
	C	Prob	C	Prob	C	Prob	C	Prob	C	Prob
人口	0.086	0.595	0.226	0.385	0.037	0.063	0.043	0.784	0.188	0.460
铁路距离	1.306	0.026	1.825	0.048	0.035	0.605	1.199	0.034	1.801	0.047
公路距离	0.073	0.256	0.081	0.424	-0.002	0.762	0.078	0.210	0.083	0.402
第一产业GDP	-15.058	0.002	-24.206	0.002	-1.165	0.039	-13.940	0.003	-23.042	0.003
第二产业GDP	-0.142	0.243	-0.145	0.452	0.001	0.920	-0.148	0.211	-0.145	0.443
第三产业GDP	-0.043	0.159	-0.116	0.021	-0.009	0.023	-0.033	0.257	-0.108	0.028
煤炭消费量	0.444	0.001	0.830	0.000	0.038	0.016	0.412	0.002	0.791	0.000
R^2	0.725	—	0.815	—	0.842	—	0.656	—	0.793	—
D-W	0.909	—	0.965	—	1.323	—	0.847	—	0.908	—

资料来源：历年《中国统计年鉴》《中国交通年鉴》。

物全省发送量、全省到达量、省内交流量、省外发送量、省外到达量的 R^2 分别为 0.725、0.815、0.842、0.656、0.793，其 D–W 值分别为 0.909、0.965、1.323、0.847、0.908（见表 7–30）。由此说明，上海市的铁路货物交流回归模型的模拟效果理想。对其推定结果进行分析（见表 7–31），可以得到以下结论：

第一，人口对上海市铁路货物交流无明显影响。

第二，铁路距离对上海市铁路货物的全省发送量、全省到达量、省外发送量及省外到达量均产生正向影响作用。公路距离对上海市铁路货物交流无明显影响。

第三，在经济发展状况与铁路及铁路运输的关系分析中，第一产业 GDP 对上海市铁路货物交流产生负向促进作用，第二产业 GDP 对上海市铁路货物交流无明显影响。第三产业 GDP 对铁路货物的全省到达量、省内交流量及省外到达量均产生负向促进作用。

第四，煤炭消费量对上海市铁路货物交流产生正向促进作用。

表 7–31 上海市铁路货物交流量影响因素分析

影响因素	全省发送量	全省到达量	省内交流量	省外发送量	省外到达量
人口	×	×	×	×	×
铁路距离	+	+	×	+	+
公路距离	×	×	×	×	×
第一产业 GDP	–	–	–	–	–
第二产业 GDP	×	×	×	×	×
第三产业 GDP	×	–	–	×	–
煤炭消费量	+	+	+	+	+

资料来源：历年《中国统计年鉴》《中国交通年鉴》。

总之，上海市作为近代中国最大的工业城市，是中国近代工业的摇篮。从产业结构来看，其第二产业不仅发展以电子信息产品制造业、汽车制造业、石油化工等为主的工业产业，高端装备、新能源等战略性新兴产业也促进了上海市的经济发展。上海市的金融业、批发零售业、对外贸易业等第三产业的发展，吸引了大量知识型人才的聚集。

（七）浙江省

对浙江省 33 年的铁路货物交流面板数据进行回归分析，浙江省铁路货物全省发送量、全省到达量、省内交流量、省外发送量、省外到达量的 R^2 分别为 0.941、0.959、0.971、0.527、0.944，其 D–W 值分别为 1.443、1.842、1.581、1.420、1.857（见表 7–32）。由此说明，浙江省的铁路货物交流回归模型的模拟效果理想。对其推定结果进行分析（见表 7–33），可以得到以下结论：

第一，人口对浙江省铁路货物全省发送量、省内交流量及省外发送量产生正向促进作用。

第二，铁路距离对浙江省铁路货物交流无明显影响。公路距离对浙江省铁路货物的全省到达量、省外到达量均产生负向促进作用。

第三，在经济发展状况及铁路及铁路运输的关系分析中，第一产业 GDP 对浙江全省发送量、省内交流量产生负向促进作用，对全省到达量、省外到达量产生正向促进作用。第二产业 GDP 与第一产业 GDP 对浙江省铁路货物交流产生作用相反。第三产业 GDP 对浙江省铁路货物全省发送量、省内交流量产生负向促进作用，对省外到达量产生正向促进作用。

第四，煤炭消费量对浙江省铁路货物全省到达量、省外到达量均产生正向促进作用，对其省内交流量产生负向促进作用。

总之，浙江省是中国省内经济发展程度差异最小的省份之一，其经济发展十分均衡。作为渔业大省，浙江省渔业逐步实行向内外贸易全面发展的产业化经营。其工业以轻工业、加工制造业、集体工业为主。随着产业结构的调整，浙江省的水运逐渐被公路、铁路所替代。

表 7-32　浙江省铁路货物交流量回归分析推定结果

影响因素	全省发送量		全省到达量		省内交流量		省外发送量		省外到达量	
	C	Prob	C	Prob	C	Prob	C	Prob	C	Prob
人口	0.584	0.000	0.586	0.005	0.232	0.001	0.347	0.000	0.354	0.070
铁路距离	−0.228	0.555	−1.185	0.088	−0.169	0.439	−0.056	0.845	−1.017	0.132
公路距离	−0.006	0.370	−0.036	0.004	0.002	0.516	−0.008	0.115	−0.038	0.002
第一产业GDP	−1.408	0.006	1.822	0.038	−0.716	0.013	−0.679	0.065	2.542	0.004
第二产业GDP	0.510	0.001	−0.646	0.008	0.358	0.000	0.143	0.148	−1.006	0.000
第三产业GDP	−0.240	0.002	0.190	0.120	−0.170	0.000	−0.067	0.194	0.360	0.004
煤炭消费量	−0.058	0.384	1.020	0.000	−0.084	0.032	0.029	0.553	1.105	0.000
R^2	0.941	—	0.959	—	0.971	—	0.527	—	0.944	—
D-W	1.443	—	1.842	—	1.581	—	1.420	—	1.857	—

资料来源：历年《中国统计年鉴》《中国交通年鉴》。

表 7-33 浙江省铁路货物交流量影响因素分析

影响因素	全省发送量	全省到达量	省内交流量	省外发送量	省外到达量
人口	+	×	+	+	×
铁路距离	×	×	×	×	×
公路距离	×	–	×	×	–
第一产业 GDP	–	+	–	×	+
第二产业 GDP	+	–	+	×	–
第三产业 GDP	–	×	–	×	+
煤炭消费量	×	+	–	×	+

资料来源：历年《中国统计年鉴》《中国交通年鉴》。

（八）福建省

对福建省 33 年的铁路货物交流面板数据进行回归分析，福建省铁路货物全省发送量、全省到达量、省内交流量、省外发送量、省外到达量的 R^2 分别为 0.938、0.876、0.902、0.840、0.836，其 D–W 值分别为 1.962、0.830、1.085、1.680、0.880（见表 7–34）。由此说明，福建省的铁路货物交流回归模型的模拟效果不理想。对其推定结果进行分析（见表 7–35），可以得到以下结论：

第一，人口对福建省铁路货物的全省发送量、省内交流量、省外发送量均产生正向促进作用。

第二，铁路距离对福建省铁路货物交流无明显影响。公路距离对全省发送量、省外发送量产生负向促进作用。

第三，在经济发展状况与铁路及铁路运输的关系分析中，第一产业 GDP 对福建省铁路货物全省发送量及省外到达量产生正向促进作用。第二产业 GDP 对全省发送量、省外发送量、省外到达量均产生负向促进作用。第三产业 GDP 仅对省外到达量产生正向促进作用。

表 7-34　福建省铁路货物交流量回归分析推定结果

影响因素	全省发送量		全省到达量		省内交流量		省外发送量		省外到达量	
	C	Prob	C	Prob	C	Prob	C	Prob	C	Prob
人口	0.911	0.000	0.699	0.013	0.383	0.002	0.516	0.000	0.317	0.081
铁路距离	−0.366	0.186	−0.198	0.690	−0.027	0.901	−0.338	0.104	−0.173	0.601
公路距离	−0.027	0.006	−0.014	0.392	−0.009	0.217	−0.017	0.017	−0.005	0.628
第一产业 GDP	0.897	0.016	1.868	0.007	0.387	0.172	0.513	0.059	1.478	0.002
第二产业 GDP	−0.285	0.033	−0.692	0.006	−0.081	0.426	−0.204	0.039	−0.610	0.001
第三产业 GDP	0.112	0.271	0.312	0.098	0.017	0.827	0.093	0.223	0.295	0.022
煤炭消费量	0.512	0.000	0.573	0.000	0.196	0.003	0.310	0.000	0.378	0.000
R^2	0.938	—	0.876	—	0.902	—	0.840	—	0.836	—
D-W	1.962	—	0.830	—	1.085	—	1.680	—	0.880	—

资料来源：历年《中国统计年鉴》《中国交通年鉴》。

第四，煤炭消费量对福建省铁路货物交流产生正向促进作用。

总之，福建省地形多山，铁路建设发展较为缓慢，但是目前已经形成了完善的海峡铁路网，为福建省经济发展提供了极大支持。福建省的耕地面积不及全国平均水平的一半，但是其气候资源丰富，农业资源充足，盛产水果、工业原料作物。工业发展以电子信息产业、高新技术产业、集体工业为主。工业的发展加大了对煤炭资源的需求，也带动了福建省与邻近省市的铁路货物交流。

表 7-35　福建省铁路货物交流量影响因素分析

影响因素	全省发送量	全省到达量	省内交流量	省外发送量	省外到达量
人口	+	/	+	+	×
铁路距离	×	/	×	×	×
公路距离	−	/	×	−	×
第一产业 GDP	+	/	×	×	+
第二产业 GDP	−	/	×	−	−
第三产业 GDP	×	/	×	×	+
煤炭消费量	+	/	+	+	+

资料来源：历年《中国统计年鉴》《中国交通年鉴》。

（九）广东省

对广东省 33 年的铁路货物交流面板数据进行回归分析，广东省铁路货物全省发送量、全省到达量、省内交流量、省外发送量、省外到达量的 R^2 分别为 0.870、0.711、0.826、0.901、0.833，其 D–W 值分别为 1.127、1.141、1.362、1.296、1.131（见表 7–36）。由此说明，广东省的铁路货物交流回归模型的模拟效果理想。对其推定结果进行分析（见表 7–37），可以得到以下结论：

第一，人口对广东省铁路货物的全省发送量、省内交流量均产生正向促进作用。

第二，铁路距离对广东省铁路货物的全省发送量、省内交流量产生正向

表 7-36　广东省铁路货物交流量回归分析推定结果

影响因素	全省发送量		全省到达量		省内交流量		省外发送量		省外到达量	
	C	Prob	C	Prob	C	Prob	C	Prob	C	Prob
人口	0.021	0.007	0.009	0.252	0.011	0.003	0.010	0.052	−0.003	0.616
铁路距离	0.914	0.013	0.350	0.326	0.598	0.001	0.351	0.131	−0.193	0.473
公路距离	0.022	0.019	0.040	0.000	0.009	0.049	0.014	0.022	0.032	0.000
第一产业 GDP	1.151	0.234	1.746	0.083	−0.771	0.094	1.300	0.047	1.916	0.015
第二产业 GDP	−0.351	0.013	−0.764	0.000	−0.153	0.020	−0.111	0.213	−0.527	0.000
第三产业 GDP	0.058	0.528	0.183	0.061	0.133	0.004	−0.095	0.127	0.030	0.670
煤炭消费量	0.221	0.161	0.489	0.005	0.031	0.667	0.164	0.117	0.437	0.001
R^2	0.870	—	0.711	—	0.826	—	0.901	—	0.833	—
D-W	1.127	—	1.141	—	1.362	—	1.296	—	1.131	—

资料来源：历年《中国统计年鉴》《中国交通年鉴》。

促进作用。公路距离对广东省铁路货物的全省发送量、全省到达量、省外发送量、省外到达量均产生正向促进作用。

第三，在经济发展状况与铁路及铁路运输的关系分析中，第一产业 GDP 对广东省铁路货物省内交流量、省外发送量及省外到达量均产生正向促进作用。第二产业 GDP 主要对铁路货物交流产生负向促进作用。第三产业 GDP 仅对省内交流量产生正向促进作用。

第四，煤炭消费量对广东省的全省到达量、省外到达量产生正向促进作用。

表 7-37 广东省铁路货物交流量影响因素分析

影响因素	全省发送量	全省到达量	省内交流量	省外发送量	省外到达量
人口	+	×	+	×	×
铁路距离	+	×	+	×	×
公路距离	+	+	×	+	+
第一产业 GDP	×	×	+	+	+
第二产业 GDP	−	−	−	×	−
第三产业 GDP	×	×	+	×	×
煤炭消费量	×	+	×	×	+

资料来源：历年《中国统计年鉴》《中国交通年鉴》。

总之，广东省是稀有金属和有色金属之乡，矿产资源丰富，主要发展通信和其他电子设备制造业。作为中国最早出现资本主义生产方式的省份之一，广东省集聚了大量新兴产业，吸引了大批人才。广东省的公路运输为本地铁路运输提供了辅助支持，加大了煤炭资源在本地的周转。

四、西部地区各省份铁路货物交流分析

（一）四川省

对四川省 33 年的铁路货物交流面板数据进行回归分析，四川省铁路货

表 7-38 四川省铁路货物交流量回归分析推定结果

影响因素	全省发送量		全省到达量		省内交流量		省外发送量		省外到达量	
	C	Prob	C	Prob	C	Prob	C	Prob	C	Prob
人口	0.364	0.006	0.412	0.004	0.224	0.003	0.125	0.171	0.129	0.291
铁路距离	−0.230	0.596	−0.370	0.432	0.309	0.210	−0.557	0.086	−0.672	0.123
公路距离	−0.002	0.689	0.002	0.646	0.001	0.589	−0.001	0.841	0.005	0.251
第一产业 GDP	2.493	0.108	1.103	0.501	0.287	0.735	2.384	0.037	1.732	0.250
第二产业 GDP	−0.127	0.264	0.280	0.028	0.074	0.247	−0.261	0.003	0.051	0.646
第三产业 GDP	−0.252	0.031	−0.227	0.069	−0.187	0.006	−0.060	0.462	−0.048	0.660
煤炭消费量	0.472	0.000	0.476	0.000	0.099	0.116	0.363	0.000	0.384	0.001
R^2	0.876	—	0.979	—	0.830	—	0.831	—	0.976	—
D-W	0.918	—	0.981	—	1.780	—	1.037	—	1.113	—

资料来源：历年《中国统计年鉴》《中国交通年鉴》。

物全省发送量、全省到达量、省内交流量、省外发送量、省外到达量的 R^2 分别为 0.876、0.979、0.830、0.831、0.976，其 D–W 值分别为 0.918、0.981、1.780、1.037、1.113（见表 7–38）。由此说明，四川省的铁路货物交流回归模型的模拟效果理想。对其推定结果进行分析（见表 7–39），可以得到以下结论：

第一，人口对四川省铁路货物的全省发送量、全省到达量、省内交流量均产生正向促进作用。

第二，铁路距离、公路距离对四川省铁路货物交流无明显影响。

第三，在经济发展状况与铁路及铁路运输的关系分析中，第一产业 GDP 对四川省铁路货物省外发送量产生正向促进作用。第二产业 GDP 对铁路货物全省到达量产生正向促进作用，对省外发送量产生负向促进作用。第三产业 GDP 对铁路货物全省发送量、省内交流量产生负向促进作用。

第四，煤炭消费量对四川省铁路货物全省发送量、全省到达量、省外发送量、省外到达量均产生正向促进作用。

表 7–39　四川省铁路货物交流量影响因素分析

影响因素	全省发送量	全省到达量	省内交流量	省外发送量	省外到达量
人口	+	+	+	×	×
铁路距离	×	×	×	×	×
公路距离	×	×	×	×	×
第一产业 GDP	×	×	×	+	×
第二产业 GDP	×	+	×	–	×
第三产业 GDP	–	×	–	×	×
煤炭消费量	+	+	×	+	+

资料来源：历年《中国统计年鉴》《中国交通年鉴》。

总之，四川省矿产资源丰富，是重要的冶金、化工基地之一。其中，机械、电子、冶金、化工等行业在全国具有重要地位。目前，四川省的运输结构主要依据公路运输，铁路及水路的运输占比较少。四川省的煤炭消耗为工业生产提供了资源支持，同时也对铁路运输的发展提出了更高的要求。

（二）广西壮族自治区

对广西壮族自治区 33 年的铁路货物交流面板数据进行回归分析，广西壮族自治区铁路货物全省发送量、全省到达量、省内交流量、省外发送量、省外到达量的 R^2 分别为 0.986、0.957、0.971、0.982、0.932，其 D–W 值分别为 1.793、0.984、0.802、1.858、0.896（见表 7–40）。由此说明，广西壮族自治区的铁路货物交流回归模型的模拟效果不理想。对其推定结果进行分析（见表 7–41），可以得到以下结论：

第一，人口仅对广西壮族自治区铁路货物的全省发送量产生正向促进作用。

第二，铁路距离对广西壮族自治区铁路货物交流无明显影响。公路距离对广西壮族自治区铁路货物交流产生促进作用。

第三，在经济发展状况与铁路及铁路运输的关系分析中，第一产业 GDP 对广西壮族自治区铁路货物全省到达量产生正向促进作用。第二产业 GDP 对省外发送量产生负向促进作用。第三产业 GDP 对全省到达量产生负向促进作用。

第四，煤炭消费量对广西壮族自治区的全省发送量、全省到达量、省外发送量产生正向促进作用。

总之，广西壮族自治区作为邻海地区，省内海航、铁路、公路、航空等基础交通设施建设完善，与区外的经济运输交流主要依靠港口、铁路、公路运输。从产业结构进行分析，广西壮族自治区主要发展以制糖业为主的食品产业、以炼油为主的石化产业、有色金属、钢铁冶金、汽车及机械产业。这些产业的发展需要消耗大量的煤炭资源；反过来，煤炭资源的消耗也对该地的铁路货物交流起到了正向促进作用。

表 7-40　广西壮族自治区铁路货物交流量回归分析推定结果

影响因素	全省发送量		全省到达量		省内交流量		省外发送量		省外到达量	
	C	Prob	C	Prob	C	Prob	C	Prob	C	Prob
人口	0.208	0.043	-0.079	0.718	0.237	0.000	-0.036	0.661	-0.316	0.177
铁路距离	-0.345	0.073	-0.218	0.596	-0.075	0.367	-0.276	0.081	-0.142	0.743
公路距离	0.034	0.000	0.064	0.000	0.002	0.570	0.034	0.000	0.062	0.001
第一产业 GDP	-0.090	0.868	2.653	0.034	-0.798	0.003	0.716	0.119	3.458	0.011
第二产业 GDP	0.113	0.371	-0.485	0.087	0.319	0.000	-0.216	0.044	-0.805	0.010
第三产业 GDP	-0.049	0.771	-0.933	0.018	0.192	0.016	-0.242	0.092	-1.126	0.008
煤炭消费量	0.399	0.006	0.657	0.035	-0.069	0.252	0.458	0.000	0.726	0.028
R^2	0.986	—	0.957	—	0.971	—	0.982	—	0.932	—
D-W	1.793	—	0.984	—	0.802	—	1.858	—	0.896	—

资料来源：历年《中国统计年鉴》《中国交通年鉴》。

表 7-41　广西壮族自治区铁路货物交流量影响因素分析

影响因素	全省发送量	全省到达量	省内交流量	省外发送量	省外到达量
人口	+	×	/	×	/
铁路距离	×	×	/	×	/
公路距离	+	+	/	+	/
第一产业 GDP	×	+	/	×	/
第二产业 GDP	×	×	/	−	/
第三产业 GDP	×	−	/	×	/
煤炭消费量	+	+	/	+	/

资料来源：历年《中国统计年鉴》《中国交通年鉴》。

（三）贵州省

对贵州省 33 年的铁路货物交流面板数据进行回归分析，贵州省铁路货物全省发送量、全省到达量、省内交流量、省外发送量、省外到达量的 R^2 分别为 0.954、0.985、0.895、0.931、0.982，其 D–W 值分别为 1.256、1.168、1.735、1.513、1.106（见表 7–42）。由此说明，贵州省的铁路货物交流回归模型的模拟效果理想。对其推定结果进行分析（见表 7–43），可以得到以下结论：

第一，人口对贵州省铁路货物的全省到达量、省内交流量、省外到达量均产生正向促进作用。

第二，铁路距离对贵州省铁路货物的全省到达量、省外到达量产生负向促进作用。公路距离对全省发送量、省内交流量、省外发送量产生正向促进作用。

第三，在经济发展状况与铁路及铁路运输的关系分析中，第一产业 GDP 对贵州省铁路货物省内交流量产生正向促进作用，对省外到达量产生负向促进作用。第二产业 GDP 对贵州省全省到达量及省外到达量均产生正向促进作用。第三产业 GDP 对贵州省铁路货物交流无明显影响。

表 7-42　贵州省铁路货物交流量回归分析推定结果

影响因素	全省发送量		全省到达量		省内交流量		省外发送量		省外到达量	
	C	Prob	C	Prob	C	Prob	C	Prob	C	Prob
人口	–0.044	0.845	0.738	0.000	0.318	0.000	–0.372	0.121	0.420	0.000
铁路距离	0.366	0.500	–1.121	0.001	–0.183	0.319	0.551	0.330	–0.938	0.001
公路距离	0.018	0.005	0.006	0.072	0.004	0.045	0.015	0.020	0.002	0.538
第一产业 GDP	0.108	0.871	–0.170	0.624	0.477	0.040	–0.421	0.542	–0.650	0.033
第二产业 GDP	–0.183	0.854	1.610	0.004	0.383	0.259	–0.413	0.689	1.231	0.009
第三产业 GDP	–0.952	0.234	–0.675	0.112	–0.398	0.144	–0.702	0.395	–0.281	0.423
煤炭消费量	0.531	0.001	0.208	0.009	–0.082	0.094	0.619	0.000	0.290	0.000
R^2	0.954	—	0.985	—	0.895	—	0.931	—	0.982	—
D–W	1.256	—	1.168	—	1.735	—	1.513	—	1.106	—

资料来源：历年《中国统计年鉴》《中国交通年鉴》。

第四，煤炭消费量对贵州省铁路货物交流主要产生正向促进作用。

总之，贵州省支柱产业包括煤炭开采和洗选业、电力工业、旅游业等。随着西部大开发战略的推动，贵州省电力资源得到了极大的发展。随着工业的发展，贵州省煤炭资源得到了进一步的利用，其产业发展需求的增加也加大了外省对贵州省的铁路货物供给。同时，煤炭资源消耗量的增加也加大了贵州省与邻近省份的铁路运输交流。

表 7-43　贵州省铁路货物交流量影响因素分析

影响因素	全省发送量	全省到达量	省内交流量	省外发送量	省外到达量
人口	×	+	+	×	+
铁路距离	×	−	×	×	−
公路距离	+	×	+	+	×
第一产业 GDP	×	×	+	×	−
第二产业 GDP	×	+	×	×	+
第三产业 GDP	×	×	×	×	×
煤炭消费量	+	+	×	+	+

资料来源：历年《中国统计年鉴》《中国交通年鉴》。

（四）云南省

对云南省 33 年的铁路货物交流面板数据进行回归分析，云南省铁路货物全省发送量、全省到达量、省内交流量、省外发送量、省外到达量的 R^2 分别为 0.977、0.994、0.841、0.985、0.997，其 D-W 值分别为 1.774、1.881、1.982、1.620、2.800（见表 7-44）。由此说明，云南省的铁路货物交流回归模型的模拟效果理想。对其推定结果进行分析（见表 7-45），可以得到以下结论：

第一，人口对云南省铁路货物交流无明显影响。

第二，铁路距离对云南省铁路货物交流无明显影响。公路距离对铁路货

表 7-44　云南省铁路货物交流量回归分析推定结果

影响因素	全省发送量		全省到达量		省内交流量		省外发送量		省外到达量	
	C	Prob	C	Prob	C	Prob	C	Prob	C	Prob
人口	0.158	0.220	0.167	0.101	0.137	0.106	0.019	0.828	0.028	0.669
铁路距离	0.154	0.604	0.125	0.590	0.108	0.575	0.033	0.875	0.022	0.888
公路距离	0.010	0.000	0.004	0.005	0.001	0.197	0.008	0.000	0.003	0.008
第一产业GDP	-0.386	0.577	1.457	0.011	0.782	0.091	-1.115	0.028	0.661	0.074
第二产业GDP	-0.432	0.105	-0.460	0.030	-0.929	0.000	0.472	0.014	0.466	0.002
第三产业GDP	-0.086	0.787	0.080	0.747	0.230	0.271	-0.318	0.160	-0.145	0.380
煤炭消费量	0.408	0.000	0.415	0.000	0.236	0.000	0.181	0.000	0.180	0.000
R^2	0.977	—	0.994	—	0.841	—	0.985	—	0.997	—
D-W	1.774	—	1.881	—	1.982	—	1.620	—	2.800	—

资料来源：历年《中国统计年鉴》《中国交通年鉴》。

物交流主要产生正向促进作用。

第三，在经济发展状况与铁路及铁路运输的关系分析中，第一产业 GDP 对云南省全省到达量产生正向促进作用，对省外发送量产生负向促进作用。第二产业 GDP 对云南省全省到达量、省内交流量产生负向促进作用，对省外发送量、省外到达量产生负向促进作用。第三产业 GDP 对铁路货物交流影响不明显。

第四，煤炭消费量对云南省的全省发送量、省内交流量、省外发送量产生正向促进作用。

总之，从产业结构分析，云南省主要以烟草加工业、旅游业、生物资源开发业、矿产业及水电业为主。受地形条件限制，云南省运输方式以公路为主，公路的发展建设拓宽了该省的铁路运输范围，促进了云南省铁路货物交流量的增加。

表 7-45　云南省铁路货物交流量影响因素分析

影响因素	全省发送量	全省到达量	省内交流量	省外发送量	省外到达量
人口	×	×	×	×	×
铁路距离	×	×	×	×	×
公路距离	+	+	×	+	+
第一产业 GDP	×	+	×	-	×
第二产业 GDP	×	-	-	+	+
第三产业 GDP	×	×	×	×	×
煤炭消费量	+	×	+	+	×

资料来源：历年《中国统计年鉴》《中国交通年鉴》。

（五）陕西省

对陕西省 33 年的铁路货物交流面板数据进行回归分析，陕西省铁路货

表 7-46 陕西省铁路货物交流量回归分析推定结果

影响因素	全省发送量		全省到达量		省内交流量		省外发送量		省外到达量	
	C	Prob	C	Prob	C	Prob	C	Prob	C	Prob
人口	0.164	0.284	0.588	0.001	0.567	0.000	−0.408	0.023	0.019	0.849
铁路距离	0.987	0.001	0.126	0.647	−0.463	0.045	1.458	0.000	0.593	0.002
公路距离	0.003	0.589	0.004	0.469	0.001	0.833	0.002	0.710	0.003	0.357
第一产业GDP	−0.908	0.888	3.699	0.575	3.517	0.510	−4.461	0.539	0.157	0.970
第二产业GDP	0.586	0.001	0.124	0.462	0.115	0.396	0.464	0.017	0.001	0.990
第三产业GDP	−0.174	0.319	−0.213	0.235	−0.065	0.650	−0.110	0.575	−0.141	0.220
煤炭消费量	0.139	0.045	0.163	0.023	0.096	0.092	0.043	0.569	0.066	0.143
R^2	0.991	—	0.924	—	0.718	—	0.985	—	0.925	—
D-W	1.385	—	1.197	—	0.891	—	1.638	—	1.683	—

资料来源：历年《中国统计年鉴》《中国交通年鉴》。

物全省发送量、全省到达量、省内交流量、省外发送量、省外到达量的 R^2 分别为 0.991、0.924、0.718、0.985、0.925，其 D–W 值分别为 1.385、1.197、0.891、1.638、1.683（见表 7–46）。由此说明，陕西省的铁路货物交流回归模型的模拟效果理想。对其推定结果进行分析（见表 7–47），可以得到以下结论：

第一，人口对陕西省铁路货物全省到达量、省内交流量产生正向促进作用，对省外发送量产生负向促进作用。

第二，铁路距离对陕西省铁路货物的全省发送量、省外发送量、省外到达量产生正向促进作用，对省内交流量产生负向促进作用。公路距离对陕西省铁路货物交流无明显影响。

第三，在经济发展状况与铁路及铁路运输的关系分析中，第一产业 GDP、第三产业 GDP 均对陕西省铁路货物交流无明显影响。第二产业 GDP 对全省发送量、省外发送量产生正向促进作用。

第四，煤炭消费量对陕西省的全省发送量、全省到达量产生正向促进作用。

表 7–47　陕西省铁路货物交流量影响因素分析

影响因素	全省发送量	全省到达量	省内交流量	省外发送量	省外到达量
人口	×	+	+	–	×
铁路距离	+	×	–	+	+
公路距离	×	×	×	×	×
第一产业 GDP	×	×	×	×	×
第二产业 GDP	+	×	×	+	×
第三产业 GDP	×	×	×	×	×
煤炭消费量	+	+	×	×	×

资料来源：历年《中国统计年鉴》《中国交通年鉴》。

总之，随着工业经济的发展，陕西省主要打造以能源化工、汽车及高端装备、电子信息、新材料、航空航天及食品医药为主的六大支柱产业。铁路的基础设施建设为陕西省的经济提供了运输支持。工业的不断发展加大了陕西省的工业原料及产品的输出，为陕西省铁路货物的交流提供了极大动力。

（六）甘肃省

对甘肃省33年的铁路货物交流面板数据进行回归分析，甘肃省铁路货物全省发送量、全省到达量、省内交流量、省外发送量、省外到达量的R^2分别为0.984、0.984、0.934、0.965、0.970，其D–W值分别为0.956、1.500、1.027、0.931、1.536（见表7–48）。由此说明，甘肃省的铁路货物交流回归模型的模拟效果不理想。对其推定结果进行分析（见表7–49），可以得到以下结论：

第一，人口对甘肃省铁路货物全省到达量、省外到达量均产生正向促进作用。

第二，铁路距离对甘肃省铁路货物省内交流量产生正向促进作用。公路距离对甘肃省铁路货物交流无明显影响。

第三，在经济发展状况与铁路及铁路运输的关系分析中，第一产业GDP对省外到达量产生负向促进作用。第二产业GDP对甘肃省铁路货物交流产生正向促进作用。第三产业GDP对甘肃省省内交流量产生负向促进作用。

第四，煤炭消费量对甘肃省铁路货物交流无明显影响。

总之，从产业结构来看，甘肃省在不断的改革中实现了第二产业的长足发展，其第三产业在经过粗放式开发后，逐步向绿色、环保的工业发展方向转变。其第二产业的发展带动了外省对甘肃省的资源供给需求，加强了甘肃省与邻近省份的铁路货物交流。

表 7-48 甘肃省铁路货物交流量回归分析推定结果

影响因素	全省发送量		全省到达量		省内交流量		省外发送量		省外到达量	
	C	Prob	C	Prob	C	Prob	C	Prob	C	Prob
人口	0.597	0.160	0.962	0.047	-0.092	0.746	0.700	0.105	1.056	0.029
铁路距离	0.045	0.885	0.128	0.712	0.649	0.004	-0.634	0.050	-0.521	0.134
公路距离	0.013	0.001	0.005	0.204	0.003	0.276	0.011	0.007	0.003	0.536
第一产业GDP	-2.460	0.019	-2.135	0.062	0.761	0.262	-3.293	0.003	-2.906	0.012
第二产业GDP	1.560	0.002	2.723	0.000	0.749	0.024	0.762	0.114	1.976	0.001
第三产业GDP	-0.332	0.598	-0.833	0.241	-0.881	0.047	0.552	0.387	0.052	0.940
煤炭消费量	0.468	0.051	0.287	0.271	-0.024	0.879	0.516	0.034	0.310	0.231
R^2	0.984	—	0.984	—	0.934	—	0.965	—	0.970	—
D-W	0.956	—	1.500	—	1.027	—	0.931	—	1.536	—

资料来源：历年《中国统计年鉴》《中国交通年鉴》。

表 7-49　甘肃省铁路货物交流量影响因素分析

影响因素	全省发送量	全省到达量	省内交流量	省外发送量	省外到达量
人口	/	+	×	/	+
铁路距离	/	×	+	/	×
公路距离	/	×	×	/	×
第一产业 GDP	/	×	×	/	-
第二产业 GDP	/	+	+	/	+
第三产业 GDP	/	×	-	/	×
煤炭消费量	/	×	×	/	×

资料来源：历年《中国统计年鉴》《中国交通年鉴》。

（七）宁夏回族自治区

对宁夏回族自治区 33 年的铁路货物交流面板数据进行回归分析，宁夏回族自治区铁路货物全省发送量、全省到达量、省内交流量、省外发送量、省外到达量的 R^2 分别为 0.931、0.961、0.618、0.888、0.943，其 D-W 值分别为 1.551、1.688、2.115、1.673、1.406（见表 7-50）。由此说明，宁夏回族自治区的铁路货物交流回归模型的模拟效果理想。对其推定结果进行分析（见表 7-51），可以得到以下结论：

第一，人口对宁夏回族自治区铁路的全省货物发送量、全省到达量、省内交流量均产生正向促进作用。

第二，铁路距离对宁夏回族自治区铁路货物交流无明显影响。公路距离对宁夏回族自治区全省到达量及省外到达量均产生正向促进作用。

第三，在经济发展状况与铁路及铁路运输的关系分析中，第一产业 GDP 对宁夏回族自治区铁路货物交流无明显影响。第二产业 GDP 对全省发送量、省外发送量均产生正向促进作用。第三产业 GDP 对宁夏回族自治区铁路货物交流主要产生负向促进作用。

第四，煤炭消费量对宁夏回族自治区的全省到达量、省外到达量产生正

表 7-50　宁夏回族自治区铁路货物交流量回归分析推定结果

影响因素	全省发送量		全省到达量		省内交流量		省外发送量		省外到达量	
	C	Prob	C	Prob	C	Prob	C	Prob	C	Prob
人口	3.379	0.017	1.305	0.000	0.782	0.021	2.811	0.081	0.343	0.142
铁路距离	0.058	0.945	−0.168	0.330	−0.070	0.725	0.063	0.949	−0.062	0.664
公路距离	−0.046	0.357	0.030	0.006	0.018	0.135	−0.058	0.315	0.020	0.024
第一产业 GDP	−8.127	0.567	−3.137	0.285	−3.525	0.304	−8.700	0.601	−0.507	0.835
第二产业 GDP	8.832	0.018	0.989	0.179	−0.148	0.861	8.875	0.040	0.300	0.621
第三产业 GDP	−7.387	0.000	−1.253	0.002	0.180	0.678	−7.060	0.002	−0.738	0.024
煤炭消费量	0.269	0.052	0.105	0.001	0.049	0.136	0.233	0.144	0.093	0.000
R^2	0.931	—	0.961	—	0.618	—	0.888	—	0.943	—
D-W	1.551	—	1.688	—	2.115	—	1.673	—	1.406	—

资料来源：历年《中国统计年鉴》《中国交通年鉴》。

向促进作用。

总之，宁夏回族自治区主要发展以冶金、医药、机电、建材及煤炭为主的支柱产业。宁夏回族自治区产业的发展较为依赖公路运输。在该地区，公路基础设施的建设为铁路货物交流的发展提供了辅助性支持，促进了铁路运输省外到达量的增加。其工业经济的发展带动了该地区对邻近省份的货物供给能力，促进了宁夏回族自治区铁路货物发送量的增加。同时，工业发展造成的煤炭资源消耗也提高了宁夏回族自治区对邻近省份煤炭资源铁路供给的需求。

表 7-51　宁夏回族自治区铁路货物交流量影响因素分析

影响因素	全省发送量	全省到达量	省内交流量	省外发送量	省外到达量
人口	+	+	+	×	×
铁路距离	×	×	×	×	×
公路距离	×	+	×	×	+
第一产业GDP	×	×	×	×	×
第二产业GDP	+	×	×	+	×
第三产业GDP	–	–	×	–	–
煤炭消费量	×	+	×	×	+

资料来源：历年《中国统计年鉴》《中国交通年鉴》。

（八）新疆维吾尔自治区

对新疆维吾尔自治区 33 年的铁路货物交流面板数据进行回归分析，新疆维吾尔自治区铁路货物全省发送量、全省到达量、省内交流量、省外发送量、省外到达量的 R^2 分别为 0.948、0.963、0.862、0.962、0.989，其 D–W 值分别为 0.761、1.050、0.944、0.927、1.521（见表 7–52）。由此说明，新疆维吾尔自治区的铁路货物交流回归模型的模拟效果不理想。对其推定结果进行分析（见表 7–53），可以得到以下结论：

第一，人口对新疆维吾尔自治区的全省到达量、省内交流量、省外到达量均产生正向促进作用。

表 7-52 新疆维吾尔自治区铁路货物交流量回归分析推定结果

影响因素	全省发送量		全省到达量		省内交流量		省外发送量		省外到达量	
	C	Prob	C	Prob	C	Prob	C	Prob	C	Prob
人口	0.960	0.014	0.979	0.000	0.625	0.013	0.338	0.114	0.357	0.000
铁路距离	0.260	0.540	-0.498	0.064	-0.295	0.284	0.552	0.028	-0.209	0.006
公路距离	0.019	0.007	0.008	0.058	0.006	0.141	0.013	0.002	0.002	0.163
第一产业GDP	-15.840	0.311	-8.649	0.366	-13.742	0.176	-2.184	0.803	5.180	0.054
第二产业GDP	1.736	0.041	0.642	0.207	0.091	0.863	1.642	0.001	0.546	0.000
第三产业GDP	-0.342	0.494	0.994	0.003	1.122	0.002	-1.460	0.000	-0.124	0.145
煤炭消费量	-0.122	0.449	0.024	0.805	0.037	0.720	-0.160	0.087	-0.012	0.661
R^2	0.948	—	0.963	—	0.862	—	0.962	—	0.989	—
D-W	0.761	—	1.050	—	0.944	—	0.927	—	1.521	—

资料来源：历年《中国统计年鉴》《中国交通年鉴》。

第二，铁路距离对新疆维吾尔自治区铁路货物省外到达量产生负向促进作用。公路距离对新疆维吾尔自治区铁路货物交流无明显作用。

第三，在经济发展状况与铁路及铁路运输的关系分析中，第一产业 GDP 对新疆铁路货物交流无明显影响。第二产业 GDP 对省外到达量产生正向影响作用。第三产业 GDP 对全省到达量、省内交流量产生正向影响作用。

第四，煤炭消费量对新疆维吾尔自治区的铁路货物交流无明显影响。

表 7-53　新疆维吾尔自治区铁路货物交流量影响因素分析

影响因素	全省发送量	全省到达量	省内交流量	省外发送量	省外到达量
人口	/	+	+	/	+
铁路距离	/	×	×	/	-
公路距离	/	×	×	/	×
第一产业 GDP	/	×	×	/	×
第二产业 GDP	/	×	×	/	+
第三产业 GDP	/	+	+	/	×
煤炭消费量	/	×	×	/	×

资料来源：历年《中国统计年鉴》《中国交通年鉴》。

总之，新疆维吾尔自治区是我国著名的“瓜果之乡”，为其他省份提供了极大的水果供给。其主要经济作物有棉花、小麦、玉米等。其矿产资源丰富，开发前景广阔。新疆维吾尔自治区以矿产资源开发和农产品深加工为主。其对外经济沟通以铁路运输为主，公路运输为辅。人口的消费及经济的发展对该地区铁路货物交流的促进作用，加大了新疆维吾尔自治区与邻近省份的铁路货物交流。

（九）青海省

对青海省 33 年的铁路货物交流面板数据进行回归分析，青海省铁路货物全省发送量、全省到达量、省内交流量、省外发送量、省外到达量的 R^2

表 7-54　青海省铁路货物交流量回归分析推定结果

影响因素	全省发送量		全省到达量		省内交流量		省外发送量		省外到达量	
	C	Prob	C	Prob	C	Prob	C	Prob	C	Prob
人口	1.658	0.040	2.448	0.000	0.232	0.704	1.475	0.001	2.243	0.000
铁路距离	-0.836	0.015	-0.567	0.033	-0.043	0.865	-0.832	0.000	-0.531	0.001
公路距离	0.030	0.006	0.020	0.016	0.004	0.615	0.027	0.000	0.016	0.002
第一产业 GDP	-1.441	0.142	-1.797	0.024	-1.162	0.134	-0.211	0.667	-0.679	0.127
第二产业 GDP	3.787	0.000	3.409	0.000	2.173	0.000	1.487	0.000	1.258	0.000
第三产业 GDP	-2.053	0.000	-1.618	0.000	-1.002	0.004	-1.253	0.000	-0.612	0.002
煤炭消费量	0.405	0.235	-0.175	0.511	0.145	0.585	0.299	0.090	-0.315	0.046
R^2	0.984	—	0.973	—	0.931	—	0.987	—	0.945	—
D-W	1.038	—	1.455	—	0.905	—	2.093	—	2.073	—

资料来源：历年《中国统计年鉴》《中国交通年鉴》。

分别为 0.984、0.973、0.931、0.987、0.945，其 D-W 值分别为 1.038、1.455、0.905、2.093、2.073（见表 7-54）。由此说明，青海省的铁路货物交流回归模型的模拟效果不理想。对其推定结果进行分析（见表 7-55），可以得到以下结论：

第一，人口对青海省铁路货物交流产生正向促进作用。

第二，铁路距离、公路距离分别对青海省铁路货物交流产生正向、负向促进作用。

第三，在经济发展状况与铁路及铁路运输的关系分析中，第一产业 GDP 只对青海省铁路货物全省到达量产生负向促进作用。第二产业 GDP 对铁路货物交流产生正向促进作用。第三产业 GDP 主要对青海省铁路货物交流产生负向促进作用。

第四，煤炭消费量只对青海省的省外到达量产生负向促进作用。

总之，青海省农业资源丰富，粮食作物主要有春小麦、青稞、蚕豆、豌豆、马铃薯等，经济作物以油菜籽为主。同时，青海省的畜牧业生产条件得天独厚，青海牧区均以草原牧业为主，畜产品主要有牛羊肉、羊毛、羊绒、牛毛绒、驼毛绒、牛奶等，是中国主要的牧区和羊毛产区之一。在工业发展方面，形成了以机器制造、食品和纺织为主的门类比较齐全的现代工业体系。

随着工业化、信息化发展规划的不断实施，青海省加大了产业链和产业集群的构建，产业经济的不断发展促使青海省铁路货物发送量不断递增。

表 7-55 青海省铁路货物交流量影响因素分析

影响因素	全省发送量	全省到达量	省内交流量	省外发送量	省外到达量
人口	+	+	/	+	+
铁路距离	–	–	/	–	–
公路距离	+	+	/	+	+
第一产业 GDP	×	–	/	×	×
第二产业 GDP	+	+	/	+	+
第三产业 GDP	–	–	/	–	–
煤炭消费量	×	×	/	×	–

资料来源：历年《中国统计年鉴》《中国交通年鉴》。

第二节　铁路货物交流量影响因素对比分析

由上节的分析可知，不同的影响因素对同一省份的铁路货物交流产生的影响效果不同。为进一步对我国不同省份间铁路货物交流进行对比分析，本节将全国 28 个省份的铁路货物全省发送量、全省到达量、省内交流量及省外发送量、省外到达量分别进行比较，做进一步解释说明。

一、各省份铁路货物发送量影响因素分析

对全国 28 个省份的铁路货物全省发送量进行对比分析，从表 7–56 可以看出，不同的影响因子对不同省份的铁路货物交流产生的影响不尽相同，具体分析如下：

第一，人口对全国 28 个省份的铁路货物发送量产生正向促进作用。

第二，铁路距离对青海的铁路货物全省发送量产生负向促进作用；公路距离对福建的铁路货物全省发送量产生负向促进作用。除此之外，铁路距离、公路距离对全国其他省份的铁路货物全省发送量主要产生正向促进作用。

第三，在经济发展状况与铁路及铁路运输的关系分析中，第一产业 GDP 主要对铁路货物的全省发送量产生负向促进作用；第二产业 GDP 对不同省份的铁路货物全省发送量产生效果不同，对东北地区等工业发展省份产生正向促进作用，对河南等农业发展省份以及北京、广东等科技、金融发展省份主要产生负向促进作用；第三产业 GDP 对全国 28 个省份的铁路货物全省发送量主要产生负向促进作用。

第四，煤炭消费量对全国 28 个省份的铁路货物全省发送量主要产生正向促进作用。

表 7-56　我国铁路货物全省发送量影响因素分析

影响因素	东北地区				中部地区						东部地区									西部地区								
	黑龙江	吉林	辽宁	内蒙古	山西	河南	湖北	湖南	江西	安徽	北京	天津	河北	山东	江苏	上海	浙江	福建	广东	四川	广西	贵州	云南	陕西	甘肃	宁夏	新疆	青海
人口	×	+	×	×	/	+	+	+	×	×	×	×	+	+	/	×	+	+	+	+	+	×	×	×	/	+	/	+
铁路距离	×	×	+	×	/	×	×	×	×	×	+	×	×	×	/	+	×	×	+	×	×	×	×	+	/	×	/	−
公路距离	×	×	×	×	/	×	+	+	+	×	×	×	×	×	/	×	×	−	+	×	+	+	+	×	/	×	/	+
第一产业 GDP	×	−	−	×	/	×	×	×	×	×	−	−	−	×	/	−	−	+	×	×	×	×	×	×	/	×	/	×
第二产业 GDP	+	+	+	+	/	−	×	−	−	×	−	+	+	+	/	×	+	−	−	×	×	×	×	+	/	+	/	+
第三产业 GDP	−	−	−	×	/	×	−	×	×	−	×	×	−	−	/	×	−	×	×	−	×	×	×	×	/	−	/	−
煤炭消费量	+	+	+	+	/	+	×	+	+	+	×	×	×	−	/	+	×	+	×	+	+	+	+	+	/	×	/	×

资料来源：历年《中国统计年鉴》《中国交通年鉴》。

总之，我国各省份的铁路货物全省发送量主要受我国产业结构布局影响。从农业整体分布来看，山东、四川、河南等作为农业生产基地，主要依靠劳动力的输出促进当地的农业发展。因此，该类地区的人口增长对该地的铁路货物交流主要产生正向促进作用。同时，对于北京、上海、天津、浙江等主要依靠科技、金融、贸易带动经济发展的省份，其第一产业 GDP 的增长对该类地区的铁路货物全省发送量均产生负向促进作用。对于依靠第二产业发展的东北地区、西部地区，第二产业 GDP 的增长对该类省份的铁路货物发送量产生正向促进作用。另外，由于第三产业的发展对铁路运输的依赖较少，各省份第三产业 GDP 的增长对铁路货物全省发送量主要产生负向促进作用。

二、各省份铁路货物到达量影响因素分析

对全国 28 个省份的铁路货物全省到达量进行对比分析，从表 7–57 可以看出，虽然不同的影响因子对不同省份的铁路货物交流产生的影响不尽相同，但是对四个地区的整体对比分析可知，不同的影响因子对同一地区各省份铁路货物全省到达量产生的影响效果大致相同。具体分析如下：

第一，人口对西部地区各省份铁路货物到达量产生正向促进作用。

第二，铁路距离对西部地区的贵州、青海铁路货物到达量产生负向促进作用；公路距离对中部地区、西部地区的铁路货物到达量产生正向促进作用，对东部地区的浙江产生负向促进作用。

第三，在经济发展状况与铁路及铁路运输的关系分析中，第一产业 GDP 的增长主要对东北地区的黑龙江、东部地区的浙江及西部地区的广西、云南产生正向促进作用；第二产业 GDP 的增长对中部地区的浙江、广东及西部地区的云南产生负向促进作用；第三产业 GDP 的增长对各地区的铁路货物全省到达量主要产生负向促进作用。

第四，煤炭消费量对全国 28 个省份中的 17 个省份铁路货物全省到达量产生正向促进作用。

表 7-57　我国铁路货物全省到达量影响因素分析

影响因素	东北地区				中部地区						东部地区									西部地区								
	黑龙江	吉林	辽宁	内蒙古	山西	河南	湖北	湖南	江西	安徽	北京	天津	河北	山东	江苏	上海	浙江	福建	广东	四川	广西	贵州	云南	陕西	甘肃	宁夏	新疆	青海
人口	×	×	×	×	×	×	+	×	/	+	×	×	×	+	/	×	×	/	×	+	×	+	×	+	+	+	+	+
铁路距离	×	×	×	×	×	+	×	×	/	×	×	×	×	×	/	+	×	/	×	×	×	−	×	×	×	×	×	−
公路距离	×	×	×	×	×	×	+	+	/	+	×	×	×	×	/	×	−	/	+	×	+	×	+	×	×	+	×	+
第一产业 GDP	+	−	−	−	×	−	×	×	/	−	×	×	−	×	/	−	+	/	×	×	+	×	+	×	×	×	×	−
第二产业 GDP	×	+	+	+	+	+	×	×	/	×	×	×	+	+	/	×	−	/	−	+	×	+	−	×	+	×	×	+
第三产业 GDP	−	−	−	×	×	−	−	−	/	−	×	−	−	−	/	−	×	/	×	×	−	×	×	×	×	−	+	−
煤炭消费量	+	+	+	+	×	×	+	+	/	+	+	+	×	×	/	+	+	/	+	+	+	+	×	+	×	+	×	×

资料来源：历年《中国统计年鉴》《中国交通年鉴》。

总之，我国各省份的铁路货物全省到达量主要受我国各省份经济发展状况影响。西部地区受区域条件及自然资源限制，其第一产业的发展带动了该地的经济增长，也促进了铁路货物全省到达量的增加。对于主要依靠第二产业发展经济的东北地区、中部地区、西部地区及东部的河北、山东地区，第二产业 GDP 的增长对其铁路货物全省到达量均产生正向促进作用。

三、各省份铁路货物交流量影响因素分析

对全国 28 个省份的铁路货物省内交流量进行对比分析，从表 7–58 可以看出，不同的影响因子对不同省份的铁路货物省内交流量产生的影响不尽相同，具体分析如下：

第一，人口对全国 28 个省份铁路货物省内交流量主要产生正向促进作用，但是对东北地区的吉林、东部地区的北京的铁路货物省内交流量产生负向促进作用。

第二，铁路距离、公路距离对全国 28 个省份的铁路货物省内交流量产生的影响很小。

第三，在经济发展状况与铁路及铁路运输的关系分析中，第一产业 GDP 对铁路货物的省内交流量主要产生负向促进作用，只对东部地区的广东及西部地区的贵州产生正向促进作用。第二产业 GDP 对不同省份的铁路货物省内交流量产生效果不同，对东部地区的北京、广东及西部地区的云南产生负向促进作用。第三产业 GDP 对全国 28 个省份的铁路货物省内交流量主要产生负向促进作用，仅对东部地区的天津、广东及西部地区的新疆产生正向促进作用。

第四，煤炭消费量对东北地区等主要发展工业的省份的铁路货物省内交流量产生正向促进作用，对山西、河北、山东、浙江等省份的铁路货物省内交流量产生负向促进作用。

总之，我国各省份的铁路货物省内交流量主要受我国地区条件限制及产业结构布局影响。东北地区是煤炭、木材资源产地，其大宗货物的省内交流目前依然依靠铁路运输完成，该地工业的发展带动了铁路货物的交流。以科技、文化发展为主的北京及以商业贸易为主的广东的货物交流不依赖于铁路运输，该类省份的产业经济发展对铁路货物省内交流量主要产生负向促进作用。

表 7-58 我国铁路货物省内交流量影响因素分析

影响因素	东北地区				中部地区						东部地区									西部地区									
	黑龙江	吉林	辽宁	内蒙古	山西	河南	湖北	湖南	江西	安徽	北京	天津	河北	山东	江苏	上海	浙江	福建	广东	四川	广西	贵州	云南	陕西	甘肃	宁夏	新疆	青海
人口	×	−	×	×	×	×	+	+	×	×	−	×	×	+	/	×	+	+	+	+	/	+	×	+	×	+	+	/
铁路距离	×	+	+	×	×	+	×	×	×	×	+	×	×	×	/	×	×	×	+	×	/	×	×	−	+	×	×	/
公路距离	×	×	×	×	×	×	+	×	×	×	×	×	×	×	/	×	×	×	×	×	/	+	×	×	×	×	×	/
第一产业 GDP	×	−	−	×	×	−	×	−	×	−	−	×	×	×	/	−	−	×	+	×	/	+	×	×	×	×	×	/
第二产业 GDP	×	+	+	+	+	+	+	+	×	+	−	+	+	+	/	×	+	×	−	×	/	×	−	×	+	×	×	/
第三产业 GDP	−	−	−	×	×	−	−	−	×	−	×	+	×	×	/	−	−	×	+	−	/	×	×	×	−	×	+	/
煤炭消费量	+	+	+	+	−	×	×	×	+	+	×	×	−	−	/	+	−	+	×	×	/	×	+	×	×	×	×	/

资料来源：历年《中国统计年鉴》《中国交通年鉴》。

四、省外铁路货物发送量影响因素分析

对全国 28 个省份的铁路货物省外发送量进行对比分析，从表 7–59 可以看出，不同的影响因子对不同省份的铁路货物省外发送量产生的影响不尽相同，具体分析如下：

第一，人口对全国 28 个省份铁路货物省外发送量产生的影响效果不显著。

第二，铁路距离对东北地区、中部地区、西部地区的部分省份铁路货物省外发送量产生负向促进作用，对其他大部分省份无明显影响。

第三，在经济发展状况与铁路及铁路运输的关系分析中，第一产业 GDP 主要对中部地区的铁路货物省外发送量产生正向促进作用；第二产业 GDP 对中部地区铁路货物省外发送量产生负向促进作用；第三产业 GDP 对中部地区、东部地区、西部地区的部分省份铁路货物省外发送量产生负向促进作用。

第四，煤炭消费量对全国 28 个省份中部分省份铁路货物省外发送量产生正向促进作用。

总之，我国各省份的铁路货物省外发送量主要受我国经济发展状况及自然资源布局影响。我国各省份的经济发展不仅依赖于本省内部的货物交流，还依赖于各省份间的货物交流。其中，中部地区经济发展部分依靠农业带动工业，该地对外交流以农业为主。因此，该类省份的第一产业 GDP 发展对该地区的铁路货物省外发送量产生正向促进作用，第二产业 GDP 的发展对该地区的铁路货物省外发送量产生负向促进作用。

五、省外铁路货物到达量影响因素分析

对全国 28 个省份的铁路货物省外到达量进行对比分析，从表 7–60 可以看出，不同的影响因子对不同省份的铁路货物省外到达量产生的影响不尽相同，具体分析如下：

第一，人口对全国 28 个省份中的东北地区及西部地区的铁路货物省外到达量产生正向促进作用。

表 7-59　我国铁路货物省外发送量影响因素分析

影响因素	东北地区				中部地区						东部地区									西部地区								
	黑龙江	吉林	辽宁	内蒙古	山西	河南	湖北	湖南	江西	安徽	北京	天津	河北	山东	江苏	上海	浙江	福建	广东	四川	广西	贵州	云南	陕西	甘肃	宁夏	新疆	青海
人口	×	+	+	×	/	+	×	+	×	+	×	×	+	×	/	×	+	+	×	×	×	×	×	−	/	×	/	+
铁路距离	×	−	×	×	/	−	×	×	×	−	+	×	×	×	/	+	×	×	×	×	×	×	×	+	/	×	/	−
公路距离	×	×	×	+	/	×	+	+	+	×	+	+	−	×	/	×	×	−	+	×	+	+	+	×	/	×	/	+
第一产业 GDP	×	×	−	×	/	+	×	+	+	×	×	−	−	×	/	−	×	×	+	+	×	×	−	×	/	×	/	×
第二产业 GDP	+	×	+	×	/	−	×	−	−	−	×	+	+	+	/	×	×	−	×	−	−	×	+	+	/	+	/	+
第三产业 GDP	×	×	×	×	/	×	−	×	×	−	×	−	−	−	/	×	×	×	×	×	×	×	×	×	/	−	/	−
煤炭消费量	×	×	+	×	/	+	+	×	+	+	×	+	×	×	/	+	×	+	×	+	+	+	+	×	/	×	/	×

资料来源：历年《中国统计年鉴》《中国交通年鉴》。

表 7-60　我国铁路货物省外到达量影响因素分析

影响因素	东北地区				中部地区						东部地区									西部地区								
	黑龙江	吉林	辽宁	内蒙古	山西	河南	湖北	湖南	江西	安徽	北京	天津	河北	山东	江苏	上海	浙江	福建	广东	四川	广西	贵州	云南	陕西	甘肃	宁夏	新疆	青海
人口	×	+	×	+	×	×	×	×	×	+	×	×	×	/	/	×	×	×	×	×	/	+	×	×	+	×	+	+
铁路距离	×	−	×	×	×	+	×	×	×	−	×	×	×	/	/	+	×	×	×	×	/	−	×	+	×	×	−	−
公路距离	×	×	×	+	×	×	+	+	×	+	×	×	×	/	/	×	−	×	+	×	/	×	+	×	×	+	×	+
第一产业 GDP	+	−	×	−	×	−	×	+	+	×	×	×	−	/	/	−	+	+	+	×	/	−	×	×	−	×	×	×
第二产业 GDP	×	+	×	×	+	+	−	×	×	×	×	−	+	/	/	×	−	−	−	×	/	+	+	×	+	×	+	+
第三产业 GDP	−	−	×	×	×	−	×	×	−	×	−	−	−	/	/	−	+	+	×	×	/	×	×	×	×	−	×	−
煤炭消费量	+	+	×	+	×	×	+	×	+	+	+	+	×	/	/	+	+	+	+	+	/	+	×	×	×	+	×	−

资料来源：历年《中国统计年鉴》《中国交通年鉴》。

第二，铁路距离对西部地区的部分省份铁路货物省外到达量主要产生负向促进作用；公路距离对浙江铁路货物省外到达量产生负向促进作用。

第三，在经济发展状况与铁路及铁路运输的关系分析中，第一产业GDP对东北地区的农业生产大省黑龙江的铁路货物省外到达量产生正向促进作用，对中部地区的农业大省河南的铁路货物省外到达量产生负向促进作用；第二产业GDP对东北地区、中部地区及西部地区省份的铁路货物到达量主要产生正向促进作用，对东部地区的铁路货物省外到达量产生负向促进作用；第三产业GDP对东部地区的浙江、福建铁路货物省外到达量主要产生正向促进作用。

第四，煤炭消费量对全国28个省份中大部分省份铁路货物省外到达量产生正向促进作用，仅对西部地区的青海铁路货物省外到达量产生负向促进作用。

总之，我国各省份的铁路货物省外到达量主要受我国各地区的交通运输特性及经济发展状况影响。西部地区受地域条件限制，大宗货物的交流运输主要依托铁路运输完成。同时，该地区是我国经济开发重要关注地区，需要大量的工业资源输入。因此，第二产业GDP的发展对该地区的铁路货物省外到达量主要产生正向促进作用。

通过以上分析可知，尽管我国28个省份的经济发展状况、自然资源布局及产业结构布局不同，每个省份的铁路货物交流状况不一，但是在对每个省份进行单独分析之后进行各地区的汇总对比，可以得到以下结论：

第一，对于农业生产大省，第一产业GDP的增长促进了该地区对外的农业资源输出，其主要到达资源为第二产业发展需要资源。

第二，对于工业发展大省及西部地区经济亟须发展的省份，第二产业GDP的增长对该类地区的铁路货物到达量产生促进作用。

第三，对于经济发达的北京、上海及依托贸易发展的广东等省份，其需要省外第一产业资源及第二产业资源的输入。同时，由于该类地区主要发展第三产业，其生产运输不依赖于铁路运输完成。因此，该类地区第三产业GDP的增长对铁路货物交流量无明显促进作用。

第八章　中国铁路物流发展

第一节　铁路物流发展变化

在经济全球化和信息技术迅猛发展，社会生产、物资流通、商品交易及管理方式正在发生着深刻变革的环境下，由于传统铁路运输的管理体制僵化，经营方式单一，货物运输组织手段落后，铁路运输渐失往日风采，货运市场份额逐年萎缩。同时，随着物流在世界范围内的兴起，降低物料和产品的流通成本成为各大企业降低成本、提高企业竞争力的必然追求，也促成了传统物流向现代物流的转变。正是在这样的经济环境下，欧美、日本等铁路货运企业纷纷转变经营方式，向现代物流业发展，在经营传统货物运输业务的同时，大力拓展现代物流业务，并普遍取得了良好的效果。

铁路货运作为我国主要运输方式之一，曾对我国国民经济的发展做出重要的贡献。但改革开放以来，特别是近几年来，随着我国市场经济的快速发展，产业结构的不断调整，货物运输的特征和结构发生了很大的变化，使得一直处于计划经济模式下的中国铁路面临着巨大的挑战，铁路货物运输的单一性、速度缓慢、时间的不确定性和服务的粗放性，越来越不能适应市场需求。而公路、航空、水路正逐步向现代物流方向快速靠拢，提供全方位高质量服务，铁路与其相比存在一定的差距。尤其是传统的铁路货运站，往往只考虑铁路运输的单一环节，忽略了运输前后很多其他环节。最近几年的统计数据表明，铁路货物运输份额在逐年下降。

在我国铁路发展处于困境的大背景下，发展我国铁路现代物流，改变经营方式，改变铁路货运站的储运功能，无疑成为传统的铁路货运业摆脱困境、谋求长远发展的必然选择。因此，以铁路货运站为核心，构建铁路物流中心成为铁路物流发展的主流模式之一。

一、铁路货运站

铁路货运站是办理货运业务的车站，是铁路直接面向货主的前台窗口，负责货物的承运和到达交付工作。长期以来，铁路货运站一直在计划经济体制下运作，在计划经济时期为我国的社会生产和建设发挥了巨大的作用。但随着我国市场经济逐步走上正轨和我国改革开放的逐步深化，铁路货运站与当前经济环境和物流的发展趋势不相适应的缺陷渐渐显露出来。

近年来，铁路也从内部进行了不同范围和程度的改革。例如，开展货运代理，成立专门的货运营销机构等，这些措施在一定程度上缓解了货运站的发展改革压力，但现代市场经济和传统管理体制之间的矛盾并没有从根本上得到解决。

铁路货运站现有物流服务主要是围绕主业开展的传统的单一运输、装卸、保管等传统业务。但是，这种传统业务存在一些不足：服务范围局限性，已开展的运输代理业务对主业依赖性强，服务方式单一，无法提供增值服务；服务孤立分散，各项作业之间没有联系，各自独立地为用户提供单项服务，与运输代理等物流服务经营分散；不能满足小批量、多频度的运输需求，对能满足客户多频度、少批量物流服务需求的零担运输限制条件颇多；货物装卸、保管方面竞争力不强，保管设施和设备落后，仓库功能简单，没有适合开展增值物流服务的多功能区位划分，库存管理不符合准确和及时性的要求。

二、铁路物流中心

铁路物流中心是物流中心的一种，依托于铁路货运站，以从事货物运输为核心。同时，经营货物的仓储、包装、流通加工、配送、信息服务及其他增值服务活动，其主要设施有：铁路线路、仓库、堆场、装卸搬运设备、排水、安全、道路等。铁路物流中心一般是转运型的物流中心，也可以是区域性物流中心。

由于铁路货运站主要根据自身的能力和发展现状提供传统的单一运输、装卸、保管等传统物流服务，在社会物流大发展的环境下，铁路货运站这种传统物流服务存在的不足已不能满足社会物流与人民的需求，其矛盾逐渐释放出来，造成了铁路运输物流货运量不断降低、物流服务质量一直不高、物流成本越来越大，在这种情况下，铁路货运站转变方式构建铁路物流中心成为全国大多数货运站转变经济发展方式的主要方法。

三、铁路物流中心与货运站比较分析

（一）作业流程比较分析

在铁路货运站内，托运人要按照铁路的规定完成进货、取货、货物包装等多项工作，而且货运站不提供存储、包装、流通加工等其他物流增值服务。在铁路物流中心内，作业项目和作业内容由顾客决定，只要顾客同意，所有的作业都可以由物流中心来进行，物流中心还能够按要求提供多种物流增值服务。

因此，在铁路货运站，顾客必须按货运站的要求与货运站一起完成整个货物运输过程，而且这个运输过程以铁路运输为中心，顾客处于被动地位，货运站处于主动地位；在铁路物流中心，顾客可以把全部物流作业交由物流中心负责，整个服务过程以顾客需求为中心，顾客处于主动的需求地位，物流中心处于被动的服务地位。

（二）铁路物流中心优势

1. 铁路物流中心与一般物流中心对比

铁路物流中心基本作业流程与一般物流中心相似，都要经过物流咨询、签单、订单处理、进货等作业，直到把货物交到顾客手中。但由于铁路物流中心与一般的物流中心有许多不同之处，因此其作业流程也存在许多差别。

第一，一般物流中心依托于公路运输方式，主要进行货物的短途运输和配送，而铁路物流中心主要依托于铁路运输，能够实现长途货物运输。同时，利用公路和其他运输方式实现货物的短途位移。因此，铁路物流中心作业流程与一般物流中心作业流程相比，增加了长途运输的发送作业和到达作业，流程更加复杂。

第二，一般物流中心的配送范围局限在某个城市或某个地区，而铁路物流中心可以通过处于异地的铁路物流中心实现异地的共同配送以及通过专用线或货车对本地区货物进行配送。因而作业流程比一般物流中心更复杂。

第三，在铁路物流中心作业的货物品类不仅包括成件包装的小件货物，还包括大宗散堆货物。因此，在铁路物流中心内的进货、存储、运输等作业流程比一般物流中心复杂。

2. 铁路物流中心与铁路货运站对比

与铁路货运站相比，铁路物流中心具有以下特征。

第一，不同运输方式在铁路物流中心紧密结合。铁路物流中心能够实现对顾客的全过程物流服务，从顾客手中接收货物，经过短途配送、长途运输，以多式联运的方式实现货物从发货人到收货人的转移。在不同的运输方式相互衔接时，通过详细的计划和安排，实现不同运输方式的紧密结合。

第二，铁路物流中心能够提供多种物流服务。铁路货运站只提供运输服务和短期的货物暂存，而铁路物流中心在提供对货物的运输和仓储服务的同时，还可以提供包装、流通加工、配送、信息服务、物流咨询等增值服务，其服务对象面向有物流需求的全体顾客。

第三，铁路物流中心的服务设备机械化和自动化的程度较高、种类较多。铁路物流中心开展多种物流服务，每种服务都需要一定的物流设备和设施，这决定了物流设备和设施的多样化。同时，为了提高物流中心的作业效率和物流服务水平，物流中心选用的设备设施有较高的自动化水平。

第四，铁路物流中心作业的货物品类范围更广。铁路物流中心能够充分发挥铁路运输的优势，保持货运站对大宗生产资料和生活资料中长途运输拥有的强大优势。此外，铁路物流中心还能够提供存储、包装、流通加工、配送等多种物流服务，这对于多品种、小批量的货物也具有吸引力。

第五，铁路物流中心的信息化程度较高。铁路货运站的信息作业管理能力较差，而铁路物流中心有着完善的物流信息系统，中心内的每项作业、每项设备设施、每件货物、所有员工、顾客资料都是信息系统处理的对象，并通过信息网络传输数据，实现数据共享。顾客可以通过信息系统得到需要的资料，物流中心的管理人员可以通过信息系统对作业、设备设施和人员进行管理。

第六，铁路物流中心的网络服务功能强。铁路货运站只进行到达作业、发送作业和少量的中转作业，作业内容与其他货运站之间是相互独立的。而铁路物流中心不是单一的个体，它有着分布在全国各地的服务网络，作业内容常常是与异地铁路物流中心相关联的物流作业中的一部分。顾客可以在一个铁路物流中心提出异地的物流服务要求，物流中心则通过服务网络的异地物流中心来满足顾客的要求，使物流服务功能更强。

第二节　铁路物流功能转变

随着我国经济的迅速发展及物流业在我国的快速兴起，运输企业间的激烈竞争和市场环境的持续变化将传统货物运输业拓展为现代综合物流服务的新型企业模式。铁路作为我国综合运输体系的主要组成部分，拥有其他运输方式难以比拟的优势。但是，目前在我国社会物流体系中铁路的核心作用发挥尚不充分，主要原因在于尚未建立适合现代物流发展的铁路物流体系。因此，出于对我国国情考虑，铁路货运向现代物流的转变，既关系到铁路货运行业本身，也关系到我国第三方物流业的发展。本节对我国铁路货运向现代物流转变进行分析，并提出相应的建议。

一、铁路货物运输业向现代物流转型升级

物流产业伴随经济及互联网技术发展迎来了转型升级，成为国家战略性扶持和鼓励发展的产业。实现现代物流高质量发展，降低物流成本、提高物流效率、增加效益，是促进我国经济高质量发展的重要环节。

交通运输是促进物流行业发展的重要支撑，铁路运输作为国家重要的基础设施，不仅是国民生活的重要保障，也是促进物流业发展、提高经济发展

水平的重要途径。近年来，我国铁路顺应物流市场需求，大力进行货运组织改革，贴合运输需求、整合运输资源。不仅体现在积极新建铁路，增加货运专线等基础设施方面，还体现在升级信息化手段，推行网络服务方面，以提高物流的专业化与便利化水平，提升现代物流环境。

（一）向现代物流业转型

原铁道部多次将“现代物流”置于重要位置，强调发挥铁路运输的优势。铁路运输在我国特定国情中有着其他运输方式无法替代的作用，物流业务已经成为铁路运输业新的经济增长点。因此，铁路货运站向物流中心方向转变也是铁路发展的必然要求。实现由“站到站”向“门到门”的转变，延长服务链，优化铁路现代物流产业。通过铁路货运服务系统，可网上办理货运运输、接取、装卸、仓储、包装、加工、配送等业务，实行“一站式”办理、提供“一条龙”服务，适应现代物流业需求。依托运输优势延伸货运服务链，是实施铁路多元化运营战略的重点领域和战略工作，也是加快转变铁路运输方式的迫切需要。铁路构建现代物流的核心思想是：以提高铁路货运“站到站”运输能力和服务水平为基础，加强铁路运输系统与物流企业的合作。延伸货物运输服务链，提升和优化铁路的现代物流服务能力，努力构建“门到门”运输的物流服务体系，争取实现铁路货运转变为全程物流。

原铁道部在加快发展现代物流的政策要点中，提出加快发展现代物流业的四个步骤：明确组织体系和职能定位、规范经营方式和作业流程、做强铁路物流企业、健全激励约束机制。传统物流转变为现代物流的主要标志就是：由提供物流基本的单一服务转变为提供运输、仓储、库存、配送加工、包装和信息等综合服务。结合铁路运输优势，响应发展现代物流政策，铁路物流行业正处于向现代物流转型升级的过程。

（二）铁路发展现代物流业优势

1. 绿色运输优势

低碳环保成为21世纪的发展主题，绿色物流是现代物流发展的必然趋势。2020年，将基本形成物畅其流、集约高效、智能绿色的物流大通道体系。绿色运输是实现绿色物流的重要方式。铁路运输方式具有污染小、单次运输量大、运输连续性强、受自然天气因素影响较小以及安全系数高等优势。铁路运输在这些方面具备其他运输方式无法替代的优势，对于大宗货物的中长途运输来说尤为适合。由于我国幅员辽阔、资源分布不均，铁路运输在保障绿色运输方面起着重要的作用。

2. 运输网络分布优势

由于铁路货运网络具有分布广泛、铁路车厢多、发车批次多、货物周转量和发送量巨大，与其他运输方式相比在运输网络方面具有较大优势。我国铁路网络更是发达，在主要城市、工业产区或重要港口均设有铁路储运基地。由于其配送中心选址于交通便利之处，物流腹地基础较为完善，这是铁路发展成为现代物流的重要基础支撑。较多物流企业关注到铁路的网络优势和规模优势，其更偏向于依靠铁路货运承担其主要的干线运输业务。因此，铁路物流企业可凭借铁路路网密度优势，将资源优势转化为物流的运作优势。

3. 运输货源优势

铁路货运尤其适用于煤炭、冶炼矿产、粮食、石油、化肥、农药等大宗货物运输，这与铁路运输的运量大、运价较低的特性优势密切相关。因此，铁路货运在转变为铁路物流的过程中，应更加重视大宗货物资源，在将其作为主要货源的基础上，利用动车等速度更快的交通方式运输其他货源。此外，铁路物流企业与铁路承运人合作密切，联系紧密，可以充分利用发挥铁路的货源优势，优先获得铁路运输资源。

4. 成本优势

由于铁路运输具有单批次、大批量的特点，其强大的承载能力使得单品运输成本较低，这些特性构成了铁路运输在物流发展中的竞争优势。当前，现代化铁路正朝着高速化、集中化、重载化方向发展，铁路运输的成本优势得到诸多物流企业的重视。因此，铁路突出的强大运输能力与成本优势，使得其向现代物流转型过程中具备独特竞争力。

5. 整合优势

铁路物流企业可以充分利用市场，了解其需求，以此来整合铁路资源，在铁路系统内部构建起互为代理的联盟。同时，铁路货运呈现货运量逐年递增，运输需求不断增加的趋势，给铁路物流企业创造了机遇。铁路物流企业可利用自身优势，联合运输承运、多式联运，实现“门到门”的服务。此外，铁路物流企业可凭借合作伙伴，通过共同合作来拓展市场，增强各方的核心竞争力，促进多方联合发展；可借助供应链上下游企业联盟的资源，充分利用铁路物流企业拥有的资源、地理位置与辐射范围等优势，促进铁路资源的开发利用，发展现代物流业。整合利用合作伙伴的资源，实现优势互补、信息互通和资源共享，最终形成依托铁路路网展开的一体化物流服务网络体系。

二、现代铁路物流发展趋势

（一）公转铁发展趋势

2018年10月9日，国务院办公厅印发《推进运输结构调整三年行动计划（2018—2020年）》（以下简称《三年行动计划》)。《三年行动计划》中指出，2020年我国货物运输结构将明显优化，铁路、水路承担的大宗货物运输量显著提升，港口铁路集疏运量和集装箱多式联运量大幅增长，重点区域运输结构调整取得突破性进展，将京津冀及周边地区打造成为全国运输结构调整示范区。《三年行动计划》是为推进我国环境治理，对货运系统进行一次大规模的调整，其范围涉及全国范围内的铁路、公路和水运系统。其中，京津冀、长三角以及汾渭平原是主要的整改区域。

《三年行动计划》旨在解决两大问题：一是打好三大攻坚战中的污染防治攻坚战；二是交通运输系统本身转型升级。铁路与公路相比，具有节能减排性能相对较好的特点，因此，运输结构调整、公转铁成为打好污染防治攻坚战的主战场。

《三年行动计划》将调整货运系统明确为六大行动：铁路运能提升、水运系统升级、公路货运治理、多式联运提速、城市绿色配送以及信息资源整合。此六大行动，除水运、公路货运治理外，每项均与铁路有所关联。这表明，在推进运输结构调整的三年规划中，铁路起到了关键作用。2020 年，全国铁路货运量将比 2017 年增长 30%。其中，京津冀及周边地区增长 40%、长三角增长 10%、汾渭平原增长 25%。

但是，铁路运力的提升，不代表未来几年中国要大幅度增加铁路货运基础设施建设。当前，中国铁路运力还存在较大提升空间，较多运力被运输组织模式存在的不足所消耗。因此，优化铁路运输组织模式较为重要。

（二）高铁快运新模式

自 2011 年起，中铁快运股份有限公司和中国铁路广州局集团有限公司推出高铁列车运送快件服务。2012 年，原铁道部对高铁快运发展模式进行深入研究。2013 年，我国铁路政企分离后，铁路总公司制定了高铁快运业务管理暂行办法，开始试办高铁快运服务。同时，作为中国铁路总公司直属企业的中铁快运股份有限公司，获得了《快递业务经营许可证》，表明我国高铁快运业务进入高速发展、标准化发展阶段。2014 年，中铁快运股份有限公司正式推出高铁快运，并将京沪高铁作为高铁快递业务试点，随后将业务拓展到我国 151 个城市。2015 年，高铁快运网络持续扩大，可办理高铁快递业务城市高达 22 个。2016 年 10 月，其业务在全国所有高速列车经停的 505 个城市全面实行。不仅可为客户提供小件物品全程运送的高端服务，还基本实现北京、上海等直辖市，郑州等省会城市，中东部等地级市和经济发达区县全覆盖，2016 年 11 月，高铁快运业务首次为“双十一”电商物流提供服务，利用载客动车组批量运送快件。2017 年，中铁快运首次和顺丰达成合作，共同推出“高铁极速达”业务，在客运淡季的兰新高铁线上实行高铁列车预留车厢运输货物。2018 年，各大企业开始积极探索“高铁 + 快递”的运输模式，推出行李车冷链快递、电商特快货运板车、冷链等新服务满足电商运输需求。

（三）向现代物流转型

物流业是我国转变发展方式重点发展的战略性产业，也是国家政策鼓励和扶持的新兴产业。在我国社会经济大力发展的同时，产品制造加工成本虽有所降低，但是物流成本却日益增加。因此，加快发展现代物流业、降低商品物流成本成为提高经济发展质量、提升人们生活幸福指数的重要因素之一。

国家邮政局《快递业发展“十三五”规划》中指出，2020 年我国快递业务量将达 700 亿件，年业务收入达 8000 亿元。2020 年增长率为 20%，快递行业年均增幅将保持在 100 亿件。考虑未来网购市场的发展趋势和快递业向下、向西、向外战略的实施，预计 2025 年、2030 年我国快递市场容量分别为 1438 亿件、2650 亿件，仍将保持中高速增长态势。从空间分布来看，广东、浙江、江苏、山东、上海、北京等省份快递业务量占全国总业务量的 75% 以上，跨区域间快件运输需求充足，可支撑高铁快运动车组专列开行。利用中国高铁，带动中西部及全国乡村发展，打造具有速度快、时间准、不受天气影响等特点且覆盖全国各地区的物流服务。

中国铁路由提供运输、仓储等单一服务转变为提供信息、运输、仓储、库存、取送以及包装等综合服务，是传统交通运输发展为现代物流的显著标志，依托运输优势，借助我国发展现代物流的政策，铁路物流行业正向现代物流转型升级。

第三节　铁路物流模式创新

一、班列运输

（一）中欧班列发展现状

1. 开行规模快速增长

中欧班列往来于中国与欧洲及“一带一路”沿线各国的集装箱国际铁路联运班列，共有三条通道，分别是西部通道、中部通道、东部通道。西部通道由我国阿拉山口（霍尔果斯）出境，中部通道由二连浩特出境，东部通道由满洲里出境，全方位辐射各地理和经济区域。目前，中欧班列累计开行超过 14000 列，运行线路 65 条（见表 8-1）。

表 8-1　中欧班列部分线路情况

线路起止	出境口	线路距离（公里）	运行时间（天）	货物种类	开通时间
重庆—杜伊斯堡（德国）	阿拉山口	11179	15	IT 产品	2011 年 3 月 19 日
成都—罗兹（波兰）	阿拉山口	9965	14	IT 产品	2013 年 4 月 26 日
郑州—汉堡（德国）	阿拉山口	10245	15	轮胎、高档服装等	2013 年 7 月 18 日
苏州—华沙（波兰）	满洲里	11200	15	IT 产品	2013 年 9 月 29 日
武汉—捷克、波兰	阿拉山口	10700	15	IT 产品、柑橘	2012 年 10 月 24 日
长沙—杜伊斯堡（德国）	阿拉山口	11808	18	IT 产品	2012 年 10 月 30 日
义乌—马德里（西班牙）	阿拉山口	13052	21	小商品	2014 年 11 月 18 日
哈尔滨—俄罗斯	满洲里	6578	10	石油勘探设备	2015 年 2 月 28 日
兰州—汉堡（德国）	阿拉山口	8027	15	数控机床、轮胎、对流式电暖气等	2015 年 8 月 21 日
保定—白俄罗斯明斯克	满洲里	9500	12~14	塑料制品、橡胶制品	2016 年 4 月 26 日
广州—莫斯科（俄罗斯）	满洲里	11500	15	电子类、日用类产品	2016 年 8 月 29 日
青岛—莫斯科（俄罗斯）	满洲里	7900	22	机械装备、橡胶轮胎等	2017 年 6 月 24 日
长春—汉堡（德国）	满洲里	—	12~15	电子机械设备、阀门和服装等	2017 年 10 月 13 日

续表

线路起止	出境口	线路距离（公里）	运行时间（天）	货物种类	开通时间
成都—维也纳	阿拉山口	9800	15	电子配件、LED灯具等	2018年4月12日
内蒙古—巴姆	阿拉山口	9000	15	—	2018年9月4日
乌鲁木齐—杜伊斯堡（德国）	阿拉山口	8000	10	食品、保健品、家居产品和机电类产品	2016年5月28日
武汉—伊尔库茨克（俄罗斯）	满洲里	—	15	柑橘、新鲜水果等	2018年11月28日

中欧班列中的渝新欧铁路（渝新欧国家铁路联运大通道，“渝”指重庆，“新”指新疆阿拉山口，“欧”指欧洲）作为亚欧通道之一具有重要意义。货物从重庆市出发，通过渝新欧铁路，经沿途海关确认，信息共享，一次申报、查验就可直达欧洲。据国家海关统计，从重庆市发出的中欧班列占全国中欧班列的40%，货物总价占所有新欧铁路总价的80%，开行已突破1000列。2010年10月起，经过两次测试，渝新欧铁路于2011年3月19日正式运行，首列班车运载的是电子产品，从重庆西站出发，经重庆、兰州、乌鲁木齐和阿拉山口，驶过6个国家，行驶11179公里，耗时16天。2013年2月，首列渝新欧回程班列于德国的杜伊斯堡发出，3月18日抵达重庆。2011年，渝新欧铁路班列共运送了699个集装箱的货物，共计97万台笔记本电脑，20万台显示器。渝新欧铁路打破了中国原有的仅有沿海城市开展对外贸易的格局，加快实现了亚欧铁路的一体化建设，成为了中欧经济文化交流的新起点，改变了重庆也改变了我国内陆的经济发展结构，为使重庆成为我国内陆地区开放的新中心做出了巨大贡献。

此外，义新欧铁路也在中欧班列中具有重要意义，首列班车于2014年11月18日从义乌出发，经新疆阿拉山口岸，驶过6个国家，抵达西班牙马德里市，全线13000多公里，是目前最长的一条中欧班列运输通道。义新欧铁路主要运输的货物是义乌生产的小商品，义乌是全球最大的小商品市场，被誉为新丝绸之路的起点。2015年2月，从西班牙马德里市发出首趟义新欧回程班列，历经 24 天返回义乌。

2. 运输覆盖范围不断扩大

目前，我国已有 43 个城市完成了本地中欧班列的开行，中欧班列可到达国家为15个，可到达欧洲城市为44个，已经建成初级的运营布局，为“一带一路”倡议提供了有效的支撑。

3. 货品种类持续增多

最初，渝新欧铁路班列等中欧班列只是将笔记本电脑运往欧洲，运输种类较为单一。目前，货物品类的覆盖范围不断扩大，分化出了两种类型：一种是与当地特色经济结合，其中渝新欧铁路班列只运输当地生产的笔记本电脑；另一种是发挥城市的交通枢纽作用，作为周边城市地区的中转站，收集货物后一并运输。中欧班列运输的货物种类在不断增加，如电子制品、橡胶产品、小商品等。

4. 基本格局相对稳定

中欧班列已形成以“三大通道、四大口岸、五个方向、六大线路”为特点的基本格局。“三大通道”包括中欧班列经新疆出境的西通道和经内蒙古出境的中、东通道。西部通道由新疆阿拉山口、霍尔果斯口岸出境，经哈萨克斯坦、俄罗斯、乌克兰、白俄罗斯等国后进入波兰、德国等；中部通道由内蒙古二连浩特口岸出境，经蒙古、俄罗斯、白俄罗斯、乌克兰等国进入西欧；东部通道由内蒙古满洲里口岸出境，经俄罗斯、乌克兰、白俄罗斯等国进入西欧。“四大口岸”分别是处在三大通道上的阿拉山口、满洲里、二连浩特、霍尔果斯，它们是中欧班列出入境的主要口岸。其中，阿拉山口是班列出入量最大的口岸，其次是满洲里，二连浩特居第三位，霍尔果斯承接的班列数也在逐步增长。“五个方向”是中欧班列主要终点所在的地区，目前，这部分地区主要包括欧盟、俄罗斯及部分中东欧、中亚、中东、东南亚国家等。其中，欧盟、俄罗斯、中亚是中欧班列线路最为集中的地区和国家，中东、东南亚仅有少量班列线路。“六大线路”包括自开通至今运营质量相对较高的班列线路。在目前运营的所有中欧班列线路中，成都、重庆、郑州、武汉、西安、苏州等地开行的线路在规模、货源组织以及运营稳定性等方面表现突出。

（二）中欧班列开通意义

亚欧之间的物流通道主要包括海运通道、空运通道和陆运通道，中欧班列已成为国际陆路运输的主要方式，具有运距短、速度快、安全性高的特征，以及绿色环保的优势。中欧班列的产生使许多内陆城市拥有了连接海外的便利大通道和口岸，铁路班列拥有着比海运更快的速度，比航空更加低廉的收费。此外，班次频度较高也有助于企业降低库存，提高市场响应速度。中欧班列带来了“内陆城市的沿海化”，使内陆城市也出现在了全球贸易的前沿，化解了地理带来的不利条件，也得以分享经济全球化带来的红利。

二、集装箱

集装箱运输是适用于海洋运输、铁路运输及国际多式联运的以集装箱作为运输单元的现代化运输方式。国家鼓励使用集装箱运输，使用集装箱运输可以优先管理、配装、进站和装车，而且不受听装和限装的限制，铁路集散中心可利用铁路集装箱运输实现货物的干线运输。

2018年，我国铁路集装箱发送量1375.1万TEU[①]，同比增长33.4%，增幅连续3年超过30%。尽管我国铁路集装箱发送量增长迅速，但与发达国家相比，我国铁路集装箱运输比例一直较低。2018年，我国铁路集装箱运量（吨位）占铁路总运量比例为7.16%，相比于美国、欧洲、日本铁路集装箱运量占比49%、20%、50%，我国铁路集装箱运输发展空间较大。

（一）集装箱货运业务流程

当发货人提出运输要求时，发货人可以根据自己的实际情况选择自己

① TEU是Twenty-feet Equivalent Unit的缩写，是以长度为20英尺的集装箱为国际计量单位。

或铁路部门派短途汽车先将货物运送至集装箱内陆港，再进行集装箱的相关作业；或选择由铁路集装箱内陆港配空箱在发货人仓库进行装箱，再将集装箱运回铁路集装箱内陆港进行相关的作业。货物由内陆港经铁路长途运输到达目的地铁路集装箱内陆港并进行相关作业后，再经过汽车短途运输到达收货人仓库并进行卸车掏箱作业，卸货完毕后，空箱返回铁路集装箱内陆港，至此集装箱的整个业务流程结束。该办理方式可以节省一次收货人到站取货的运输时间，与传统的集装箱办理方式相比，为收发货人提供了更为方便快捷的服务（见图 8-1）。

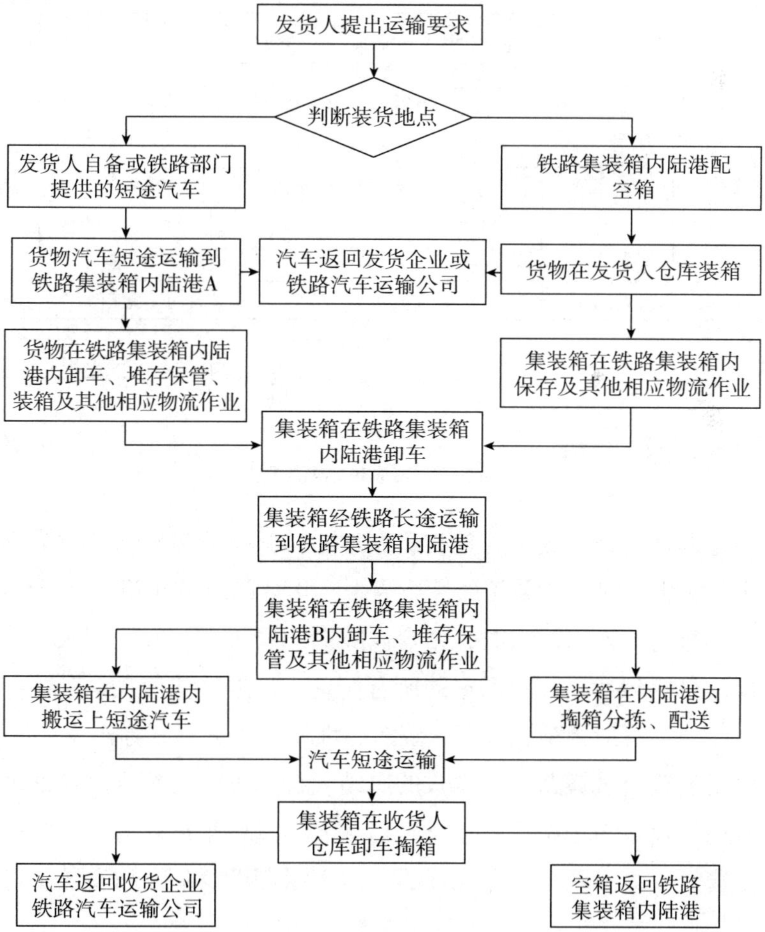

图 8-1　集装箱货运业务流程

（二）集装箱场内流程

集装箱场内流程是集装箱货运作业流程的一部分，是集装箱在铁路集装箱内陆港所要进行的一系列相关物流活动的具体流程（见图 8-2）。

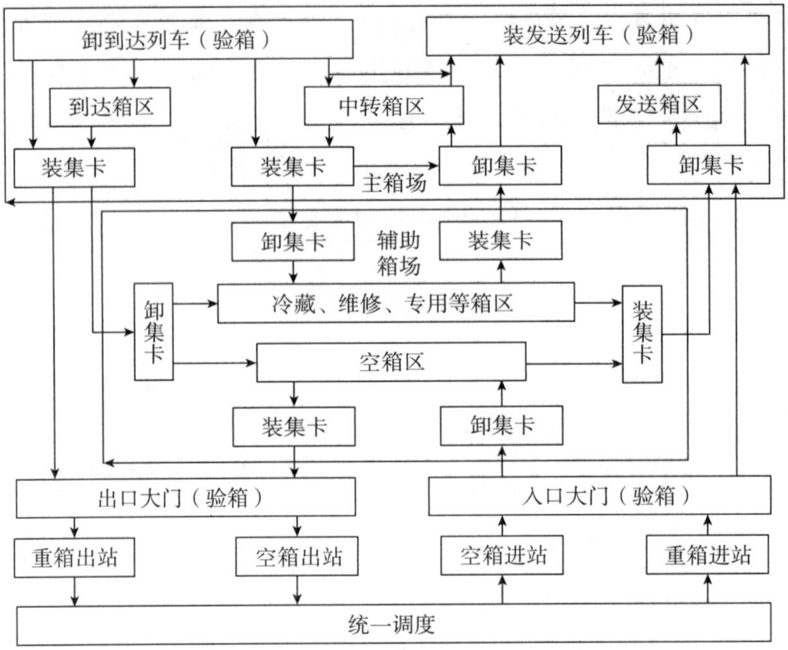

图 8-2 集装箱场内流程

集装箱办理入站手续进入集装箱办理站，此时的集装箱性质为到达集装箱，当集装箱出站时，集装箱的性质为中转集装箱及发送箱。

当集装箱进入铁路站点时，站台内陆港的看板上会显示车次、集装箱信息、过检信息等到达集装箱列车的所有信息。根据这些信息，车站会编制出新的作业计划，包括调车、卸车、装车、堆场、机械调度等作业。

铁路集装箱通过铁路运输方式的出站流程也可分为预告信息处理、编组计划和站内作业。与进站流程相反，出站流程以装车计划为主，“一关三检”提供准出通知单，在装车作业完成后，向上级调度及前方站发送出发列车发出集装箱信息。

（三）多式联运

随着我国经济结构的变化和全球化的不断深入，我国内陆的发展需求、国外的市场需求不断扩大，资源市场需要统筹配置。在这种背景下，依托于传统的海运主要通道的物流模式逐渐转向海运与内陆通道高效联通发展的物流模式。这就需要我国技术装备水平、标准化程度不断提高，才能与国际市场逐渐接轨。

1. 多式联运快速发展背景

近些年来，随着我国交通基础设施规模不断扩大，我国通过多种政策措施大力发展多式联运。2014 年，国务院通过的《物流业发展中长期规划》中就将多式联运列为 12 项重点工程之首。2015 年，我国全社会货运量为 417.59 亿吨，多式联运运量规模仅占全社会货运量的 2.9%，即 12.11 亿吨。2017 年，交通运输部联合十八部委发布《关于进一步鼓励开展多式联运工作的通知》，力争实现 2020 年多式联运货运量比 2015 年增长 1.5 倍，据此计算，2020 年我国多式联运货运量将达到 30.28 亿吨，复合增长率为 20.11%。但是，目前我国多式联运发展水平较低，与国家规划目标有很大差距。

2. 多式联运现状

第一，我国多式联运发展基础薄弱。我国公路运输量占比平均为 70% 以上，北京、天津、河北等一些省份占到总运输量的 90% 以上。由于历史原因，我国铁路市场化改革尚在起步阶段，旧有的铁路运能无法满足多式联运需要，制约着多式联运发展。具体表现为：铁路标准化程度低；铁路联运的场地条件比较差，甚至不具备联运的条件；海铁、公铁联运比例低。2014 年，全国港铁集装箱运输量仅为 112 万 TEU，海铁联运占比不到 1%，国际一般水平为 20% 以上，公铁联运还很少。2016 年，铁路总公司降低了铁路集装箱场站办理审批门槛以加速联运发展；2016 年，全路集装箱办理站从 572 个迅速增加到 1149 个。2016 年 5 月，全路实施新列车运行图，安排货物班列线 251 条。其中，以集装箱为主的班列线达 130 条以上。

第二，我国多式联运基础设施薄弱。具体表现是枢纽间“连而不畅”“邻而不接”现象严重，使得公路仍在承担主要的运输任务，导致运输效益附加值低。由于基础设施薄弱，导致公铁转换困难。正常情况下，多式联运枢纽通常以铁路货场和港口为核心。有港口的地区，铁路向港口靠拢比较合理；没有港口的内陆地区，大型的铁路货场应该成为港口的内陆港。

第三，我国物流信息平台业务分散。截至2018年，我国物流信息平台有100家，但整合能力弱，导致跨运输方式的信息流通不通畅，企业之间存在沟通障碍。现有信息系统难以支撑多方的服务、质量等方面的评估，造成信息不对称问题，不利于多式联运的信息相通。

第四，我国多式联运标准化程度较低。多式联运装备应用水平和标准化程度低，运载单元、吊装设备、托盘等装备的标准匹配性较差，装备发展水平与市场需求不适应。2017年，我国正式实施《货物多式联运术语》《多式联运运载单元标识》两项多式联运行业标准，有助于促进多式联运标准化发展。目前国家大力推广应用集装箱、厢式半挂车等标准化运载单元和货运车辆，积极探索发展模块化汽车列车；推动一贯化带盘运输，促进我国多式联运智能化发展。

在交通的顶层设计上，政府应加强不同交通方式的行动壁垒，促进各运输方式、各地区、各部门之间的协调统一。在重要节点规划布局一批具有多式联运服务功能的物流枢纽，推进铁路、水路、公路等方式的衔接。城市建设中，应鼓励发展铁路的基础设施建设，完善与公路之间的衔接，组织开展多式联运示范工程，提高多式联运比重。鼓励建设大型的物流网络平台或对小型平台资源进行整合，解决我国物流领域信息不对称、空驶率高等问题。

三、铁路竞争力

2013年，习近平主席提出建设“新丝绸之路经济带”和“21世纪海上丝绸之路”的战略构想，旨在与“一带一路”沿线有关国家和地区，在基础设施互联互通、资源开发、产业投资、经贸合作、金融合作、人文交流、海上合作、生态保护等领域展开广泛的合作与交流。2015年3月，《推动共建丝绸之路经济带和 21 世纪海上丝绸之路的愿景与行动》正式发布。“一带一路”倡议对我国铁路的发展产生了积极的影响。

（一）有利于提升铁路运输地位

在“一带一路”倡议背景下，我国铁路运输业在国际物流体系中的地位迅速提升，成为国际运输体系中以海运为主的重要补充。铁路物流线路的建设和运营影响着我国对外贸易经济的发展，渝新欧、汉新欧等铁路线路的运行，为铁路发展带来了更多的机会。

（二）有利于推动中国铁路国际化

“一带一路”作为国家倡议，与区域经济、政策导向、基础设施互联互通、政治及外交行为等方面密切相关，必将全面和系统地推动中国铁路发展，特别是我国高铁在亚、非、欧等地区的布局和市场拓展。在“一带一路”倡议指引下，我国参与蒙内铁路、亚吉铁路建设，加快推动非洲“三网一化”进程，匈塞铁路、中泰铁路、中老铁路、印度尼西亚雅万高铁等工程稳定快速推进。“一带一路”为我国铁路走出国门提供了有力的战略支撑。

此外，“一带一路”倡议对于完善铁路产品服务贸易、加快轨道装备“走出去”、铁路企业开展境外投资、加强铁路工程合作等都有重要的促进作用。其中，高铁车辆研发制造商中国中车股份有限公司（以下简称中国中车），在全球 26 个国家设立了 13 家境外研发中心、75 家境外子公司。在 75 家境外子公司中，有 50 家成立于“一带一路”倡议之后。

（三）有利于加快铁路相关产业国际化

在“一带一路”倡议下，铁路走出国内，会产生巨大的扩散效应，加快装备工程服务一体化，带动包括装备制造、铁路工程、通信和计算设备制造、非金融矿物制造、金属和非金属矿采选、金属加工及金融等相关产业向国际化发展，实现我国铁路相关产业“抱团出海”。此外，我国铁路运营与对外投资造成的产业带动效应，还会促进沿线地区相关产业发展。其中，中国铁路总公司牵头建设印度尼西亚雅万高铁时，中国电力建设集团和中国中铁股份有限公司负责设计施工，中国通号集团负责通信系统的建设，中国中车负责轨道交通装备的研发制造，项目采取中国和印度尼西亚企业合资建设的合作模式，尽量使用印度尼西亚当地原材料及设备，拉动印度尼西亚制造、冶炼、基建等产业升级。同时，带动沿线旅游业、地产业和商贸业等产业的发展。

第四节　铁路物流运营创新

一、铁路集散中心运营

（一）周转箱货运

枢纽站在接到发货指令后，调度周转箱去客户处取货，货物装载至周转箱时，信息平台开始记录货物的温度、湿度等信息，并全程进行货物追踪。货物运至铁路枢纽站时，枢纽站对货物集成，进行整箱拼装，根据实际情况选择运输方式。市内配送选择公路，市外运输选择铁路，然后制单，根据所选运输方式装载货物、发货。对在途运输通过周转箱进行实时监控。到达后签单，最终返回签单，进行信息回馈（见图8–3）。

在运行过程中，利用在全国的铁路周转箱运输网点，把周转箱在货物集散中心集中，集散中心通过卡车配送到各个配送中心，再由配送中心分拨运到末端网络，从而为客户提供全程追溯物流服务，进一步实现“通运”的理念。

周转箱较集装箱的体积要小，很多周转箱自身就带有GPS定位功能，能够实现货物多品种、小批量的运输。与集装箱少品种、大批量的货运形式相互补充，成为铁路干线运输不可或缺的货运形式。

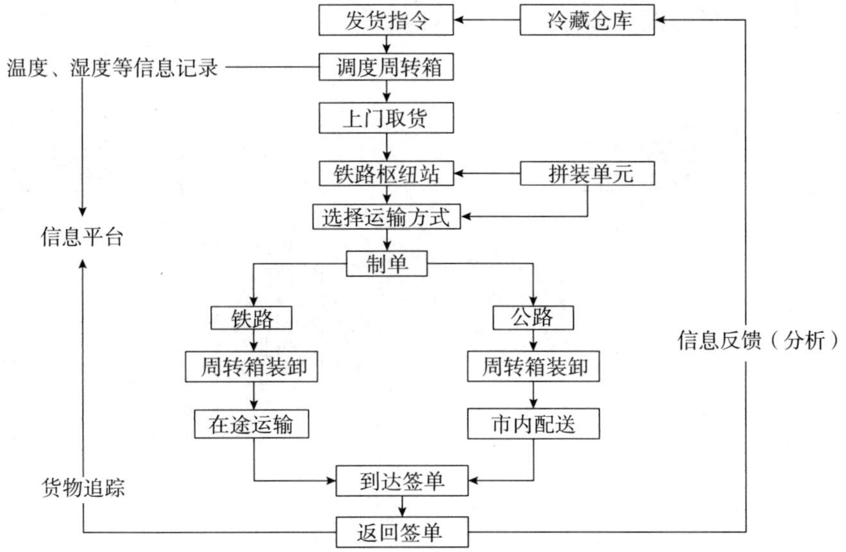

图 8-3　周转箱运作流程

周转箱内有温度记录仪与信息追踪系统，有很多型号，但体积均不太大，搬运便捷，可循环使用，比较适合药品或食品等对温度、湿度有特殊要求的货品运输。

（二）客货混载货运

客货混载货运利用铁路客运的剩余运力，在保证客运的同时完成部分货物的铁路干线运输。由于利用火车进行货物运输时，对铁轨的压力较大，通常铁路货运要使用重轨。但货运量少的货物若利用货运的“五定”班列，则会降低火车的装载率，提高单位空间成本；若等待货运集货，则造成时间的浪费。铁路集散中心对少量货物的运输可采用客货混载的货运形式，既不会对铁轨造成过度耗损，而且还节约运力，降低成本。

铁路集散中心可为供货商铁路货运业务安排适当的车皮，并依照客运时刻表，在乘客上车之前安排货物的装车。货主可根据实际情况自己将货物运输到火车站，或是接受集散中心提供的短途汽运将货物送达车站，然后汽车返回。货物经过装卸搬运等物流作业活动后，进行铁路混载运输，到达目的地车站。在乘客下车后，通过相关物流活动将货物转移到汽车上，到达收货人处。具体客货混载作业流程如图 8-4 所示。

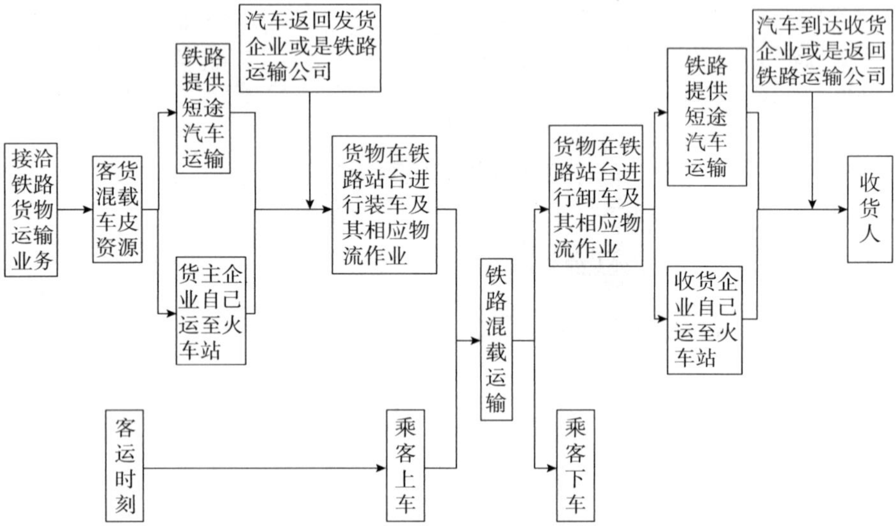

图 8-4　客货混载业务流程

在高铁列车上开展运送快递业务，应采用动车与物流的“客货混载”运输模式。铁路货物集散中心通过高铁与物流合作，将推动物流行业的跨越发展。

综合时间和运输成本这两个关键因素，高铁运输将会成为中国现代物流企业的新选择，更有可能成为中短途快递的主要运输方式。由于高铁发车次数多，时间合理，铁路货物集散中心可以提供高铁即日达快递服务，有助于快递企业增加次日达快递产品。通过高铁，铁路货物集散中心在实现异地之间快速运输的同时，保障了冷鲜食品、快递产品运输的时间要求，也有效降低了企业运输成本。

（三）一体化运输服务

1. 物流需求整合

通过铁路货物集散中心这一平台，形成了一个综合性的物流商务交易市场，物流服务和物流交易信息都在这个平台上集聚，物流需求方和供应方在平台上接洽，还可以采取由集散中心提供一揽子物流服务的形式。物流需求的高度集聚，可以促进区域经济的快速发展，推动制造业与流通业物流外包，加速物流社会化、市场化的进程。

2. 物流网络整合

在铁路货物集散中心的平台上，每家入驻企业可以将其各自物流网络进行共享，各家各户的单独网络汇聚成整个集散中心的大网络，使物流网络资源得到充分的利用，物流平台的服务功能更加完善，物流效率得以提升。铁路货物集散中心可以集聚多家从事铁路、水路等不同运输方式的物流企业，充分利用它们的运输网络资源，发展一体化运输服务。而且，零担货运通过整合不同物流企业的专线资源，形成覆盖全国不同城市的货运网络。这样，不同线路资源可以整合，不同运输方式之间可以有效衔接。同时，返程的货运需求也可以整合，使得返程空驶率大大减少。通过将物流企业的网络资源进行整合，使得铁路货物集散中心具有更强的辐射力，同时提升物流企业发展空间。

3. 物流服务整合

铁路货物集散中心可以整合多项物流服务，包括物流服务交易中心、信息中心、运输中心、仓储中心、配送中心、多式联运中心等服务，为客户提供综合性的一体化物流服务。此外，铁路货物集散中心还提供工商、税务、海关等部门的现场监管，银行、保险、通信、网络等运营商的支持服务等多种配套服务。

4. 运营主体整合

铁路货物集散中心有效服务于五类主体，即物流企业、货主企业、政府与中介服务机构、社会车辆、配套供应商，提供设施设备物业服务、生活后勤配套服务、行政事务代理服务、信息支持服务和商务配套服务等，体现了服务特性，是基于有形市场和资源整合的多层次服务平台。在铁路货物集散中心，大量的物流经营户在此聚集和交易，并产生集聚、整合、辐射等效应。铁路货物集散中心引进的物流企业中，不仅包括从事公路运输业务的物流企业，还包括从事铁路运输、运输代理等服务的物流企业，使基地内物流企业的不同物流主体实现资源互补，形成了干线运输、短途配送和零担运输的专业分工，物流企业在相互合作基础上实现全方位物流服务功能。

5. 公铁联运服务

通过集散中心的铁路专用线，开展公铁联运。利用集散中心的铁路专用线，将公路运输、铁路运输、城市道路运输、中转、储存、配送等功能有机结合起来，实现物流的集约，其主要业务包括以下内容（见图 8–5）。

第一，把铁路运往城市或周边地区的部分货物，化整为零，利用公路运输，分方向、分地区运送到客户指定地点。

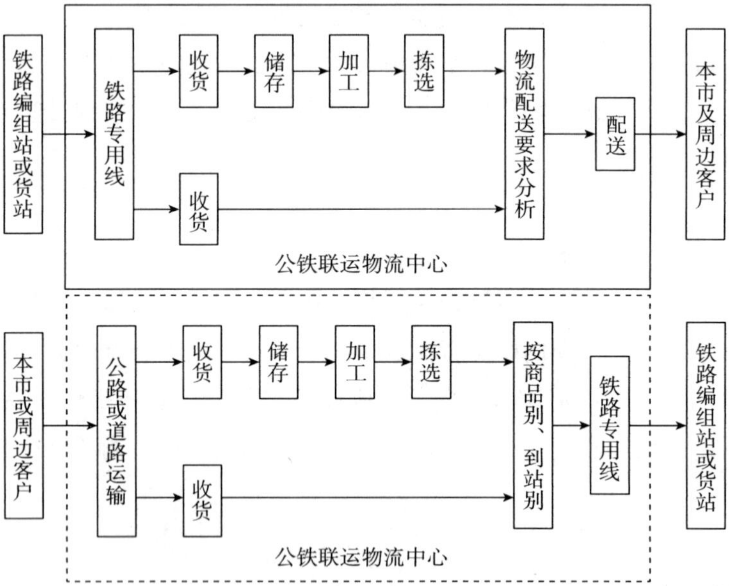

图 8–5　公铁联运物流中心的主要业务流程

第二，城市或周边地区运往其他距离较远地区、批量较大的货物，利用公路运输集中到公铁联运物流中心，在公铁联运物流中心集零为整，利用铁路编组站或货站集结、编组优势，以最快的速度、最少停留时间运送到客户指定地点。

第三，对到达联运中心的货运车辆提供维修、加油等服务。

第四，提供驾驶员的休息、餐饮、生活娱乐服务。

为完成以上业务，公铁联运中心应有配送中心，完善铁路专用线、站台仓库、堆场、停车场、修理车间、加油站、综合管理楼等场区及设施。

二、“铁路平台 + 基地”模式

“铁路平台 + 基地”全流程供应链管理模式集成了平台交易、基地交割、在线结算、在线金融，采用静态仓储监管和动态在途监管相结合的全流程管理方式，通过互联网技术和物联网技术的有效结合，实现对货物从生产厂家到终端用户整个流通过程的全方位监控与封闭式管理，从而达到线上与线下同步，交易与交割切合。

平台即铁路电子商务平台，是建立在互联网上进行商务活动的虚拟网络空间和保障商务顺利运营的管理环境；协调、整合信息流、货物流、资金流的有序、关联、高效流动。企业、商家可充分利用铁路电子商务平台提供的网络基础设施、支付平台、安全平台、管理平台等共享资源有效地、低成本地开展自己的商业活动。基地是围绕商品，从其生产、流通到消费整个过程，针对处于不同商流物流环境状态下开展控制保障等一系列管理的综合服务体系，如图 8–6 所示。

在“铁路平台 + 基地”模式中，卖方在交易平台上挂出产品供给信息，并将产品存入成品库中；用户可在交易平台中查询信息，挑选合适供应商。当两者在平台上达成交易意向后，平台将信息反馈给集控中心，由集控中心确定供应商是否真正持有产成品库存，核实之后，铁路提供完备的物流服务，将供应商的成品转移到客户所在区域的交货库，在此过程中，将信息随时反馈给集控中心，交易双方亦可通过平台随时查阅产品信息。

根据货物流向、地理位置、地理环境等情况规划铁路线，在重要的火车站和物流商所在地设立调度站，负责具体的调度工作，辅助做好运输、联运、结算、信息处理等工作。此外，还要根据工厂所在区域范围、地理情况确定公路、水路、铁路等支线运输方式，通过节点与线路形成纵横交错的网络体系。铁路平台对各个区域、节点之间的运输配送进行动态监管，进行点与点、点与面、面与面之间的信息与物流交流。

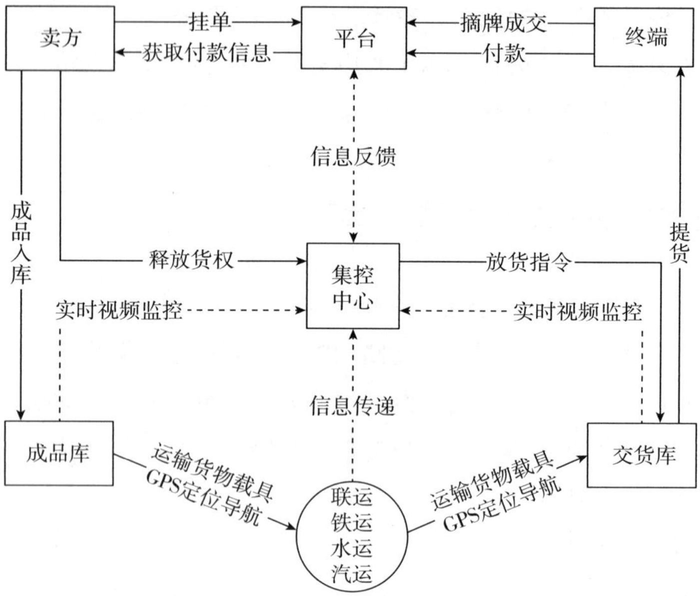

图 8-6 “铁路平台 + 基地”模式

参考文献

［1］姜旭．中国铁路货运的现状和区域特征［J］．经济与商业评论，2004（3）．

［2］姜旭．中国各省铁路货运进出量影响因素的回归分析［J］．经济与商业评论，2005（3）．

［3］姜旭．中国各省农产品和工业产品产量与铁路货运进出量的多元回归分析［J］．经济与商业评论，2006（2）．

［4］姜旭．中国铁路货运经济分析［M］．东京：日本雄松堂出版社，2006.

［5］野尻亘，姜旭．论中国的铁路货运［J］．日本地理评论，2007（12）．

［6］姜旭．中国货运空间分析［A］// 日本物流学会．日本物流学会第 26 届全国大会研究报告集（2009）［M］．东京：日本物流学会编辑委员会，2009.

［7］姜旭．中国货运经济分析［J］．日本物流学会杂志，2011（1）．

［8］姜旭．关于我国铁路货物运输的实证研究［J］．物流技术，2011（10）．

［9］姜旭．我国铁路货物运输的空间经济分析［A］// 中国物流与采购联合会．中国物流学术前沿报告（2011）［M］．北京：中国物资出版社，2011.

［10］姜旭．中国货运的实证分析［J］．流通网络，2012（3）．

［11］姜旭．货改为铁路运输注入活力［J］．中国物流与采购，2013（13）．

［12］姜旭．中国铁路运输的实证分析［J］流通网络，2013（3）．

［13］姜旭．中国铁路集装箱运输的实证分析［J］．流通网络，2013（4）．

［14］于俊年．计量经济学软件——EViews 的使用［M］．北京：对外经济贸易大学出版社，2006.

［15］荣朝和，柴为群．对福格尔关于铁路与经济增长关系理论的评论［J］．北

方交通大学学报，1996（3）.
[16]马斌 . 中欧班列的发展现状、问题与应对［J］. 国际问题研究，2018（6）.
[17]李晓龙 . 扎根铁路　谱写人生华章［N］. 人民铁道，2019-09-13（A02）.
[18]何万鹏 . 浅谈新形势下铁路运输信息化的发展［J］. 科技风，2019（25）.
[19]林婉婷 ."公转铁"形势下铁路货运市场发展探讨［J］. 铁道货运，2019（8）.
[20]洒雨 . 浅谈我国铁路货运市场发展对策［J］. 纳税，2019，13（24）.
[21]陈根龙 . 铁路物流发展面临的困境及完善对策研究［J］. 现代经济信息，2019（16）.
[22]薛锋，施政，孙宗胜，王莹 . 铁路交通运输能力对经济发展的支撑力研究——基于承载能力模型及向量自相关模型［J］. 综合运输，2019，41（7）.
[23]周红云 . 贯彻新发展理念　推动铁路快运高质量发展［N］. 人民铁道，2019-07-08（A02）.
[24]崔虎 . 浅谈铁路集装箱多式联运发展［J］. 环渤海经济瞭望，2019（6）.
[25]徐曼 . 高速铁路对区域经济发展影响研究［D］. 郑州大学，2019.
[26]黄宇，薛锋 . 铁路对地区发展的支撑力评价［J］. 综合运输，2019，41（3）.
[27]熊律，江伟，佟景泉 . 中国铁路六次大提速概述［J］. 甘肃科技，2018，34（20）.
[28]王宇 . 铁路货物运输发展演化机理研究［D］. 西南交通大学，2016.
[29]王敏丽 . 铁路电务段管理现代化的目标和选择［J］. 现代商贸工业，2015，36（2）.
[30]阎玮 . 中国铁路产业发展趋势及发展阶段分析［D］. 北京交通大学，2011.
[31]陈国波 . 我国铁路"主辅分离"改革研究［D］. 西南交通大学，2004.
[32]王小飞 . 劳动生产率：观察大秦铁路经济效益的另一个角度［J］. 经济师，2015（2）.
[33]金凤君，武文杰 . 铁路客运系统提速的空间经济影响［J］. 经济地理，2007（6）.
[34]王丹 . 一带一路背景下我国铁路运输行业发展现状和所遇问题浅析［J］.

现代国企研究，2017（8）.
[35]张颖.铁路投资对国民经济的拉动效应分析［J］.中国铁路，2009（5）.
[36]蔡盛洁，李雪.我国铁路煤炭运输概况及影响因素浅析［J］.中国市场，2014（35）.
[37]村山祐司.日本货物流动的区域结构——基于地理场理论的框架［J］.经济地理学年报，1984，30（2）.
[38]小林良邦.货物流通中的区域间联系［J］.流动，1997a（106）.
[39]小林良邦.货物流通的区域结构［J］.流动，1997b（109）.
[40]孟建军.中国的经济发展与物流［J］.亚洲研究，1995，41（4）.
[41]樋口洋一郎.优势比分解法在中国铁路物流中的应用及存在的问题（上）［J］.公路和汽车，1999a，42（6）.
[42]高桥洋二·章翔.中国区域货物结构研究［J］.计画行政，1999，22（4）.
[43]黄磷.市场整合和区域间物流［A］.中兼和津次编.近代中国的结构变迁——经济结构和市场化变迁［C］.东京：东京大学出版会，2000.

附录一　铁路人的精神

第一节　新时期铁路精神

艰苦奋斗、无私奉献、务实创新的青藏铁路精神、巴山精神是新时期铁路精神的具体体现。这些新时期铁路精神，顺应铁路改革发展的新要求，蕴含了铁路人的首要职责、职业追求、奋斗目标和崇高理想，为铁路发展筑牢了思想基础。

一、青藏铁路精神

为修建好青藏铁路，10 万铁路人经过 1800 天，历时 5 年，在青藏高原高山缺氧、多年冻土、生态脆弱、风沙肆虐、紫外线强、自然疫源多的“生命禁区”，冒严寒、顶风雪、战缺氧、斗冻土，用毅力和勇气挑战建设中的困难。为解决高山缺氧问题和保证工程效率，工程施工人员将大型制氧机带到了高原，为打造隧道的工程施工人员提供氧气，将氧气输向隧道中，提高洞内氧气含量，相当于将工地海拔降低了 1000 米。冻土问题是中国乃至世界需要攻克的难题，自青藏铁路建设以来，我国高度重视青藏铁路冻土难题，投入大量经费解决研究冻土问题，参考青藏公路、青藏输油管道等工程解决冻土问题的经验，最终采取以桥代路、片石通风路基、碎石、热棒等措施，攻克冻土难题。

青藏铁路一期工程施工人员，为修筑青藏铁路于 1959 年、1963 年、1974 年三次进入青海，先后有 179 位铁路人牺牲，600 人负伤。二期工程

2001年开工，彼时国家的财力、物力，科技水平已经不可同日而语，而且正值中央提出“以人为本”，以及提出对“不怕牺牲”坚决说不的口号，辅之以健全的三级医疗保障机构，铁路沿线共设立医疗机构115个，配备医务人员600名，累计接诊患者45.3万人次，治疗脑水肿427例、肺水肿841例，无一例死亡，创造了高原医学史的奇迹。

二、巴山精神

巴山精神发源于西安局安康工务段巴山公务车间。坐落在川陕交界的大巴山腹地的巴山工务车间，担负着襄渝铁路81公里线路、78座桥梁、66座隧道的养护维修任务。“抬头一线天、低头是深涧，天天云雾罩、半年雨绵绵”是巴山自然环境的真实写照。新工初进巴山，面对悬崖峭壁、深沟峡谷和吃粮、吃水等工作、生活困难，有的哭哭啼啼闹调转，有的抱怨“命不好”，有的自暴自弃“混日子”，有的则称指导区管辖的松树坡、巴山战区是襄渝线上的“第一、第二监狱”，认为自己是被发配到这儿来“劳改”的，导致酗酒、打架等现象频繁发生。当时的巴山用水要河里端，买粮要翻座山，住的是以前铁道兵留下的“干打垒”，没电，听不到收音机，看不到电视，连报纸最多只能看到5天前的，业余文化生活更是“马尾穿豆腐——提不起”，年轻人面对梦想与现实之间的强烈反差，感到灰心、失望。

襄渝铁路建设初期，当时指导思想是“多、快、好、省”，生产力落后，物质条件复杂，线路基础条件差，巴山指导区管辖的20公里线路，集中襄渝线五大之最：隧道最长，巴山2#隧道5334米；桥梁最高，黑水河钢梁桥跨谷深103米；曲线半径最小，困难地段只有500米；坡度最大，线路纵坡度为12%；海拔最高，巴山为808米，影响铁路安全畅通的潜在因素很多，是襄渝线上最令人担心的区段。为扭转这种状况，党支部发动职工以高度的主人翁责任感苦干实干，顽强拼搏，大打线路质量翻身仗、持久战。在这场持久战中，党员干部始终走在最前面，处处严格要求自己，带动职工，做职工的先锋模范。在整治线路病害会战中，有4名党员带头组织了15人的突击队，重活、难活抢在前，一干就是十几个小时；全体职工以党员为榜样，人人奋勇争先，大干苦干，提前55天圆满完成任务。

巴山人几十年来艰苦奋斗，努力作为，勇创一流，以不平凡的业绩传承了铁路精神的根本。巴山精神创始人之一管煜说："我有一个瘫痪的儿子，到这里来工作，就苦了我的妻子，但有困难的不是我一个，既然来了，只有把工作干好，当做自己的事业，这样才对得起大伙对我的信任。"原巴山隧道工区工长解和平说："巴山的条件确实很苦，但却在祖国的版图上，铁路修到这里，总要有人来养护，我不来别人就得来，既然来了，在一天，就要干好一天。"

如今，以"吃苦为荣、艰苦奋斗、无私奉献、奋发进取"为内核的巴山精神已被巴山人具体化为：安心山区的奉献精神、艰苦奋斗的创业精神、开拓进取的拼搏精神、坚定乐观的自强精神。巴山精神所具有的"鲜明的时代性、求实的科学性、广泛的群众性、引领的先进性、坚守的继承性、创新的持续性"六个特性，对铁路精神的发展起到至关重要的作用。在铁路科学发展新时期，巴山精神时代内涵体现出的铁路人"热爱祖国、服务人民的情怀，科学求实、自信自强的品格，艰苦奋斗、奉献铁路的本色，依靠群众、创新实践的作风"，对人们创造和谐美好的生活，具有极强的现实指导意义。

第二节　服务社会

中华人民共和国成立 70 多年以来，铁路运输企业在历次抗震救灾、抗洪抢险、森林灭火等重大抢险救灾工作中，主动出击，发挥了重要的作用。在 1997 年大兴安岭特大森林火灾、1998 年长江特大洪水灾害、2010 年玉树地震、2011 年甘肃泥石流灾害、2013 年雅安"4・20"地震中，铁路部门迅速行动，转运伤员、抢运救灾物资和运送恢复重建物资，做出了重要贡献。特别是 2008 年初，在抗击低温雨雪冰冻灾害的斗争中，铁路部门采取内燃机车摆渡运输和迂回运输等措施，全力疏运滞留旅客，用 10 天时间完成了广州地区 350 万旅客的疏运任务，创造了铁路应急运输的奇迹。"5・12"四川汶川特大地震发生后，铁路部门以最快的速度抢通受损线路，恢复运输秩序，累计开行抗震救灾专列 3.8 万列，运送救灾人员 53.5 万人、救灾物资

6172万吨，为抗震救灾和灾后恢复重建提供了坚实运输保障。

在历次抢险救灾中，铁路部门加强与地方政府的沟通协调，与有关单位紧密联系，及时掌握需求，安排足够运力，保证救灾物资供应。急事急办，特事特办，开辟绿色通道，层层安排专人负责，实行计划、审批、配车、装车、挂运“五优先”。大力组织开行救灾专列，按客车等级掌握，全程盯控，保证即装即运，优先放行，最快送达。加大对抗灾救灾物资运输组织力度，加强检查落实，及时解决存在问题，确保抢运责任落实到位，完成了抢险救灾物资的紧急调运任务，为抗灾救灾提供了有力的运力支持。同时，铁路部门建立健全军事运输保障体制机制，不断提高实战化军事交通运输保障能力。

通过铁路人不断的努力，中国铁路已成为中国人民强大有力的后盾，铁路人将以人民为中心的服务宗旨始终放在任何任务的核心，把兢兢业业的工作作风、自强不息的拼搏精神、无私奉献的优秀品质等作为传承铁路文化传统的精神纽带。

铁路作为国家重要基础设施、国民经济大动脉和大众化交通工具，是联系民生最紧密、服务群众最直接的行业之一。中国铁路自诞生以来，无数铁路人始终践行着“人民铁路为人民”的初心。很多铁路人在新时代新征程中，用匠心助力刷新中国速度。通过不断改进技术，提升服务水平，形成“以服务为宗旨、以安全为目标”的思想自觉和行动自觉。涌现出守护列车安全的“数据侠”刘博、编组场里的“无敌解钩手”陈林、30年专注客车检修的“检车神探”黄望明、雪域高原上轨枕质量的“守护女神”崔欣、调车场上“安全侠”杨卫华、空中“尖兵”代云华等，树立了良好社会服务形象，进一步提升了铁路文化的影响力。

第三节　铁路匠人

培育“匠人精神”是推进建设现代铁路运输企业的需要。中华人民共和国70年铁路发展中，涌现了很多铁路匠人，他们在平凡工作岗位上默默耕耘，树立起适应建设现代铁路运输的竞争意识、服务意识和效率效益意识，以饱满的热情书写“匠人精神”，他们是铁路奋斗者的榜样。

一、郭晋龙

郭晋龙，中国铁路呼和浩特局集团有限公司呼和焊轨段高级工程师。曾获得2006年、2007年全国五一劳动奖章，2008年全国技术能手，2010年全国劳动模范，2017年全国创新争先奖等荣誉。2011年1月，郭晋龙凭借“钢轨焊缝双频正火设备及工艺”，获得国家科学技术进步二等奖，成为“中国铁路工人登上国家科技最高领奖台的第一人”，并多次受到党和国家领导人的亲切接见。

郭晋龙参加工作30多年来，努力破解生产中的技术难题，在平凡的岗位上做出了不平凡的业绩，成为全国铁路知名的焊轨技术专家。郭晋龙先后开展技术革新和新工艺设计19项，累计为国家和企业创造直接经济效益1100万元；多次参与国外进口尖端设备电气部分的安装调试工作，屡获外国专家赞誉；应邀为全国铁路11个焊轨单位排除急难故障，挽回因换轨、淬火设备故障停产所造成的经济损失200万元。郭晋龙研发的“焊轨基地焊接生产线钢轨输送连锁控制系统”等多项技术成果，被国内10家企业30条生产线采用。2007年，郭晋龙自学成才的先进事迹被编入全国中小学生美德教育读本《当代中国著名人物美德故事丛书》。

二、刘钰峰

刘钰峰，中国铁路北京局集团有限公司丰台机务段“毛泽东号”机车组司机长，2016年被评为全国优秀共产党员。2012年4月，刘钰峰成为“毛泽东号”第12任司机长以来，始终传承“毛泽东号”机车组光荣传统，牢记“开领袖车，做领军人”历史使命，承担开好“领袖车”的政治责任，充分发挥共产党员先锋模范作用。

2014年，“毛泽东号”机车由牵引货物列车向牵引旅客列车转型。面对交路跨越4省1市的挑战，刘钰峰带领机车组人员逐个车站熟悉情况、逐个区间查看线路，通过对161个车站停车标的实地测量、对1070架信号机位置的一一确认、对 159 个弯道桥梁隧道跨度的现场记录、对 1593 公里运行里程的系统分析，编制出《乘务员作业指导书》，制作《行车安全提示卡》，有力确保了行车安全。刘钰峰带头践行“抓小防大，拿猫当虎斗”的安全风险管理理念，总结提炼出背不靠座椅、眼不离前方、手不离闸把、说话不对脸、沏茶不谦让、吃饭不同时的“六不”安全值乘要诀。刘钰峰带领全体乘务员坚守“责任心 + 责任制 + 基本功 = 安全”的法则，做到了落实作业标准不走样，确保了每趟值乘绝对安全。面对经济发展新常态，刘钰峰组织党员骨干总结提炼出“五字节能操纵办法”，使机车单趟节电 1600 度，每年节电 38.4 万度。针对安全行车、机车质量、平稳操纵等方面的难题，刘钰峰带领骨干创建“毛泽东号”创新工作室，积极开展课题攻关、技术改造，形成了《牵引客车平稳操纵方法》《非正常行车视频》《故障处理电子书》等 52 项创新成果，多项获得北京市和全国铁路优秀创新成果奖。2015 年 10 月 29 日 14 时 16 分，刘钰峰驾驶“毛泽东号”机车胜利实现安全走行 1000 万公里，相当于绕地球 250 圈，使“毛泽东号”焕发出时代风采。

三、景生启

景生启，中国铁路太原局集团有限公司湖东电力机务段万吨重载列车司机，“中国铁路重载第一人”。2012 年，被评为全国铁路优秀共产党员，并荣获火车头奖章；2014 年，荣获全国五一劳动奖章；2017 年起享受国务院政府特殊津贴，是全路第一个享受国务院政府特殊津贴的重载司机；2019 年获得山西省特级劳动模范。

景生启 20 多年如一日担当奉献，开行列车 2000 多趟，相当于绕地球跑了 60 圈，成为中国铁路重载司机拉货最多的人。景生启亲历了中国重载列车从 6000 吨、1 万吨、1.5 万吨、2 万吨、3 万吨的发展历程。景生启驾驶重载列车，驾驶台上盛满水的杯子滴水不溢。他首创“生启治坡法”，填补了我国重载列车操纵技术空白；总结的《2 万吨精准操纵法》《3 万吨列车操纵法》填补了世界重载列车操纵技术标准空白。2014 年，景生启成为中国第一个开行 3 万吨列车的重载司机，见证了我国具有自主知识产权重载铁路技术的重大突破，也成为全路第一个享受国务院政府特殊津贴的重载司机。

为落实国家创新驱动发展战略，让中国重载持续领跑世界，大秦铁路启动了 3 万吨重载列车开行试验，这在我国重载铁路发展史上具有里程碑的意义。2014 年 2 月，景生启被选拔为试验列车主控司机。那段时间，景生启白天与中国铁道科学研究院专家上车进行静态试验，收集记录各项数据，晚上独自模拟推演应急预案。2014 年 4 月 2 日，我国历史上最重、最长，编组 320 辆、总长 4 公里、牵引总重 31500 吨的重载试验列车安全抵达秦皇岛柳村南站，试验取得圆满成功。这个振奋人心的消息通过各大新闻媒体传遍海内外，我国在世界重载领域又取得了历史性突破。

景生启说："成千上万和我一样的重载铁路人奋斗其中、奉献其中。我们赶上了铁路发展的大好时候，是重载铁路给了我广阔的舞台，成就了我人生的精彩。如果国家有需要，开行 4 万吨、5 万吨重载列车，我还会请战去试第一把。"不善表达的景生启跟他拉的煤一样，总是以独特的表达方式默默地发挥着光与热，抒发着对重载运输安全的思考。

四、李东晓

李东晓，中国铁路北京局集团有限公司北京机务段动车组运用车间工作。2008 年被评为全国铁道行业技术能手和全路技术能手，2010 年被评为北京铁路局十大领军人物，2010 年被评为全国劳动模范，2011 年被评为北京市国资委优秀共产党员、全国铁路优秀共产党员标兵。

2007 年，李东晓作为中国首批高铁司机，被称为驾驶"中国高速列车第一人"。李东晓曾驾驶过北京型内燃机车、东风 4B 型内燃机车、东风 4D 型内燃机车、DF4DK 型内燃机车、东风 11 型内燃机车、神州号双层内燃动车组、韶山 9 型电力机车、和谐号 CRH1 型电力动车组、和谐号 CRH2 型电力动车组、和谐号 CRH3 型电力动车组（CRH3C）、和谐号 CRH5 型电力动车组等 12 种车型。每次机车换型，李东晓都在最短的时间内熟悉机车工作原理，掌握机车操作技术。

李东晓驾驶机车安全走行 108 万公里，没有发生过任何事故，创造了中国高铁的众多第一。他考下了中国高铁第 0001 号驾驶证，破了中国高铁第一个世界时速纪录，培养了中国第一批高铁司机，参与编写了中国第一本《高铁操作》教科书、《神州号内燃动车乘务员实用手册》及《神州号内燃动车经济操纵法、保养法》等教材。同时，总结创造出京津城际“1800S”操纵法，并操纵驾驶 CRH3-001C 号列车创造了“394 公里 / 小时”中国第一速度。

五、汪伯华

汪伯华，中国铁路南宁局集团有限公司百色工务段工长，2011 年荣获火车头奖章，2012 年荣获全国五一劳动奖章，2015 年荣获全国劳动模范称号，2019 年荣获“广西工匠”年度人物。

1998 年，汪伯华成为一名线路工。多年以来，汪伯华坚持独创“1 米 1 量”的工作方法，坚持线路病害整治标准“高一档”。按照工务段要求，线路轨距容许偏差管理值是 +6 毫米、-2 毫米，轨距变化度（率）是 2‰，汪伯华把这个标准提高到 +1 毫米、-1 毫米、1‰，并按这“三个 1”的标准，对线路进行全面整治。按照验收标准，必须做到“3 米 1 量”，汪伯华则提高了标准进行“1 米 1 量”。“三个 1”和“1 米 1 量”是汪伯华独创的工作方法，更高的标准意味着更大的工作量。在“汪伯华式高标准”的严格要求下，他带领的工区，轨检车平均每公里扣分很快就从几十分降到几分，线路质量稳居百色工务段各工区前列。带着这样的职业“洁癖”，汪伯华在工作中坚持对一切线路问题“零容忍”，对再小的线路病害也要第一时间“医治”好。

每处理一处线路病害都是高于段上下达的技术标准要求，真正实现了“干一处、保一处、稳一处”。汪伯华始终认定“只要坚持科学作业，坚持执行严格作业标准，坚持苦干实干，没有养不好的线路”。2015 年，以汪伯华名字命名的“伯华创新工作室”正式成立，作为负责人的汪伯华也肩负起了为百色工务段培养工班长的重任，毫无保留地把自己掌握的工作技巧和方法传授给身边工友以及年轻骨干。如今，“伯华创新工作室”已经成为段上出了名的“工班长培训基地”，由汪伯华手把手带出的 22 名工长和 7 名管理干部，成为百色工务段安全生产的中坚力量，他们与汪伯华一样，用一套系统科学的作业标准守护着铁路运输的安全。聊起未来，汪伯华表示要以更高的标准、更严的要求做好线路养护工作，用心做好“传帮带”，培养出更多高技能人才。

附录二 国家铁路行政区域货物发送量及到达量

附表 1 国家铁路行政区域货物发送量（1985~2017 年）

单位：万吨

年份	北京	天津	河北	山西	内蒙古	辽宁	吉林	黑龙江	上海	江苏	浙江	安徽	福建	江西
1985	3029	2242	10247	16091	5491	13885	5762	11548	1353	4037	1781	4452	1536	2329
1986	3030	2063	11169	17801	5576	13758	5662	11837	1382	4143	1893	4467	1686	2398
1987	3125	2156	11683	18787	5955	14056	5842	11916	1343	4241	1925	4413	1802	2456
1988	3168	2088	11906	20384	6025	14279	6213	11883	1218	4289	1877	4321	1810	2490
1989	3144	2198	11496	22272	6669	14626	6493	12606	1250	4489	1911	4283	1892	2547
1990	3051	1828	11097	23083	6877	14100	6122	13126	1257	4235	1691	4189	1902	2546
1991	2983	1809	10997	23289	7017	14412	6317	13310	1311	4078	1733	4238	1988	2547
1992	2912	1853	11044	24534	7188	14601	6516	13256	1371	4343	1915	4445	2064	2627
1993	3043	1893	11376	25216	7527	14689	6844	13146	1436	4344	1989	4625	2216	2689
1994	3006	1960	11474	25280	7796	13804	6531	13268	1420	4318	1840	4852	2301	2737
1995	2974	1942	11391	25718	8279	13073	6123	13601	1376	4413	1914	5047	2456	2749
1996	2851	1845	11332	26397	8910	12985	6154	13583	1320	4361	1928	5170	2500	2736

续表

年份	北京	天津	河北	山西	内蒙古	辽宁	吉林	黑龙江	上海	江苏	浙江	安徽	福建	江西
1997	2883	1798	11468	26627	9328	12835	6322	14223	1252	4131	1721	5024	2373	2600
1998	2563	1749	10749	24784	8491	12100	5624	12085	1152	3793	1726	5069	2325	2680
1999	2583	1753	10549	26284	8681	12162	5924	12630	997	3940	1815	5535	2389	2740
2000	2612	2007	11397	28469	9174	12523	5629	12701	1055	4077	1921	6087	2475	2954
2001	2505	2219	12837	31875	9705	12990	5538	12964	1080	4337	2107	6566	2813	3449
2002	2348	2516	12639	33506	10638	13126	5645	12919	1131	4504	2327	7300	2856	3631
2003	2265	2658	12831	36704	11547	13135	6019	13842	1208	4567	2525	7886	3207	4131
2004	1959	3005	13712	40264	13715	14094	6385	14676	1284	4764	2774	8231	3645	4936
2005	1976	3344	13360	47697	16796	14271	6474	15616	1278	5082	2838	8638	3491	4804
2006	1956	3410	13432	52474	19370	15497	6107	15423	1223	5155	3040	9170	3298	5330
2007	1925	3741	13422	57589	22159	16552	6199	16069	1143	5155	3224	9560	3402	5606
2008	1733	3903	13361	58122	27294	17400	7118	16993	1012	5118	3331	10505	3642	5383
2009	1635	4142	14118	52928	30009	18262	7164	16012	941	6137	3355	11287	3574	5224
2010	1572	7240	16482	60808	37700	18118	7674	16889	959	6374	3805	12091	3705	5374
2011	1380	7346	18050	66173	42934	18716	7505	16827	888	7282	4093	12507	3762	5765

续表

年份	北京	天津	河北	山西	内蒙古	辽宁	吉林	黑龙江	上海	江苏	浙江	安徽	福建	江西
2012	1232	7909	17866	67585	42436	17387	6922	15720	825	7223	3798	12260	3814	5380
2013	1078	8345	19349	68463	43354	17817	6202	13657	694	6806	3988	11566	3624	5073
2014	1102	8863	17576	71759	40653	16503	5735	11120	522	6090	3412	10488	3379	4817
2015	977	8369	15517	67915	31939	14521	4037	8455	457	5066	3233	10156	2807	3938
2016	697	8140	13791	62410	32334	14686	3635	8963	444	5335	3219	9263	2905	4290
2017	704	8735	13739	72194	37185	15801	4790	10385	472	5720	3463	8938	3175	4785

年份	山东	河南	湖北	湖南	广东	广西	四川	贵州	云南	陕西	甘肃	青海	宁夏	新疆
1985	6403	7391	3659	4092	3234	1757	5317	1874	1654	2898	2556	334	1409	1153
1986	6787	7709	3830	4213	3604	1805	5398	1949	1718	2871	2545	337	1372	1218
1987	7073	7993	3935	4354	3880	1933	5647	2043	1923	2905	2559	390	1342	1271
1988	7322	8135	4044	4400	3618	2028	5873	2074	2052	2920	2569	405	1386	1356
1989	7933	8332	4148	4567	3865	2073	6255	2178	2142	3069	2586	427	1457	1474
1990	8012	8413	3918	4654	4218	2120	6179	2315	2157	3106	2536	454	1465	1558
1991	8100	8579	3957	4667	4398	2143	6386	2365	2149	2995	2544	502	1420	1663
1992	8297	8737	4031	4841	4619	2324	6672	2498	2217	3043	2643	518	1447	1765

续表

年份	山东	河南	湖北	湖南	广东	广西	四川	贵州	云南	陕西	甘肃	青海	宁夏	新疆
1993	8683	9107	4040	4976	4828	2482	6958	2537	2302	3122	2746	550	1432	1864
1994	8912	9339	3978	4908	4976	2607	6904	2599	2368	3226	2801	537	1457	1953
1995	9256	9621	3986	4958	5306	2678	6948	2657	2447	3294	2765	532	1547	2294
1996	9693	9850	3779	4880	5438	2666	7341	2770	2481	3365	2780	552	1587	2423
1997	9805	9264	3923	4549	5566	2680	7162	2739	2512	3391	2858	585	1596	2667
1998	9688	8829	4041	4471	5144	2649	6919	3044	2643	3159	2829	590	1614	2751
1999	9878	9062	3902	4472	4643	2606	6854	3272	2775	3177	2970	607	1628	3053
2000	10589	9658	3938	4668	4853	2815	7129	3585	2882	3279	3235	647	1784	3355
2001	11756	10537	4245	4958	5197	2907	7629	3875	3204	3576	3423	737	1917	3646
2002	12788	11361	4349	4914	4972	2956	8118	4355	3569	4212	3568	774	1918	3956
2003	12981	11852	4436	5217	5247	3290	8652	4920	3854	5053	3783	858	1992	4416
2004	13610	12518	4629	5441	6482	3775	9450	5328	4207	5693	4181	1075	2142	4985
2005	13564	12789	4898	5252	6010	3998	9312	5524	4709	5985	4085	1325	2449	5353
2006	14078	12887	5218	5663	5630	4729	9563	6022	4999	6063	4624	1407	2679	5949
2007	14692	13483	5751	5854	5964	5448	9932	6436	5300	6784	5149	1772	3086	5829

续表

年份	山东	河南	湖北	湖南	广东	广西	四川	贵州	云南	陕西	甘肃	青海	宁夏	新疆
2008	15404	13831	5886	5601	6833	5456	9540	6683	4983	7576	5512	2310	3329	6048
2009	16662	13073	5582	5428	7275	5958	9267	6956	4676	7656	5763	2701	4075	6389
2010	18286	13374	5699	5783	8048	6107	9586	7991	5209	8833	6188	3095	4415	6777
2011	19942	12995	5966	6024	8392	6770	10152	7219	5210	10549	6446	3634	4760	6801
2012	20140	11424	5472	5406	8784	6846	10001	6665	4650	10744	6290	3784	4857	6840
2013	19359	11610	5214	4942	9194	6916	10035	6458	4558	11001	6377	3783	4599	7259
2014	17136	10587	4273	4507	8622	6684	9473	6307	4092	11622	6440	3605	3499	7359
2015	16061	9468	3728	4193	7816	5777	7941	5734	4070	10979	5926	2725	2849	6128
2016	16983	9453	3677	3945	7864	5896	7505	5632	4110	10950	5853	2829	2955	6784
2017	18036	9331	3787	4002	8248	6632	7486	5278	4402	12985	6003	3051	2744	9633

附表 2　国家铁路行政区域货物到达量（1985~2017 年）

单位：万吨

年份	北京	天津	河北	山西	内蒙古	辽宁	吉林	黑龙江	上海	江苏	浙江	安徽	福建	江西
1985	5573	5441	11510	4105	4422	15424	6552	10278	2213	5657	2197	4254	1636	2240
1986	5517	5510	12582	4231	4323	15792	6794	10209	2382	6129	2385	4363	1783	2312
1987	5626	5623	13499	4507	4744	16116	6932	10019	2472	6568	2472	4335	1913	2436
1988	5513	6044	14156	4402	4634	16300	6933	10242	2359	6792	2612	4284	2004	2496
1989	5603	6247	15121	4881	5065	16322	7298	11253	2443	6855	2665	4407	2075	2604
1990	5341	5563	15009	4930	5197	16634	7488	11009	2283	7129	2787	4448	2102	2641
1991	5357	5639	16125	4725	5055	17107	7234	11089	2140	7190	3096	4257	2199	2058
1992	5474	5948	17261	4548	4914	17253	7217	10981	2232	7766	3477	4386	2289	2670
1993	5947	7088	17349	4634	5054	17910	7375	10634	2665	7739	3644	4165	2503	2659
1994	6061	6928	17302	4490	4702	18031	7300	9760	2739	8287	4080	4521	2709	2795
1995	6446	7147	17683	4609	4743	16593	7035	10030	2790	8739	4412	4735	2763	2939
1996	6249	7299	18145	4568	4835	16770	6838	9793	2673	9029	4562	5036	2616	3065
1997	5911	7524	18350	4564	5013	17333	6911	10318	2524	8439	4152	4686	2625	2921
1998	5468	6744	16966	4137	4580	15357	5948	9449	2279	8203	4204	4621	2678	3201

续表

年份	北京	天津	河北	山西	内蒙古	辽宁	吉林	黑龙江	上海	江苏	浙江	安徽	福建	江西
1999	5246	6580	18082	4208	4568	15432	6277	9436	2008	8639	4496	4603	2863	3395
2000	5414	7965	19687	4169	4697	16489	6234	9025	2208	9137	4856	4817	3196	3504
2001	5496	9039	22351	4723	4959	16802	6443	8991	2228	9877	5374	5283	3383	3682
2002	5371	9209	22946	5357	5023	17569	6269	8875	2209	10879	5897	5725	3508	4580
2003	5350	10117	25025	6063	5165	18591	6443	8953	2419	11468	6608	6180	3968	5306
2004	5515	10408	28376	6425	5572	20856	6586	9620	2578	11645	7303	6786	4390	6201
2005	5746	10792	32661	7077	6276	22217	7102	10796	2563	12383	7012	7396	4464	6472
2006	5466	11065	36488	7440	7051	23137	7458	11228	2586	12235	7489	7761	4552	6822
2007	5183	11245	41693	7587	8355	25324	7526	11700	2437	12407	7618	8184	4639	7364
2008	4123	10459	45390	8257	10562	27202	8662	12583	2169	11118	7286	8826	4496	7437
2009	3841	7351	48136	9937	10309	26898	8937	14340	1868	8695	6576	9189	3998	7695
2010	3916	11416	57028	9987	11578	29539	9384	15867	1905	9820	6915	9888	3754	8674
2011	2786	11655	62478	10701	13148	32730	10300	16628	1819	10482	6799	10168	3892	9404
2012	2880	10736	62961	11406	14359	29764	10468	16223	1505	9810	6002	10089	4144	9064
2013	2599	11084	66625	9986	13240	29009	10483	14882	1334	9336	5690	9940	4214	8714

续表

年份	北京	天津	河北	山西	内蒙古	辽宁	吉林	黑龙江	上海	江苏	浙江	安徽	福建	江西
2014	2086	12367	66357	8488	11813	26920	10017	12464	1113	8618	5154	9475	3881	7806
2015	1414	10069	59210	6570	12313	22224	8324	10417	910	7631	4327	8533	3470	7015
2016	1267	10240	51492	7213	12786	21718	7795	10160	737	7354	3836	8624	3461	7022
2017	1242	11527	60184	8709	14112	24816	8633	10540	727	7719	4166	9142	3615	7088

年份	山东	河南	湖北	湖南	广东	广西	四川	贵州	云南	陕西	甘肃	青海	宁夏	新疆
1985	6493	6850	5919	4114	3704	1907	5734	1329	1617	2993	3057	724	749	826
1986	7558	6875	6032	4268	4191	2076	5792	1399	1690	2891	2988	656	741	752
1987	7996	6816	6177	4534	4518	2254	6121	1401	1863	2906	3030	628	707	736
1988	8640	7018	6414	4662	4276	2372	6410	1431	1942	2883	3097	624	768	824
1989	9096	7392	6434	4593	4604	2382	6792	1564	2057	3111	3166	658	796	903
1990	9185	6818	6408	4815	5311	2441	6715	1552	1913	3053	3060	674	790	916
1991	9528	6546	6289	4577	5782	2586	6927	1566	1929	2845	3058	625	881	1039
1992	9576	6319	6652	4736	5995	2921	7169	1749	2098	2878	3192	584	911	1122
1993	9462	5929	6844	4590	6590	3176	7588	1750	2297	3112	3297	591	910	1160
1994	9612	5673	6741	4678	6827	3478	7562	1739	2251	2924	3342	591	860	1172

续表

年份	山东	河南	湖北	湖南	广东	广西	四川	贵州	云南	陕西	甘肃	青海	宁夏	新疆
1995	9952	6104	6964	4992	6379	3493	7420	1925	2495	2919	3384	627	851	1175
1996	10533	6258	7114	4841	6137	3503	7921	1959	2641	2985	3489	619	839	1364
1997	11069	6415	6636	4533	6178	3438	8055	1932	2778	3048	3599	621	833	1474
1998	10475	6162	6431	4650	6223	3735	7809	1934	2639	2885	3518	633	776	1504
1999	11249	5924	6625	4647	6566	3697	7810	2282	2693	3055	3677	619	815	1392
2000	11920	5683	6455	4873	7216	4314	8230	2551	2717	2924	4032	665	902	1618
2001	13309	6957	7014	5362	7271	4645	8693	2726	3030	3132	4196	834	923	1869
2002	14398	6920	7327	5719	7199	4945	9766	2802	3148	3157	4257	935	992	1912
2003	14288	7260	7915	6143	7538	5560	10025	3032	3468	3290	4530	1141	1006	2226
2004	15523	8109	8466	6793	8214	6201	10593	3311	3994	3988	4893	1085	1049	2480
2005	16863	8340	8851	7339	7277	6667	10985	3102	4686	3859	5236	1048	1134	2572
2006	17968	9112	9348	7743	7559	7037	11507	3396	4809	4017	5464	1244	1423	2957
2007	19378	9575	10177	8099	7814	7888	12376	3623	5269	4149	5609	1203	1514	3218
2008	19857	10612	10418	8410	7931	7777	12839	4170	5017	4756	6241	1616	1603	3986
2009	19403	12335	9875	9110	6929	7766	14338	4639	5113	5316	6416	1988	1371	3709

续表

年份	山东	河南	湖北	湖南	广东	广西	四川	贵州	云南	陕西	甘肃	青海	宁夏	新疆
2010	22073	12912	10583	10305	7528	8734	15525	4410	5453	5968	7413	2291	1499	3607
2011	23292	13710	11163	10709	7866	8651	16879	5251	5470	5893	7574	2611	1789	4052
2012	22314	13723	9702	9745	7385	8549	16995	5902	5748	6107	7503	2712	1578	4635
2013	22127	14239	9592	9433	7181	8264	17769	6374	5815	5740	8012	2817	1338	5109
2014	21434	13288	9311	8978	6755	7749	17278	6711	6234	5285	7663	2450	1290	4803
2015	20245	11069	8463	8136	6687	6799	15258	5930	6635	4330	6470	2109	1389	4425
2016	21141	11696	8193	7652	6747	6742	15049	5895	7162	5248	6061	1953	1257	5550
2017	21784	12570	8264	8172	7190	6612	16611	6521	7742	6130	6353	2096	1225	7715